Transformações Exponenciais

Transformações Exponenciais

Evolua sua organização (e transforme o mundo) com um ExO Sprint de 10 semanas

Autores:
Francisco Palao, Michelle Lapierre & Salim Ismail

Projeto:
Francisco Poyatos

Prefácio:
Peter H. Diamandis

Prefácio à edição brasileira:
Francisco Milagres

Cocriado por:
Uma incrível comunidade de mais de 200 praticantes da transformação ao redor do mundo

ALTA BOOKS
EDITORA

Rio de Janeiro, 2019

Transformações Exponenciais

Copyright © 2019 da Starlin Alta Editora e Consultoria Eireli. ISBN: 978-85-508-447-7

Translated from original Exponential Transformation. Copyright © 2018 by Francisco Palao, Michelle Lapierre and Salim Ismail. ISBN 9781635765199. This translation is published and sold by permission of Diversion Books, the owner of all rights to publish and sell the same. PORTUGUESE language edition published by Starlin Alta Editora e Consultoria Eireli, Copyright © 2019 by Starlin Alta Editora e Consultoria Eireli.

Todos os direitos estão reservados e protegidos por Lei. Nenhuma parte deste livro, sem autorização prévia por escrito da editora, poderá ser reproduzida ou transmitida. A violação dos Direitos Autorais é crime estabelecido na Lei nº 9.610/98 e com punição de acordo com o artigo 184 do Código Penal.

A editora não se responsabiliza pelo conteúdo da obra, formulada exclusivamente pelo(s) autor(es).

Marcas Registradas: Todos os termos mencionados e reconhecidos como Marca Registrada e/ou Comercial são de responsabilidade de seus proprietários. A editora informa não estar associada a nenhum produto e/ou fornecedor apresentado no livro.

Impresso no Brasil — 2019 — Edição revisada conforme o Acordo Ortográfico da Língua Portuguesa de 2009.

Publique seu livro com a Alta Books. Para mais informações envie um e-mail para autoria@altabooks.com.br

Obra disponível para venda corporativa e/ou personalizada. Para mais informações, fale com projetos@altabooks.com.br

Produção Editorial Editora Alta Books	**Produtora Editorial** Juliana de Oliveira	**Marketing Editorial** marketing@altabooks.com.br	**Vendas Atacado e Varejo** Daniele Fonseca Viviane Paiva comercial@altabooks.com.br	**Ouvidoria** ouvidoria@altabooks.com.br
Gerência Editorial Anderson Vieira		**Editor de Aquisição** José Rugeri j.rugeri@altabooks.com.br		
Equipe Editorial	Adriano Barros Bianca Teodoro Ian Verçosa	Illysabelle Trajano Kelry Oliveira Keyciane Botelho	Maria de Lourdes Borges Paulo Gomes Thales Silva	Thauan Gomes Thiê Alves
Tradução Ivo Korytowski	**Revisão Gramatical** Hellen Suzuki Carolina Gaio	**Diagramação** Luisa Maria Gomes	**Revisão Técnica** Francisco Milagres Embaixador, Coach e Instrutor certificado pela OpenExO Eduardo Neves ExO Coach / Customer Experience	
Copidesque Wendy Campos				

Dados Internacionais de Catalogação na Publicação (CIP) de acordo com ISBD

I83t	Ismail, Salim
	Transformações exponenciais / Salim Ismail, Francisco Palao, Michelle Lapierre. - Rio de Janeiro : Alta Books, 2019. 388 p. ; il. ; 24cm x 17cm.
	ISBN: 978-85-5080-447-7
	1. Administração de empresas. 2. Gestão. 3. Estratégia. 4. Tecnologia. I. Palao, Francisco. II. Lapierre, Michelle. III. Título.
2019-194	CDD 658.401 CDU 658.011.2

Elaborado por Odilio Hilario Moreira Junior - CRB-8/9949

Erratas e arquivos de apoio: No site da editora relatamos, com a devida correção, qualquer erro encontrado em nossos livros, bem como disponibilizamos arquivos de apoio se aplicáveis à obra em questão.

Acesse o site www.altabooks.com.br e procure pelo título do livro desejado para ter acesso às erratas, aos arquivos de apoio e/ou a outros conteúdos aplicáveis à obra.

Suporte Técnico: A obra é comercializada na forma em que está, sem direito a suporte técnico ou orientação pessoal/exclusiva ao leitor.

A editora não se responsabiliza pela manutenção, atualização e idioma dos sites referidos pelos autores nesta obra.

Rua Viúva Cláudio, 291 — Bairro Industrial do Jacaré
CEP: 20970-031 — Rio de Janeiro - RJ
Tels.: (21) 3278-8069 / 3278-8419
www.altabooks.com.br — altabooks@altabooks.com.br
www.facebook.com/altabooks

Gostaríamos de reconhecer a incrivelmente talentosa comunidade de profissionais de Organizações Exponenciais pelo empenho infatigável em moldar um futuro global brilhante, um passo exponencial de cada vez!

— Francisco, Michelle e Salim

Vou transformar a Gucci em uma Organização Exponencial.

Marco Bizzarri — Presidente & CEO da Gucci

Organizações Exponenciais *deveria ser obrigatório para todos os interessados na forma como as tecnologias exponenciais estão reinventando as melhores práticas nos negócios.*

Ray Kurzweil — Inventor, escritor e futurista

Achei Organizações Exponenciais *extremamente relevante. Tornei o livro leitura obrigatória para a alta direção da empresa e estamos implementando muitos de seus princípios.*

Paul Polman — CEO da Unilever

Se você ainda não está trabalhando com ExO Sprints e experimentações, já está a meio caminho de sofrer a disrupção.

Tony Saldanha — Vice-presidente de TI e Serviços Empresariais Globais da P&G

Estávamos no momento perfeito para sofrer a disrupção, mas não achávamos uma saída. O ExO Sprint foi a resposta. Transformou por completo nossa cultura, derrubando fronteiras e abrindo todo um mundo de inovação. Induziu-nos a dar o melhor de nós.

Francisco Casanueva — CEO da INTERprotección

Fiquei satisfeitíssimo com o resultado de nosso ExO Sprint. Aplicaremos o modelo ExO em toda a organização.

José Fernando Canasí — CEO da Iké Asistencia

O ExO Sprint transformou nossos glóbulos brancos de ataque em glóbulos vermelhos de vida.

Eugenio Madero — Fundador & Presidente do Conselho Administrativo da Rassini

Estive envolvido como coach em três ExO Sprints. Posso afirmar que a metodologia funciona.

Augusto Fazioli — Sócio da Business Integration Partners

Organizações Exponenciais permitiu que metas aparentemente elevadas se tornassem realidade, proporcionando um modelo a partir do qual definir o que realmente significa transformar um setor.

Travis Penfield — CEO & Fundador da 49 Financial/AXA

Organizações Exponenciais foi a melhor coisa que li na área do design organizacional em 20 anos.

Len Nanjad — Executivo Principal da Nanjad Advisory Services Inc.

A ExO é a melhor; na verdade, a única organização que encontrei que é boa para surfar entre o que existe e o que virá.

John Kelly — Diretor de Projeto do Processo Deliberativo da Civic Makers

O ExO Sprint mudou nossa maneira de pensar e de encarar a inovação. É realmente bem diferente do tipo de inovação que vínhamos praticando até então, e realizamos muita coisa. Definitivamente, ele abriu novas oportunidades.

Aviv Hassidov — Participante do ExO Sprint da HP Inc.

Sempre admirei e me impressionei com pessoas que geriram empresas bem-sucedidas e são conhecidas pela criatividade e inovação. Eu achava que era um dom ou talento especial — mais ainda, um talento que me faltava. Minha experiência com o ExO Sprint ensinou-me que inovação não envolve apenas ótimas ideias, mas também saber como convertê-las em oportunidades de negócios viáveis, impactantes. Ela me conscientizou dos recursos intelectuais ilimitados disponíveis no mundo, que podemos aproveitar para solucionar quase qualquer problema.

Priya Narayanswamy — Participante do ExO Sprint da Administração de Eletricidade & Água de Dubai

Transformações Exponenciais

Sumário

Prefácio — 12

Prefácio à edição brasileira — 14

Autores — 15

Colaboradores — 16

Introdução — 19

Introdução — 20
A Quarta Revolução Industrial — 22
Mudança para a Abundância — 24
O que é uma Organização Exponencial? — 26
Desafios da Transformação — 28
ExO Sprint — 30
Quem Deveria Ler Este Livro? — 32
Como Usar Este Livro — 34

Modelo ExO — 37

Modelo ExO — 38
Propósito Transformador Massivo — 40
Atributos SCALE — 52
  Equipe sob Demanda — 54
  Comunidade & Multidão — 56
  Algoritmos — 58
  Ativos Alavancados — 60
  Engajamento — 62
Atributos IDEAS — 64
  Interfaces — 66
  Dashboards — 68
  Experimentação — 70
  Autonomia — 72
  Tecnologias Sociais — 74
ExO Canvas — 76

ExO Sprint — 83

ExO Sprint — 84
- Desafios à Transformação — 86
- Abordagem ExO Sprint — 90
- Estrutura ExO Sprint — 94
- Iniciativas ExO Sprint (Central vs. Borda) — 96
- Papéis ExO Sprint — 100
- Criação de Suas Equipes de ExO Sprint — 102
- Ferramentas de TI para Apoiar Seu Sprint — 104

Fase de Preparação — 106
- Planejar — 108
  - Definição do Escopo — 110
  - Escolha dos Participantes — 112
  - Definição de um Cronograma — 114
  - Criando Espaço — 116
  - Adoção de Princípios de Orientação — 118
  - Checklist de Preparação — 120
- Despertar — 122
  - Introdução — 124
  - Exercício: Pensamento Linear vs. Exponencial — 126
- Alinhar — 128
  - Introdução — 130
  - Exercício: Concepção de Iniciativas ExO Central/na Borda — 132
  - Exercício: Projeto do ExO Canvas — 134
  - Exercício: Projeto do Canvas de Modelo de Negócios — 136
  - Exercício: Projeto do Canvas da Estratégia do Oceano Azul — 138
  - Exercício: Projeto e Execução do Experimento — 140

Fase de Execução — 142

Fluxo na Borda — 147
- Semana 1: Explorar — 150
- Semana 2: Conceber — 160
- Semana 3: Compartilhar — 168
- Semana 4: Selecionar — 176
- Semana 5: Disrupção — 190
- Semana 6: Protótipo — 200
- Semana 7: Testar — 212
- Semana 8: Aperfeiçoar — 218
- Semana 9: Consolidar — 226
- Semana 10: Lançar — 238

Fluxo Central — 247
- Semana 1: Explorar — 252
- Semana 2: Conceber — 264
- Semana 3: Compartilhar — 272
- Semana 4: Selecionar — 280
- Semana 5: Disrupção — 292
- Semana 6: Protótipo — 302
- Semana 7: Testar — 316
- Semana 8: Aperfeiçoar — 324
- Semana 9: Consolidar — 332
- Semana 10: Lançar — 344

Acompanhamento — 354
- Resultado de seu ExO Sprint — 357
- Implementação de Projetos ExO na Borda — 358
- Implementação de Projetos ExO Central — 359
- Transformação Exponencial — 360

Estudos de casos de ExO Sprint — 363
- INTERprotección — 364
- Dubai Electricity & Water Authority — 366
- Stanley Black & Decker — 368
- HP Inc. — 370
- Grupo Cuerva — 372

Anexos — 375
- Anexo: Workshop ExO — 376
- Anexo: Dicas para Papéis de ExO Sprint — 380
- Anexo: Leituras Recomendadas — 386

Prefácio

As mudanças nunca aconteceram de forma tão intensa e rápida como atualmente. Através de avanços rápidos nas tecnologias exponenciais, como inteligência artificial, impressão 3D, biologia sintética e nanotecnologia, estamos desmaterializando, desmonetizando e democratizando energia, alimentos, assistência médica e educação a ponto de estarem, em breve, acessíveis a todos os homens, mulheres e crianças, em qualquer lugar a custo quase zero. O conceito chama-se abundância, e seu derradeiro impacto sobre a sociedade não pode ser subestimado.

A velocidade com que essas mudanças vêm ocorrendo é difícil de compreender, mas vemos os efeitos por toda parte, à medida que empresas tradicionais tropeçam e fracassam, substituídas por uma geração nova e ágil de empresas. A vida vai se acelerando, e a tecnologia aumenta essa aceleração. Precisamos de regras novas para nos adaptarmos, e isso nunca foi tão verdadeiro para os negócios.

A tecnologia é aquela força que pega coisas antes escassas e as torna abundantes. O que você fará com a abundância que as tecnologias emergentes têm propiciado? Como você lidará com a disrupção de todas as normas usuais em seu setor, à medida que os recursos escassos se tornam abundantes?

Uma nova estirpe de empresas emergiu, que sabe exatamente como reagir. As Organizações Exponenciais (ExOs) — assim denominadas por sua capacidade de crescer 10 vezes (10x) mais rápido que as estruturas organizacionais consagradas — não são construídas apenas para sobreviver ao impacto das tecnologias aceleradas, mas prosperam *devido* a elas. As ExOs triunfam aproveitando e gerindo o que as empresas tradicionais acham caótico.

Falo com frequência de meu modelo dos 6Ds — uma lente pela qual contextualizo todas as mudanças tecnológicas e as oportunidades.

Transformação Exponencial fornece um roteiro para agarrar essas oportunidades e orienta você a liderar sua organização em uma transformação por toda a empresa, essencial à sobrevivência e ao sucesso.

Se você está pronto para embarcar em uma jornada de criação de uma nova ExO, ou de transformação de sua organização já consolidada em ExO, recomendo seguir o modelo habilmente apresentado neste livro. Ele oferece estratégias e táticas comprovadas para transformar sua organização em uma ExO através de um processo intensivo de 10 semanas, denominado ExO Sprint. Você estará em boa companhia. Algumas das marcas mais admiradas do mundo seguiram essa jornada: Visa, Stanley Black & Decker e Proctor & Gamble realizaram ExO Sprints para criar empresas novas ou transformar drasticamente linhas de negócios existentes.

Transformar uma organização existente ou criar uma ExO requer que se conheçam duas coisas: quais ingredientes são necessários e como combiná-los de forma bem-sucedida. Os atributos da ExO descritos neste livro são seus ingredientes, e o ExO Sprint é a receita. O que fazer com eles, você decide!

Transformações Exponenciais foi escrito por pessoas incríveis que fazem acontecer, comprometidas há décadas em trabalhar com empresas para fazer uma diferença positiva. Suas estratégias e táticas foram aperfeiçoadas construindo laboratórios de inovação e gerindo programas de aceleração de nível internacional.

Francisco e Salim fundaram a ExO Works para testar e aperfeiçoar o método ExO Sprint. Como COO (diretora de operações) da ExO Works, Michelle supervisionou o ExO Sprint na prática com primeiros adeptos para descobrir o que funcionava bem e o que precisava melhorar.

Esperar para "acertar os ponteiros" — a oferta ou o momento certo — não funcionará. Hoje, as ameaças só costumam ser percebidas quando é tarde demais para agir. Em épocas exponenciais, agir cedo, experimentar, tornar-se uma organização baseada em dados que recebe feedback de seus clientes e depois itera rapidamente é o novo mecanismo para o sucesso.

Ao escrever este livro, Michelle e Salim revelaram o método ExO Sprint para todos os interessados em fazer mudanças organizacionais radicais que impulsionem um enorme potencial. É um gesto extraordinário, governado pela crença de que possuir a melhor tecnologia simplesmente não é suficiente se você também não estiver levando valor à sociedade.

Estes são os tempos mais extraordinários, oferecendo as mais extraordinárias oportunidades. Criaremos mais riqueza na próxima década do que nos últimos cem anos. Uma total reestruturação das instituições e processos sob os quais atuávamos faz-se necessária. Com seu compromisso em liderar sua organização até a mudança positiva, o futuro é ainda mais empolgante do que o presente.

Peter H. Diamandis, MD
Fundador, Presidente & CEO da XPRIZE Foundation
Executivo Fundador da Singularity University
Coautor de *Abundância* e *Oportunidades Exponenciais*

Prefácio à edição brasileira

À medida que ficamos mais velhos sempre imaginamos que o relógio fica cada vez mais rápido e que faltam dias no nosso calendário para cumprirmos todas as metas que traçamos no começo de cada ano. O fato é que essa percepção, especialmente quando passamos para a idade adulta, se confirma quando entendemos que as tecnologias, com um crescimento cada vez mais acelerado, alteram a cada ano a maneira como estudamos, trabalhamos e nos relacionamos com os outros.

Essa percepção quando eu era jovem sempre foi empírica, e, por isso, busquei minha formação em Ciência da Computação. Sendo assim, confirmei na prática que as tecnologias como a inteligência artificial, as redes de alta velocidade e o *blockchain* iriam mudar completamente a minha vida e tudo o que conheceria futuramente. Foi então que, após passar por um Programa Executivo na *Singularity University* (SU), em 2013, no Vale do Silício, conheci Salim Ismail e outras pessoas incríveis que já vislumbravam como essas transformações exponenciais estavam impactando nossos negócios na prática.

Em 2014, Salim me ofereceu acesso o seu mais recente livro *Organizações Exponenciais*, junto a um grupo de cerca de 100 pessoas ligadas à SU. Naquela ocasião, formamos um grupo de estudos que evoluiu para o que atualmente é uma plataforma que reúne cerca de 450 profissionais distribuídos globalmente — a plataforma e o ecossistema OpenExO —, pela qual temos a oportunidade de trabalhar juntos em iniciativas incríveis, como a cocriação do método ExO Sprint e o livro *Transformações Exponenciais*, com a liderança de Francisco Palao e o trabalho em conjunto de Michelle Lapierre.

Pela OpenExO também atuamos em projetos de forma colaborativa, compartilhamos conhecimento e reunimos os profissionais que já passaram conosco por *sprints* e *workshops*. Desde a concepção desse grupo, já nos reunimos pessoalmente em diversas localidades do mundo, como Toronto, Madri, Fort Lauderdale, São Paulo, Medellin e Santo Domingo, seja para projetos com clientes globais, assim como para refinar as metodologias e desenvolver workshops. A oportunidade de continuar contribuindo ativamente com o movimento ExO no Brasil de diversas formas é imensa, desde a concepção do conceito até os projetos de transformação.

Assim, este livro é a demonstração prática de que adotamos o que pregamos, o paradigma da abundância. Abrimos integralmente o método ExO Sprint que usamos em projetos e contribuímos de forma genuína para a transformação de organizações locais, desde startups a grandes corporações, por meio de palestras e workshops.

Tenho certeza de que o lançamento do livro *Transformações Exponenciais* é só mais um passo rumo à nossa contribuição para a transformação de organizações, e aos cenários mais adaptáveis e inovadores. Desse modo, as transformações exponenciais não serão afetadas pelos denominados sistemas imunológicos de proteção e poderão prosperar de forma exponencial.

Francisco Milagres
Coach, embaixador e instrutor certificado pela OpenExO
Fundador da Mirach Ventures e Get Exponential
Cofundador e advisor do SingularityU Brasil Summit

Autores

Francisco Palao é empreendedor e inovador premiado, com profunda experiência em ajudar as empresas a se transformarem. Após receber o PhD em inteligência artificial, Francisco abriu várias startups disruptivas que o fizeram entender a importância de aplicar metodologias de inovação certas junto com tecnologias de ponta. Projetou a metodologia ExO Sprint e tem se dedicado ao seu constante aperfeiçoamento e acessibilidade.

Michelle Lapierre trilhou uma carreira concentrada em ajudar os líderes e altos gerentes empresariais a reagirem à mudança. Como consultora empresarial, tem facilitado a transformação em plena escala nos setores público e privado, pela liderança, coaching e suporte à implementação. Seu trabalho atual empodera organizações para decodificarem a disrupção do setor usando o modelo ExO Sprint.

Salim Ismail é um proeminente estrategista de tecnologia que lançou o movimento global das ExOs com seu best-seller *Organizações Exponenciais*. Após estudar as ExOs por vários anos, destilou suas características nos 11 atributos que compreendem o modelo ExO Sprint. Salim fornece um modelo cativante para se entender como reconhecer e se adaptar a essa nova era, bem como prosperar nela.

Colaboradores

Mais de 200 pessoas, de mais de 30 países, em todos os continentes

Aanshi Desai (Índia)
Akshay Caleb Cherian (Índia)
Alexandre Janssen (Países Baixos)
Alexis G. Herrera (México)
Alfredo Rivela (Espanha)
Almira Radjab (Canadá)
Alonso Daniel Santiago Tinajero (México)
Amy Dolin Oliver (Estados Unidos)
Ana Victoria Vera Martinez (Espanha)
Andrea Castelli (Itália)
Andreas Konrads (Alemanha)
Andreina Salamanca Carmona (Venezuela)
Angela Morente Cheng (Estados Unidos)
Angel Gutiérrez Borjabad (Espanha)
Angie Benamati (Estados Unidos)
Anitha Vadavatha (Estados Unidos)
Anna Malet (Espanha)
Ann Ralston (Estados Unidos)
Anthony Onesto (Estados Unidos)
Armando Abraham Halbinger Pérez (México)
Asher Hasan (Paquistão)
Augusto Fazioli (Itália)
Aviv Hassidov (Espanha)
Barry Phillip (Trinidad e Tobago)
Bill Johnston (Estados Unidos)
Borja Nicolau (Espanha)
Brad Humphries (Estados Unidos)
Brad Konkle (Estados Unidos)
Brinkley Warren (Estados Unidos)
Bruce Yorga (Canadá)
Bruno Barros (Brasil)

Bryan E. Johnson (Estados Unidos)
Camilo Aristizabal (Colômbia)
Carla Bereilh (Espanha)
Carlos Lopez Macario (México)
Carlos Renato Belo Azevedo (Brasil)
Carlo van de Weijer (Países Baixos)
Carmen Pardo Noguera (Espanha)
Cesar Castro (Estados Unidos)
Charlotte Serres (França)
Che Fehrenbach (Canadá)
Chelu Martín (Espanha)
Christian Andrés Diaz León (Colômbia)
Christian Miranda Estepa (Espanha)
Christian von Stengel (Alemanha)
Christophe Jurczak (França)
Cira Roses Rebollar (Espanha)
Dr. Clarence Tan (Austrália)
Claudio Platto (Itália)
Corina Almagro (Estados Unidos)
Courtney Blair (Estados Unidos)
Cristina Estavillo (Espanha)
Dale S. Ironson PhD (Estados Unidos)
Daleyne Guay (Canadá)
Daniel Marcos (México)
Daniel Robledo Quijano (Colômbia)
David Orban (Itália)
David Roberts (Estados Unidos)
David Villeda Paz (México)
Deniz Noyan (Reino Unido)
Derek McLean (Reino Unido)
Diego Gosselin Ruiz Maza (México)

Diego Soroa (Espanha)
Edmund Komar (Alemanha)
Edson Carillo (Brasil)
Eduardo Labarca Fuentes (Chile)
Eduardo V. C. Neves (Brasil)
Edwin Moreno (México)
Emilie Sydney-Smith (Estados Unidos)
Emili Serra (Espanha)
Erick W. Contag (Estados Unidos)
Eric Parkin (Estados Unidos)
Eugenio Marin Fernandez (Espanha)
Eva María Hidalgo Ruiz (Espanha)
Evo Heyning (Estados Unidos)
Fabrice Testa (Luxemburgo)
Farnaz Ghadaki (Multinacional)
Fernando Cruz (Canadá)
Floor Scheffer (Países Baixos)
Francisco Jurado Pôvedano (Espanha)
Francisco Milagres (Brasil)
Gary Ralston (Estados Unidos)
German Montoya (Estados Unidos)
Giang Nguyen (Vietnã)
Gina Mitchell (Estados Unidos)
Ginés Haro Pastor (Espanha)
Ginger Hildebrand (Estados Unidos)
Gordon Vala-Webb (Canadá)
Guayente SanMartin (Espanha)
Guilherme Soarez (Brasil)
Harold Schultz Neto (Brasil)
Heather Rutherford (Austrália)
Henrik Bo Larsen (Dinamarca)

Hugo Espejo (México)
Ignacio J. Lizarralde (Argentina)
Irmin Juarico (México)
Ivan Bofarull (Espanha)
Ivan M. Ibañez (México)
Ivan Ortenzi (Itália)
Jabeen Quadir (Canadá)
Jackelyn Perea Velasquez (Peru)
Jack Sim (Cingapura)
Jacques Malan (África do Sul)
Jaime Ramirez (Estados Unidos)
Jakob Damsbo (Dinamarca)
Jared East (Estados Unidos)
Jaroslav Dokoupil (Reino Unido)
Jason Yotopoulos (Estados Unidos)
Javier Megias (Espanha)
Javier Rincón (México)
Jay Elshaug (Estados Unidos)
Jennifer van der Meer (Estados Unidos)
Jerry Michalski (Estados Unidos)
Jesús Candón (Espanha)
Jhon M. Mantilla (Equador)
Jm Ibáñez (Espanha)
Jo Ann Gainor (Canadá)
João Rocha (Brasil)
Joaquin Serra (Espanha)
Joel Dietz (Estados Unidos)
John Hart (Estados Unidos)
John N. Kelly (Estados Unidos)
Jon Kruger (Estados Unidos)
Jordi Wiegerinck (Brasil)

Jordy Egging (Países Baixos)
Jorus Everaerd (Países Baixos)
José Antonio de Miguel (Espanha)
Jose Luis Cordeiro (Venezuela)
Josué Gomes de Alencar (Brasil)
Juan José Peláez Llaca (México)
Juan Miguel Mora (Estados Unidos)
Juan Ramón Ortiz Herrera (México)
Kaila Colbin (Nova Zelândia)
Karina Besprosvan (Estados Unidos)
Kashif Hasnie (Estados Unidos)
Katrina Kent (Estados Unidos)
Kazunori Saito (Japão)
Kelsey Driscoll (Estados Unidos)
Kent Langley (Estados Unidos)
Kerin Morrison (Estados Unidos)
Kevin Jasmin (Estados Unidos)
Kevin John Noble (Estados Unidos)
Kiriakos "Kirk" Evangeliou (Estados Unidos)
KristinaMaría Troiano-Gutierrez (Multinacional)
Kunitake Saso (Japão)
Lâle Başarır (Turquia)
Lara Kudryk Traska (Estados Unidos)
Lars Heidemann (Alemanha)
Lars Lin Villebaek (Dinamarca)
Laurent Boinot (Canadá)
Lawrence Pensack (Estados Unidos)
Leila Entezam (Estados Unidos)
Len Koerts (Espanha)
Len Nanjad (Canadá)
Lily Safrani (Canadá)

Luciana Soledad Ledesma (Multinacional)
Luis Francisco Palma Alvarez (México)
Luis Gonzalez-Blanch (Espanha)
Luis Marriott Chávez (Equador)
Luis Matias Rodriguez (África do Sul)
Marc Bonavia (Espanha)
Marcio Chaer (Brasil)
Marc Morros Camps (Espanha)
Marconi Pereira (Brasil)
Marcus Shingles (Estados Unidos)
Maria Elizabeth Zapata (Espanha)
Maria Mujica (Argentina)
Mario López de Ávila Muñoz (Espanha)
Marta De las Casas (Espanha)
Martin S. Garcia Wilhelm (México)
Mary Bennett (Estados Unidos)
Matias Guerra (Espanha)
Matt Brodman (Estados Unidos)
Matthias Gotz (Alemanha)
Michael Leadbetter (Estados Unidos)
Michal Monit PhD (Polônia)
Miguel Almena (Estados Unidos)
Mike Lingle (Estados Unidos)
Mila Vukojevic (Canadá)
Nabyl Charania (Estados Unidos)
Nadeem Bukhari (Reino Unido)
Nell Watson (Bélgica)
Novel Tjahyadi (Emirados Árabes Unidos)
Oliver Heesch (Reino Unido)
Oscar A. Martinez Valero (México)
Oscar Schmitz (Argentina)

Pablo Angel Restrepo (Colômbia)
Paco Ramos (Espanha)
Patrick Bertrand (Canadá)
Patrik Sandin (China)
Paul Epping (Países Baixos)
Paul J. Prusa (Estados Unidos)
Paul Niel (Hong Kong)
Pedro Gabay Villafaña (México)
Pedro López Sela (México)
Pedro Pinho (Estados Unidos)
Peter Bjorn Eriksen (Dinamarca)
Peter Kristof PhD (Hungria)
Peter Maarten Westerhout (Países Baixos)
Rachel Bradford (Estados Unidos)
Ralf Bamert (Suíça)
Ramon Vega Ainsa (Espanha)
Raquel Martinez Jimenez (Espanha)
Raúl Raya (Espanha)
Renato Xavier de Lima (Brasil)
René de Paula Jr. (Brasil)
Riaan Singh (África do Sul)
Ricardo Barros Villaça (Brasil)
Richard de Jeu (Países Baixos)
Rob Blaauboer (Países Baixos)
Robert Coop PhD (Estados Unidos)
Roberto Nogueira (Brasil)
Rob Gonda (Estados Unidos)
Rodrigo G. Castro (Costa Rica)
Roger Romance Hernandez (Espanha)
Rolf Ask Clausen (Dinamarca)
Ross Thornley (Reino Unido)

Samantha McMahon (Canadá)
Santiago Campos Cervera (Paraguai)
Sasha Grujicic (Canadá)
Satomi Yoshida (Japão)
Shawn Cruz (Estados Unidos)
Simone Bhan Ahuja (Estados Unidos)
Soledad Llorente Cancho (Espanha)
Soul Patel (Reino Unido)
Soushiant Zanganehpour (Canadá)
Stanley S. Byers (Estados Unidos)
Stephen Lang (Estados Unidos)
Steve Shirmang (Estados Unidos)
Sunil Malhotra (Índia)
Susan Moller (Estados Unidos)
Tai Cheng (Estados Unidos)
Teodor V. Panayotov (Bulgária)
Thomas Fiumara (Itália)
Todd Porter (Japão)
Tom Anderson (Estados Unidos)
Tommaso Canonici (Itália)
Tony Manley (Reino Unido)
Tony Saldanha (Estados Unidos)
Trae Ashlie-Garen (Canadá)
Tristan Kromer (Estados Unidos)
Tunc Noyan (Reino Unido)
Vanessa Belmonte (Estados Unidos)
Vincent Daranyi (Reino Unido)
Vivian Lan (México)
Wayne Jin (Estados Unidos)
Wolfgang Merkt (Reino Unido)
Xavier Bruch (Espanha)
Xavier Olivella (Espanha, EMEA)
Yan-Erik Decorde (França)

Introdução

Introdução

Bem-vindo ao período mais transformador da história humana! Atualmente, vivemos em um mundo de tecnologias exponenciais e avanços acelerados, todos apresentando oportunidades ilimitadas. Acessar essas oportunidades, porém, requer uma evolução organizacional. Nenhuma empresa conseguirá sobreviver — e menos ainda prosperar — sem se adaptar ao ritmo exponencial das mudanças que as tecnologias aceleradas proporcionam.

Este livro serve de roteiro para conduzir sua organização pelo processo de transformação.

De acordo com a Lei de Moore — que previu que o poder de processamento dos computadores dobraria a cada dois anos, em média —, o desempenho de qualquer coisa acionada por tecnologias da informação também dobra a cada dois anos. Qualquer coisa digitalizada segue a mesma taxa de crescimento cada vez mais rápida, ou exponencial, vista na computação.

À medida que as tecnologias exponenciais convergem e se fortalecem mutuamente — dando origem à Quarta Revolução Industrial —, estão trazendo abundância a todos os setores e, simultaneamente, abalando todos eles de alguma forma. Enquanto os modelos de negócios tradicionais funcionam a contento em um ambiente baseado na escassez, não foram projetados para funcionarem no mundo da abundância em rápida aproximação.

Milhares de horas de implementação na vida real dos princípios da Organização Exponencial (ExO) permitiram trazer-lhe esta nova obra. O primeiro livro a abordar os princípios da ExO — *Organizações Exponenciais*, de Salim Ismail — explicou por que agora é a época propícia para tais organizações e descreveu em detalhes o que as viabiliza. Desde então, instituímos um processo para que empresas de todos os tipos possam usar os princípios da ExO para ter sucesso neste mundo novo.

O ExO Sprint é um processo de 10 semanas, testado e comprovado, que permite a qualquer organização implementar o modelo ExO para atacar a disrupção no setor e superar a resistência interna à mudança.

Este livro definirá o processo passo a passo requerido para realizar um ExO Sprint e, em última análise, para se tornar uma Organização Exponencial — para realizar a transformação por toda a empresa em termos de mentalidade, comportamento e cultura.

Quer você seja empreendedor ou *intraempreendedor*, líder de uma grande empresa ou de uma pequena, ou simplesmente defensor da mudança, este manual de estratégia o ajudará a realizar um ExO Sprint adaptado às suas metas. Você obterá uma compreensão nova do mundo à sua volta e será equipado com os processos, ferramentas e técnicas necessárias para sua organização acompanhar as mudanças.

Você também descobrirá que obterá (tanto você quanto aqueles que arregimentar para o acompanharem por essa jornada) a transformação pessoal e profissional. A transformação organizacional, de fato, é basicamente uma questão de transformação pessoal. Aqui está o segredo.

A transformação obtida após realizar o ExO Sprint lhe permitirá criar um impacto exponencial que acelerará sua empresa e mudará o mundo para melhor.

Bem-vindo à sua Transformação Exponencial. Vamos começar!

A Quarta Revolução Industrial

Nossa tecnologia, nossas máquinas, fazem parte de nossa humanidade. Nós as criamos para nos expandir, e é isso o que os seres humanos têm de singular.

— **Ray Kurzweil**

Estamos nos primórdios da Quarta Revolução Industrial, que está trazendo bem mais que apenas transformação digital. A Quarta Revolução Industrial representa uma convergência da capacidade tecnológica, inteligência e conectividade. É uma fusão de tecnologias novas que obscurece os limites entre o que é físico, digital e biológico.

O resultado: uma completa reestruturação de setores de negócios no mundo inteiro.

Revoluções industriais anteriores impactaram fortemente a sociedade, com inovações influenciando de alguma forma quase todo aspecto do cotidiano. Entretanto, como descreve Klaus Schwab, fundador e presidente-executivo do Fórum Econômico Mundial, em seu livro *A Quarta Revolução Industrial*, a atual possui uma escala, escopo e complexidade sem precedentes.

A taxa exponencial de desenvolvimento das tecnologias emergentes criou um ritmo e escala de mudança diferentes de tudo que a humanidade já viu. Isso ocorre, em parte, porque tantos avanços tecnológicos vêm ocorrendo simultaneamente, enquanto também fortalecem uns aos outros. Em todos os setores, tecnologias aceleradas estão se intercruzando e mudando substancialmente a maneira como vivemos, trabalhamos e interagimos.

Essas mudanças impactam naturalmente como criamos e gerimos as empresas. Não se trata apenas de fazermos o que já estamos fazendo de uma forma melhor, mais rápida e mais barata. Pelo contrário, é a própria tecnologia que nos está dando a capacidade de desenvolver empresas fundamentalmente diferentes.

INDÚSTRIA 1.0
A água e a energia a vapor permitem a mecanização

INDÚSTRIA 2.0
A eletricidade permite a produção em massa

INDÚSTRIA 3.0
Os computadores e a internet permitem a automação

Mudança para a Abundância

Abundância não é algo que adquirimos. É algo com que nos sintonizamos.

— Wayne Dyer

Os modelos de negócios tradicionais baseiam-se na escassez, em que o valor resulta de vender um produto ou serviço cuja oferta é limitada. As tecnologias exponenciais, porém, geram abundância de tudo.

Peter Diamandis, cofundador e presidente-executivo da Singularity University, refere-se ao que denomina 6Ds para descrever uma reação em cadeia de progresso tecnológico que leva tanto à perturbação como à oportunidade.

Uma vez que algo esteja digitalizado, mais pessoas têm acesso. Todos têm acesso a tecnologias poderosas, dando aos indivíduos e entidades a oportunidade de criarem o próximo grande avanço revolucionário.

Setores inteiros estão sendo impactados à medida que espaços de problemas mudam para novos modelos baseados em uma economia da abundância. Quando produtos ou serviços tornam-se disponíveis por meios digitais e livram-se de suas restrições físicas, podem ser produzidos e distribuídos em uma escala que os torna abundantes a um custo marginal zero.

A falência da Kodak é um exemplo muito citado de disrupção resultante da digitalização, quando as fotos mudaram do formato físico para o digital. Mas vejamos a implicação específica dessa mudança sobre o modelo de negócios real. O setor passou de um modelo baseado na escassez — apenas 12, 24 ou 36 fotos por rolo de filme, com os custos associados do filme e revelação — para um modelo baseado na abundância, no qual todos têm acesso a um número ilimitado de fotos por praticamente nenhum custo. O espaço do problema mudou de uma questão de quantas fotografias fazer para como compartilhar fotografias, o custo já não sendo parte da equação. Essa mudança da escassez para a abundância permitiu ao Instagram, adquirido pelo Facebook por US$1 bilhão exatamente quando a Kodak estava fechando as portas, alcançar o sucesso com apenas 13 funcionários.

Além da fotografia, vejamos quão completamente os modelos de negócios antigos para música, filmes, acomodação e transportes foram abalados. Observe as mudanças que estão ocorrendo na assistência médica, seguros, fabricação, bancos e energia. No final, nenhum setor deverá escapar da disrupção. O que também é importante de perceber é que a maior parte da disrupção virá de fora dos próprios setores, significando que aqueles despreparados para a inevitabilidade e velocidade da mudança serão pegos de surpresa.

O maior desafio enfrentado por todos os setores é achar novos tipos de modelos de negócios que funcionem nesse ambiente novo. As empresas precisam se adaptar quando — e prevendo quando — ativos, usuários e oportunidades mudam de um modelo baseado na escassez (limitado por quanto você tem) para um modelo baseado na abundância (como gerir uma oferta ilimitada).

A maioria das ExO já está desenvolvendo modelos de negócios baseados na abundância. Por exemplo, o Waze aproveita a abundância de GPS em nossos celulares. O Airbnb, de quartos disponíveis, e a 99designs aproveita uma abundância de designers.

Enquanto empresas novas estreiam modelos de negócios concebidos para devorar os almoços de todos os outros, os modelos de negócios tradicionais continuam enfocando a venda de um produto ou serviço escasso. Na verdade, quase todo pensamento gerencial e dinâmica organizacional ainda estão configurados para uma era linear, previsível.

É preciso experimentação para achar um modelo de negócios novo em folha que alavanque a abundância e empregue o pensamento baseado no serviço. O acesso à abundância cria uma necessidade por ferramentas e práticas novas para geri-la. E essas ferramentas e práticas novas são exatamente o que as Organizações Exponenciais dominaram.

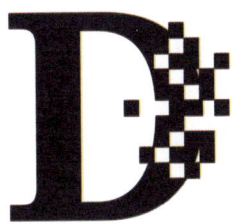

Digitalizado

Tudo que se torna digitalizado — representável por uns e zeros — pode ser acessado, compartilhado e distribuído por computador. Segue o mesmo crescimento exponencial visto na computação.

Dissimulado

As tendências exponenciais não são facilmente detectadas nos primórdios. O crescimento é dissimuladamente lento até começar a ser medido em números inteiros.

Disruptivo

As tecnologias digitais superam modelos não digitais anteriores em eficácia e custo, abalando os mercados existentes para um produto ou serviço.

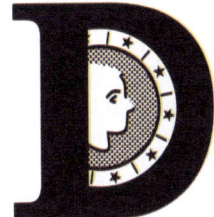

Desmonetizado

Conforme a tecnologia fica mais barata, às vezes, a ponto de ser gratuita, o dinheiro é cada vez mais removido da equação.

Desmaterializado

A necessidade de produtos físicos volumosos ou caros de aplicação única — rádio, câmera, GPS, vídeo, telefones, mapas — desaparece conforme esses itens são incorporados aos smartphones.

Democratizado

Depois que algo é digitalizado, mais pessoas o conseguem acessar. Todos têm acesso a tecnologias poderosas, dando aos indivíduos e entidades a oportunidade de criarem o próximo grande avanço.

O que é uma Organização Exponencial?

Toda empresa projetada para o sucesso no século XX está fadada ao fracasso no século XXI.

— **David Rose**

Surgiu uma nova estirpe de empresas comprovadamente capazes de liberar a abundância proporcionada por tecnologias emergentes e prontamente adaptáveis a um ambiente de negócios em rápida mudança. Essas empresas foram denominadas Organizações Exponenciais, por sua capacidade de crescer 10 vezes (10x) mais rápido do que as organizações tradicionais.

O best-seller *Organizações Exponenciais*, de Salim Ismail, lançou o movimento ExO global. Nele, oferece a seguinte definição:

Uma Organização Exponencial (ExO) é aquela cujo impacto (ou produção) é desproporcionalmente grande — ao menos 10x maior — comparada com suas semelhantes, devido ao uso de novas técnicas de organização que alavancam tecnologias aceleradas.

Após estudar as ExOs por vários anos, Ismail destilou suas características em 11 componentes, que agora compõem o modelo ExO Sprint. Esse modelo fornece uma estrutura para se entender como reconhecer e se adaptar à era da ExO e, em última análise, tornar-se um líder nela.

Qual é o aspecto de uma Organização Exponencial? Exemplos clássicos incluem Amazon, Google, Airbnb, Uber, Facebook e Skype. As ExOs estão transformando setores de alto a baixo, da fabricação ao varejo e serviços — até mesmo a filantropia.

O modelo ExO permite que as organizações se adaptem às mudanças causadas pela Quarta Revolução Industrial, já que as ExOs são construídas para aproveitar as tecnologias aceleradas. As tecnologias exponenciais permitem a abundância, e as ExOs são construídas para tirar vantagem dessa abundância.

O modelo ExO baseia-se em uma linha icônica de ferramentas e modelos de inovação.

- ***A Estratégia do Oceano Azul: Como criar novos mercados e tornar a concorrência irrelevante***, de Renée Mauborgne e W. Chan Kim, enfoca a inovação de produtos e criação de mercados incontestáveis.
- ***Startup: Manual do Empreendedor: O guia passo a passo para construir uma grande empresa***, de Steve Blank, apresenta o processo de Desenvolvimento de Clientes e defende "sair do prédio" para acelerar o aprendizado.
- ***A Startup Enxuta: Como os empreendedores atuais utilizam a inovação contínua para criar empresas extremamente bem-sucedidas***, de Eric Ries, lançou um movimento influente de inovação contínua através da experimentação rápida.
- ***Business Model Generation: Inovação em Modelos de Negócios***, de Alexander Osterwalder, fornece uma linguagem compartilhada e processo para definir e moldar modelos de negócios.

O modelo ExO não foi criado como um conceito novo a ser testado. Foi criado para fornecer um modelo para o que já vem sendo feito — e funcionando supremamente bem — no mundo atual. É a abordagem certa para a Quarta Revolução Industrial, à medida que aproveita o melhor das metodologias anteriores e acrescenta elementos para abordar as tecnologias exponenciais e suas implicações 6D. O modelo ExO é a base deste livro e da metodologia que ele apresenta.

Estamos experimentando uma taxa de mudança exponencial em todas as facetas de nossas organizações hoje, bem além de qualquer transformação digital do passado. Nossa resposta ao surto de mudanças é aproveitar o poder da própria mudança. Para isso, você precisa transformar sua organização linear em uma Organização Exponencial.

Por onde começar? Eis o propósito de *Transformações Exponenciais*: fornecer uma série de atribuições, rumo, apoio e orientação para a transformação organizacional que fornecerá resultados exponenciais.

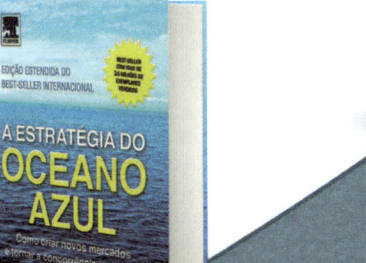

Inovação de Produtos

Inovação do Modelo de Negócios

Transformação do Setor

Introdução

Desafios da Transformação

Dizem que sou antiquado e vivo no passado, mas às vezes acho que o progresso progride rápido demais!

— Dr. Seuss

As informações deste livro abrem caminho para a alavancagem maciça que a tecnologia oferece. Mas o caminho nem sempre é fácil de seguir. Empurrar fronteiras para mais longe e mais rápido do que no passado pode ser desagradável. Porém, tenha certeza: a inovação revolucionária é mais passível de emergir dos espaços mais desconfortáveis.

Um dos maiores desafios que você enfrentará em sua jornada da ExO é o **sistema imunológico organizacional**, que quase certamente agrupará suas defesas para tentar deter o progresso e suprimir qualquer tentativa de transformação. Toda empresa possui uma reação imunológica, e seu objetivo básico é preservar o *status quo*. (Você pode até se surpreender ao descobrir que faz parte desse sistema!)

Além de combater a reação imunológica corporativa, as organizações enfrentam desafios adicionais quando tentam implementar a transformação.

- Como achar o modelo de negócios certo conectado com uma economia da abundância, e não da escassez.
- Como mudar a mentalidade na organização do pensamento baseado na eficiência para um foco na inovação.
- Como desenvolver e conservar a capacidade de inovação dentro da organização.
- Como acessar conhecimentos externos à organização.
- Como superar a falta de rapidez e engajamento dentro da organização.

O ExO Sprint decifra o código de como superar esses desafios e suprime o sistema imunológico da empresa pelo tempo suficiente para que ela avance e se torne uma Organização Exponencial.

ExO Sprint

Este livro ensina como realizar um ExO Sprint. Explica como o ExO Sprint faz uso de ferramentas específicas como o Canvas de Modelo de Negócios e nosso próprio ExO Canvas. Também detalha como a transformação experimentada por sua organização como resultado do ExO Sprint começa pelas pessoas, e progride para a aplicação de processos e tecnologia avançados por toda a organização.

A aceleração ocorrerá em sua organização porque as pessoas envolvidas no ExO Sprint também se transformarão. É a mudança delas que semeará a transformação organizacional que você busca.

Dependendo do tamanho de sua empresa, a transformação pode ocorrer de uma só vez, divisão por divisão, ou mesmo, como no caso das origens da Tesla, de uma pequena barraca no canto de um grande depósito.

Nas próximas seções, você aprenderá como o ExO Sprint é estruturado e executado, bem como quais preparativos são necessários antes de lançá-lo. Você também aprenderá como selecionar as melhores pessoas para realizar seu Sprint para que tenha a maior probabilidade de sucesso.

O ExO Sprint foi realizado com sucesso em grandes, médias e pequenas organizações ao redor do mundo. Temos usado essas ferramentas em organizações poderosas em diversos setores, incluindo a Procter & Gamble (P&G), Stanley Black & Decker, HP Inc. e Visa. Algumas de suas histórias estão incluídas na seção Estudos de Casos, no final do livro. ⤷ **Pág. 362**

Os ExO Sprints que realizamos provaram que o modelo funciona. Mais de 200 consultores da inovação participaram da realização de ExO Sprints. Seu feedback e refinamentos ao longo do caminho levaram à versão da metodologia ExO Sprint aqui apresentada.

O ExO Sprint inclui dois fluxos de atividades. O primeiro, o Fluxo na Borda, enfoca o desenvolvimento de iniciativas **fora** da organização e das linhas de negócios existentes. O segundo, o Fluxo Central, enfatiza o desenvolvimento de iniciativas a serem implementadas **dentro** da organização. Discutiremos adiante por que essa distinção é importante, bem como o valor de cada fluxo. Escolher qual deles usar — ou se ambos devem ser usados — depende de suas metas e das necessidades de sua empresa.

O ExO Sprint fornece uma abordagem que se aprende fazendo, para achar um modelo de negócios que se conecta com a abundância, supera os desafios com que as organizações costumam se deparar ao implementar a transformação e injeta capacidade de inovação em suas equipes. O ExO Sprint resulta em projetos de ExO práticos, que, uma vez completados, transformam uma empresa em uma Organização Exponencial — ou mesmo em um conjunto delas.

Introdução

Quem Deveria Ler Este Livro?

Nunca duvide de que um pequeno grupo de cidadãos ponderados e empenhados pode mudar o mundo; na verdade, é a única coisa que pode.

— Margaret Meade

Independentemente de sua organização atual ser líder do setor ou coadjuvante, precisa se transformar, se quiser prosperar em face da disrupção do setor por fontes externas inesperadas. (Protagonistas novos deveriam embutir a agilidade desde o início.) Este livro, e o processo pelo qual se orienta, está projetado para ser aplicável a organizações de todas as formas e tamanhos.

Quer você seja empreendedor ou intraempreendedor, líder de uma grande empresa ou de uma pequena, ou simplesmente defensor da mudança, os princípios ExO subjacentes são os mesmos.

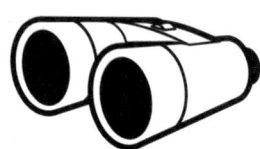  

Você é empreendedor ou faz parte de uma equipe de startup procurando causar ruptura em um setor ao criar uma nova Organização Exponencial do zero? Caso seja, você está na posição privilegiada de ser capaz de começar com uma lousa em branco. Como tal, você segue o Fluxo na Borda.

Você é um líder voltado à inovação buscando manter sua empresa segura ao adaptá-la à disrupção externa do setor? Caso seja, você aplicará o Fluxo Central para se concentrar dentro de sua empresa.

Você é um líder voltado para a disrupção buscando não apenas transformar a própria empresa, mas também o setor em que ela opera? Ou talvez até criar um setor novo? Aplique os Fluxos na Borda e Central para alcançar essas metas.

Para assegurar que você está no caminho certo, faça a si mesmo as seguintes perguntas antes de embarcar em um ExO Sprint:

Sua organização *sofre de uma reação do sistema imunológico ao tentar qualquer lance disruptivo?*

Queremos *liderar a — ou ao menos ficar à frente da — disrupção do setor?*

Queremos *fazer nossa empresa crescer 10x?*

Queremos *acelerar o metabolismo de nossa organização para reagir mais agilmente às mudanças do mundo externo?*

Estamos prontos *para testar abordagens novas?*

Estamos prontos *para aprender com fracassos de baixos custos e usar esse aprendizado para evoluir mais rápido e ainda mais?*

Queremos *fazer mudanças positivas no mundo?*

Se respondeu "Sim" a qualquer uma dessas perguntas, parabéns! Você já está no caminho. Este livro o orientará no resto da jornada, definindo os componentes de um modelo para a mudança e mostrando, passo a passo, como aplicá-los.

Como Usar Este Livro

Grandes sonhos não são meras visões. São visões acopladas a estratégias para torná-los reais.

— **Astro Teller**

Se os temas abordados nas seções anteriores são novidade para você, reserve um tempo para pesquisá-los melhor. Uma compreensão sólida de por que e como cada setor vem sendo abalado definirá o imperativo para a transformação de sua empresa. Para você começar, fornecemos uma lista de recursos que preparam grande parte dessa base (veja a seção de Leituras Recomendadas, no final do livro). Pág. 386

Talvez você esteja bem familiarizado com o imperativo para transformar ou construir sua empresa a fim de alavancar os benefícios das tecnologias aceleradas, mas não saiba como enfrentar o desafio. Nesse caso, uma compreensão clara dos blocos de construção para criar sua nova Organização Exponencial é o próximo passo. Veja os 11 atributos da ExO descritos na próxima seção do livro, junto com o ExO Canvas que você usará para os implementar.

Se estiver pronto para começar o trabalho — você já entende claramente a necessidade de transformar sua empresa e compreende os componentes do modelo ExO — vá direto às seções do ExO Sprint do livro para começar.

Uma vez que tenha completado seu primeiro ExO Sprint, você terá acumulado uma base preciosa de conhecimentos dentro de sua organização. Membros experientes de equipes de ExO Sprint serão capazes de levar o pensamento e as técnicas exponenciais para seus trabalhos diários e podem usar este livro para realizar projetos adicionais próprios de ExO Sprint.

Use *Transformações Exponenciais* como um coach, companheiro e guia ao realizar seus ExO Sprints. Cada seção, inclusive as atribuições de fluxo na Borda e Central, está escrita para ser independente e consultada conforme necessário.

Você está pronto para uma jornada incomum, empolgante e recompensadora? Então, mãos à obra!

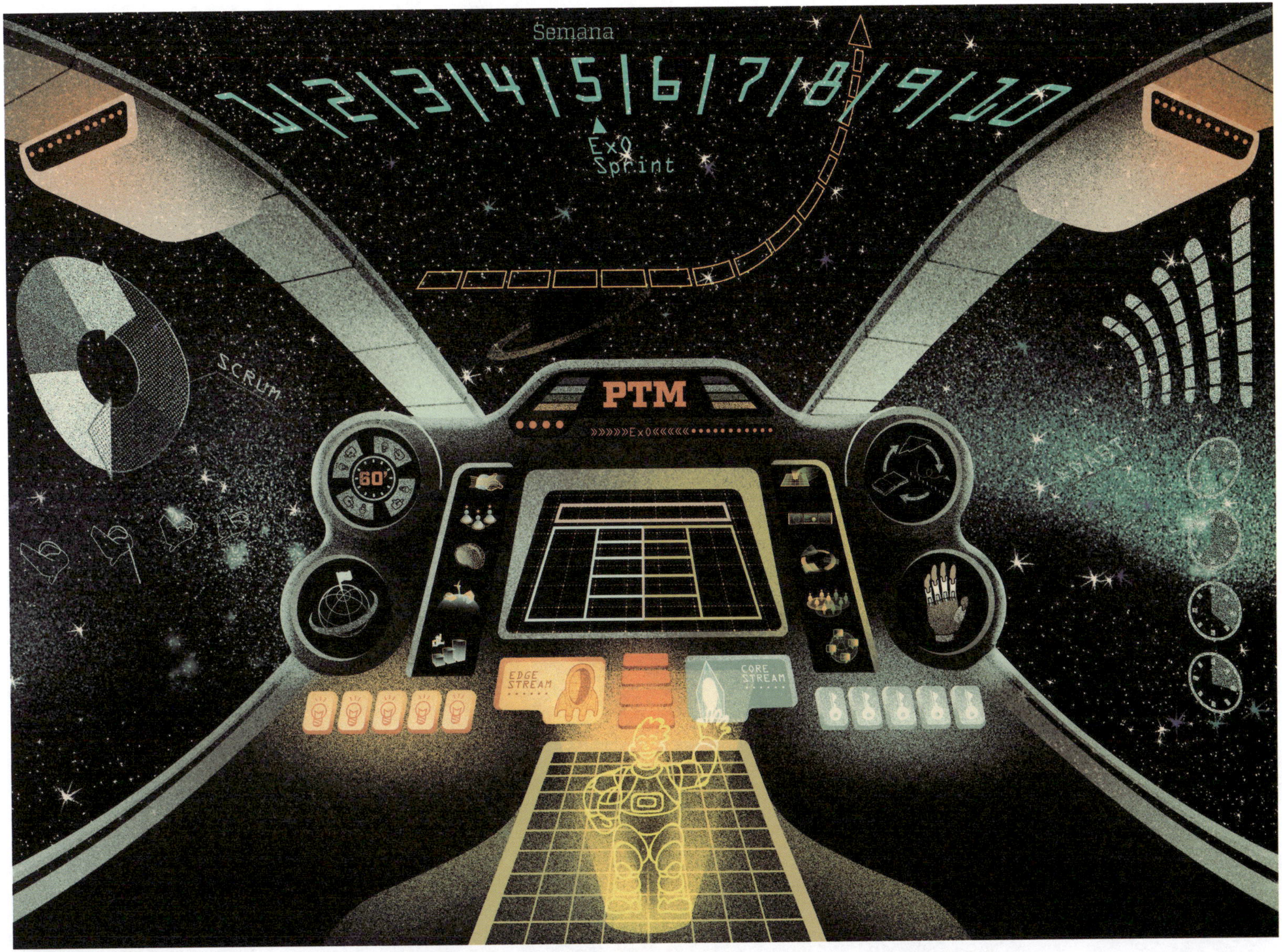
Semana
1 / 2 / 3 / 4 / 5 / 6 / 7 / 8 / 9 / 10
ExO
Sprint
SCRUM
PTM
ExO
60'
EDGE STREAM
CORE STREAM

Modelo ExO

Modelo ExO

Entender o modelo ExO é o primeiro passo para se tornar uma Organização Exponencial. Prepare-se para aderir às categorias daquelas organizações cujo impacto é mais de 10x maior que o de suas semelhantes, aplicando práticas que alavancam tecnologias aceleradas. Este capítulo descreve cada componente do modelo ExO como preparação para você realizar seu ExO Sprint.

O modelo ExO compreende 11 componentes, ou atributos. Os atributos ExO são os blocos de construção que permitem criar uma Organização Exponencial com alcance e impacto globais. Alavancam tecnologias existentes e emergentes que permitem a uma organização acessar e gerenciar a abundância na forma de recursos disponíveis, potenciais clientes ou informações úteis. Em suma, são as práticas que distinguem os líderes do setor.

Um Propósito Transformador Massivo (PTM) define a meta que a organização luta por alcançar.

PTM

Cinco atributos ExO de foco externo permitem que as organizações acessem a abundância global.

- **EQUIPE SOB DEMANDA**
- **COMUNIDADE & MULTIDÃO**
- **ALGORITMOS**
- **ATIVOS ALAVANCADOS**
- **ENGAJAMENTO**

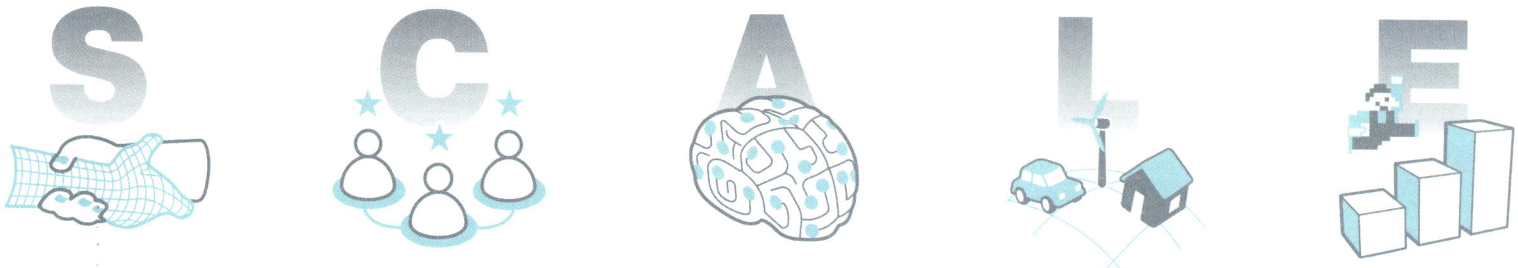

S — EQUIPE SOB DEMANDA
C — COMUNIDADE & MULTIDÃO
A — ALGORITMOS
L — ATIVOS ALAVANCADOS
E — ENGAJAMENTO

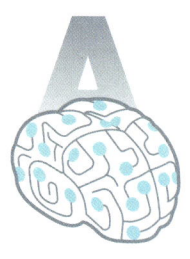

Cinco atributos ExO de foco interno permitem que as organizações **gerenciem** a abundância e coordenem a cultura, permitindo que cresçam exponencialmente.

- INTERFACES
- DASHBOARDS
- EXPERIMENTAÇÃO
- AUTONOMIA
- TECNOLOGIAS SOCIAIS

Cada atributo ExO oferece uma oportunidade de mudar de uma mentalidade tradicional de gerir recursos escassos para uma de abundância — e toda a oportunidade que a abundância apresenta.

O ExO Canvas, apresentado ao final desta seção, é uma ferramenta fácil para ajudá-lo a projetar Organizações Exponenciais.

⮕ Pág. 76

Ao ler os atributos, pesquise quaisquer termos não familiares. Buscas na internet de um termo ou tema específico aumentarão sua percepção das várias formas como vem sendo usado.

Dedique tempo a pesquisar como os atributos ExO vêm sendo aplicados no mundo hoje. Explorar exemplos reais ajudará a dar vida aos conceitos e inspirará seu pensamento.

I INTERFACES
D DASHBOARDS
E EXPERIMENTAÇÃO
A AUTONOMIA
S TECNOLOGIAS SOCIAIS

Propósito Transformador Massivo

As organizações da próxima geração não estão apenas concentradas em fornecer produtos ou serviços em troca de lucro, mas também têm um propósito subjacente de impactar positivamente o mundo. Na verdade, as maiores oportunidades de negócios hoje podem ser encontradas na busca de meios para solucionar os maiores desafios globais.

O Propósito Transformador Massivo (PTM) reflete a aspiração de uma organização — o propósito central de sua existência. Descreve a mudança no mundo que você quer alcançar, ao mesmo tempo em que reconhece que ela não será obtida no curto prazo. Um PTM é algo que inspira a ação, expressa suas paixões e cria uma conexão emocional que impele você e outros rumo à mudança significativa, positiva.

O PTM é um meio de "ir mais alto" — além das declarações de visão tradicionais, que são específicas de uma organização, ou declarações de missão, que descrevem como uma organização espera alcançar suas metas. Pelo contrário, seu PTM enuncia um propósito que você está se esforçando para alcançar.

O PTM pretende ser uma estrela-guia para a organização, fornecendo orientação quando escolhas-chave são requeridas. Com forças de trabalho cada vez mais autônomas e distribuídas, fornece um sistema de referência para manter as atividades focadas. Como um PTM não aborda como o propósito será alcançado, permite à organização modificar sua abordagem — ou mesmo pivotar — com o tempo.

Significativamente, o PTM também é a base de muitos dos atributos ExO. Qualquer organização que queira se tornar uma ExO deve começar definindo seu PTM. Uma vez definido, um PTM alinha sua organização, cria uma sensação de rumo compartilhado e atrai as pessoas de que você precisa para atingir seu propósito.

As tecnologias exponenciais permitem a abundância, e as ExOs são construídas para se conectarem com a abundância. O foco em todos os setores hoje é mudar da escassez à abundância, mudança que arma o cenário para as ExOs prosperarem. Formular seu PTM oferece uma oportunidade de pensar sobre como sua organização se relaciona com uma área de abundância específica — seja uma abundância de recursos ou a oportunidade de exercer um impacto abundante.

Por exemplo, o PTM do Google — "Organizar as informações do mundo" — relaciona-se com obter uma abundância crescente de informações. "Saúde para Todos" (o nome da empresa, bem como seu PTM) relaciona-se com a abundância no sentido de que é uma declaração ousada sobre solucionar um problema de forma abundante.

PTM

"Se os sonhos de sua empresa não o assustam, são pequenos demais."

– Richard Branson, fundador do Virgin Group

UM PTM É...

Dotado de objetivo
O que você quer alcançar?

Descritor do mundo
Qual seria o aspecto do mundo, uma vez alcançado o PTM?

Sucinto
É curto, simples e claro, não precisando de explicação?

Conectado à abundância
Como se cria uma abundância nova ou explora uma existente?

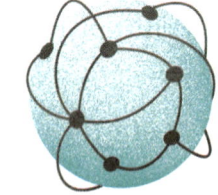

Massivo
Seu escopo é global ou tem o potencial de ser?

Muito ambicioso
O PTM é grandioso e ousado? Está além do que parece possível de atingir?

Transformador
Como o mundo se transformaria para melhor se o PTM fosse alcançado?

Inspirador
Se você compartilhasse seu PTM com um estranho, ele se inspiraria e se envolveria?

Entusiasmado
O PTM transmite seu entusiasmo?

Positivo
Como todos saem ganhando?

Checklist do PTM

- É simples, claro e fácil de entender? ☐
- É forte, ousado e desafiador? ☐
- Reflete um propósito importante e significativo? ☐
- Mudará o mundo para melhor? ☐
- É único? ☐
- Define por que nossa organização existe? ☐
- Reflete as paixões da liderança de nossa empresa? ☐
- Está bem comunicado e entendido por toda nossa organização? ☐
- Atrai uma comunidade, dando-lhe algo em torno do que se agrupar? ☐
- Parece quase impossível de realizar plenamente, mas imperativo o suficiente para que queiramos tentar? ☐

Uma Rápida Checagem

Teste um PTM em relação às próprias iniciais.

- É um verdadeiro Propósito? ☐
- É Transformador? ☐
- É Massivo? ☐

EXEMPLOS DE PTMs

Modelo ExO

Impactar positivamente um bilhão de pessoas
Singularity University

Tornar o mundo mais saudável
Phillips

Motoristas mais seguros, estradas mais seguras
Zendrive

Dar voz ao mundo
Terepac

Acrescentar brilho ao cotidiano das pessoas
Swarovski

Codificação social
Github

Ideias que merecem ser espalhadas
TEDx

Educar toda criança do planeta
Projeto World Top 20

Democratizar o acesso ao espaço em benefício da vida terrestre
Virgin Galactic

Evitar o trânsito, juntos
Waze

Criar futuros mais seguros
Infinitum Humanitarian Systems

44

Modelo ExO

Mudar os negócios para sempre
Virgin Group

Acelerar a transição do mundo para a energia sustentável
Tesla

Criar um cotidiano melhor para as pessoas
IKEA

Ajudar a próxima geração de mulheres a realizar seu pleno potencial
Dove

Organizar as informações do mundo
Google

Comida com integridade
Chipotle

Inspirar e acalentar o espírito humano
Starbucks

Avanços radicais em benefício da humanidade
XPRIZE

Música para todos
Spotify

Levar inspiração e inovação a cada atleta do mundo
Nike

Ajudar indivíduos e empresas a realizarem seus plenos potenciais
Microsoft

Tornar corriqueira a vida sustentável
Unilever

UM PTM NÃO É...

Uma declaração de visão sobre **o que a organização é ou se tornará** no futuro

Uma declaração de missão sobre **como a organização atinge seu propósito**

Um **slogan de marketing** promovendo um produto ou serviço

Dirigido ao cliente (declarações muitas vezes incluem "você")

Dirigido à empresa (declarações muitas vezes incluem "nos" ou "nós")

Uma declaração que **restringe a capacidade da empresa de pivotar** o negócio no futuro

Estes exemplos de declarações de visão —não PTMs — descrevem o que as empresas querem se tornar, e não a mudança que querem alcançar.

Ser a empresa mais bem-sucedida e importante do mundo na tecnologia da informação
IBM

Estes exemplos de declarações de missão — também não PTMs — descrevem como as empresas atingirão sua visão/propósito.

> Ser a empresa mais centrada no cliente da Terra, na qual os clientes consigam achar e descobrir qualquer coisa que queiram comprar online
> **Amazon**

> Ser a marca de serviço mais respeitada do mundo
> **American Express**

Esforçamo-nos para oferecer aos nossos clientes os preços mais baixos possíveis, a melhor seleção disponível e o máximo de conveniência
Amazon

Satisfazemos as necessidades diárias de nutrição, higiene e cuidados pessoais com marcas que ajudarão as pessoas a se sentirem bem, parecerem bonitas e obterem mais da vida
Unilever

Fornecer o melhor serviço possível ao cliente
Zappos

COMO PRODUZIR UM PTM

Produzir um PTM pode ser desafiador. Nos estágios iniciais de formar seu PTM, tente separar o intento — o que você quer alcançar — do fraseado real. É fácil ser desviado pelo fraseado quando você ainda está na fase de identificar o propósito real.

Uma startup focada em definir um PTM pode começar como uma lousa em branco. Uma organização existente, por outro lado, está limitada por sua necessidade a examinar como elevar sua oferta e forças atuais a um propósito mais amplo.

Reserve tempo para testar e refinar seu rascunho de PTM. Um PTM muitas vezes começa como uma "ideia maluca", antes de se tornar um combustível para unir as pessoas. Fale a respeito com os primeiros adeptos — aqueles que compartilham sua paixão — para ver quão bem se sustenta uma vez saído do papel. É significativo para eles? É fácil de entender sem explicação ou contexto? Gerou interesse? Empolgação? Motivação?

Mantenha todas as versões de seus rascunhos de PTM. Você pode achar valor em retornar a versões anteriores, ou usar elementos daquelas versões, conforme o PTM evolui.

Seu derradeiro objetivo é descobrir se o PTM consegue atrair uma comunidade nova ou ser adotado por uma comunidade existente. Para isso, precisa ser fácil de comunicar e refletir um valor que repercuta nos outros. Teste potenciais PTMs em grupos pequenos e examine o feedback antes de tornar algo oficial.

Modelo ExO

PRODUZIR UM PTM

Uma Abordagem POR QUÊ COMO O QUÊ

Tente uma abordagem POR QUÊ/COMO/O QUÊ para definir um PTM, fazendo as seguintes três perguntas:

POR QUE A ORGANIZAÇÃO EXISTE?

Defina o espaço do problema

COMO A ORGANIZAÇÃO ABORDARÁ A NECESSIDADE OU OPORTUNIDADE?

Imagine a transformação

O QUE A ORGANIZAÇÃO FORNECERÁ?

Faça um *brainstorming* de ideias

Enquadrar seu pensamento de acordo com essas três categorias ajuda a separar o PTM de sua execução. Seu PTM será encontrado na resposta à pergunta POR QUÊ.

PREPARAR UM PTM

Uma Abordagem dos "5 PORQUÊS"

Os "5 Porquês" oferecem uma técnica de *brainstorming* para revelar seu propósito. Convide indivíduos de toda a organização para participar, obtendo uma amostra representativa das hierarquias e funções. Clientes ou parceiros importantes também podem oferecer perspectivas valiosas.

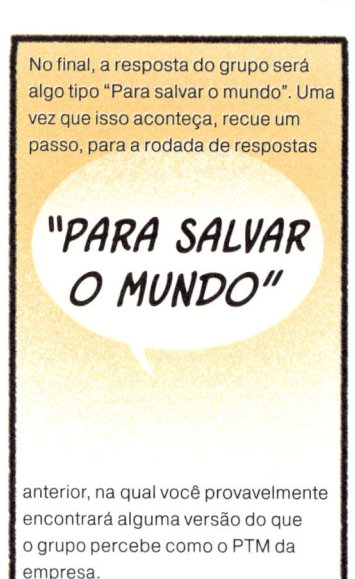

Comece perguntando

"POR QUE A ORGANIZAÇÃO EXISTE?"

Reserve 90 segundos para cada indivíduo anotar pensamentos em notas adesivas (uma resposta por nota) e peça que todos leiam suas respostas em voz alta. Ouça a contribuição de cada um e, depois, em grupo, escolham uma das respostas para ser desenvolvida.

Ao item escolhido para ser explorado, você então perguntará:

"POR QUE ESTAMOS FAZENDO ISTO?"

e repetirá o primeiro processo.

Faça isso mais três vezes. Use um bloco de notas adesivas de cor diferente para cada rodada e, após cada rodada, afixe todas as notas adesivas em uma parede, organizadas por cor.

No final, a resposta do grupo será algo tipo "Para salvar o mundo". Uma vez que isso aconteça, recue um passo, para a rodada de respostas

"PARA SALVAR O MUNDO"

anterior, na qual você provavelmente encontrará alguma versão do que o grupo percebe como o PTM da empresa.

Reserve tempo para refletir sobre os resultados. Agrupe ideias semelhantes e identifique temas em comum para, enfim, definir o que é mais importante para a organização.

PREPARAR UM PTM

Uma Abordagem de Discussão Aberta

Para iniciar uma conversa autêntica sobre a paixão subjacente a seu PTM, peça que cada membro de um grupo de discussão reserve alguns minutos para anotar respostas a estas perguntas.

- **QUAL É A MUDANÇA QUE VOCÊ QUER VER NO MUNDO?**
- **COMO A MUDANÇA IMPACTARÁ POSITIVAMENTE A SOCIEDADE?**
- **O QUE FAZ VOCÊ LEVANTAR DA CAMA TODA MANHÃ?**
- **PARA QUAL CAUSA MAIOR VOCÊ, DE BOM GRADO, OFERECERIA SEU TEMPO?**

CRIAR UM PTM

Uma Abordagem de Contar uma História

Uma abordagem de contar uma história pode ser um meio eficaz de chegar a um PTM. Qual é a narrativa por trás do que inspira sua organização? Veja este exemplo da Wellness, uma academia de ginástica regional do sul do Brasil.

> Nós acreditamos em superpoderes.
>
> Nascemos com superpoderes, todas as crianças nascem. Quando somos crianças, somos ninjas, super-heróis, astros do futebol ou atletas de todos os tipos. O tempo passa e, em algum momento, as coisas ficam sérias demais para super-heróis. Você precisa produzir, crescer, tornar-se um adulto e, de repente, nos vemos parados. Por que perdemos essa magia da capacidade ilimitada que tínhamos quando crianças?
>
> Nós da Wellness acreditamos que essa magia não está morta, apenas adormecida. O esporte nos permite acender a chama da autoconfiança e superar barreiras. O exercício físico é um caminho sem volta para o autoconhecimento, e, quando você conhece a si mesmo, compreende que é capaz de feitos incríveis.
>
> Acreditamos que todas as pessoas têm capacidade ilimitada e, através do exercício físico, podemos transformar o mundo em um lugar mais ativo e consciente. Como? Despertando o super-herói que existe em cada um de vocês.

No final, essa organização optou por "Despertar os super-heróis" como seu PTM.

Atributos SCALE

SCALE é o acrônimo (em inglês) para os cinco atributos ExO que ajudam uma organização a se conectar com a abundância no mundo. O acesso à abundância inexplorada é a base para a construção de uma Organização Exponencial. Os cinco atributos ExO que olham para fora da organização para conectá-la à abundância são: Equipe sob Demanda *(Staff on Demand)*, Comunidade & Multidão, Algoritmos, Ativos Alavancados *(Leveraged Assets)* e Engajamento.

Entender a natureza específica de cada atributo e quais viabilizam melhor seu modelo de negócios e objetivos para a expansão é o primeiro passo para se tornar uma ExO. Mais importante, os atributos SCALE permitem à organização manter uma pequena pegada de recursos, enquanto usa as técnicas para crescer com rapidez e flexibilidade.

Onde existe abundância inexplorada no mundo que possa contribuir para a realização de seu PTM?

Onde sua empresa atual depende de recursos escassos ou limitados? O que seria sua empresa se esses recursos se tornassem abundantes e gratuitos?

O número de pessoas conectadas pela tecnologia está previsto para crescer de três bilhões para entre cinco e sete bilhões nos próximos anos. Quais oportunidades isso cria para sua empresa?

SCALE

EQUIPE SOB DEMANDA    **COMUNIDADE & MULTIDÃO**    **ALGORITMOS**    **ATIVOS ALAVANCADOS**    **ENGAJAMENTO**

Equipe sob Demanda

A maioria das pessoas brilhantes não trabalha para você, não importa quem você seja.
— Bill Joy, cientista da computação

DESCRIÇÃO

Se sua empresa está crescendo exponencialmente — ou se você quer que cresça —, você precisa constantemente melhorar seu produto ou serviço. Sua capacidade de ajustar a composição, base de habilidades e responsabilidades de sua força de trabalho precisa acompanhar o crescimento da empresa. Sem "possuir" funcionários e o peso de sua infraestrutura associada, você pode obter agilidade e flexibilidade dentro de sua organização.

O atributo Equipe sob Demanda conta com um acervo de trabalhadores pré-qualificados, contratados na medida do necessário para realizar elementos operacionais de sua atividade básica. As responsabilidades variam de tarefas simples ao trabalho complexo, podendo até incluir processos fundamentais.

Recorrer a recursos fora dos limites de sua organização e dos processos de contratação tradicionais abre a oportunidade de acessar uma incrível riqueza e diversidade de talentos. As perspectivas novas geradas por uma força de trabalho global fornecem um fluxo constante de insights, permitindo que você aprenda e melhore rapidamente seu produto ou serviço. Use esse atributo para acessar as mentes mais brilhantes em seu setor e aproveitar uma capacidade e potencial não utilizados.

Uma ExO aplicando o atributo Equipe sob Demanda da forma mais extrema veria uma equipe central relativamente pequena realizando as atividades quase inteiramente com recursos externos. Observe que a escalabilidade — suprir recursos a um custo marginal baixo ou zero — possibilitada pelo atributo Equipe sob Demanda é essencial para o crescimento de uma ExO.

Dicas e considerações

- Não confunda o atributo Equipe sob Demanda, que alavanca pessoal externo, com o atributo Ativos Alavancados, que, como você verá adiante, alavanca ativos físicos externos.

- O atributo Equipe sob Demanda está intimamente associado ao atributo Comunidade. (Equipe sob Demanda é um subconjunto de sua comunidade maior.) Pense no que distingue seu relacionamento com cada um.

- Acessar qualquer forma de abundância requer uma interface para geri-la (veja o atributo Interface, abordado na próxima seção). Use sua interface de equipe sob demanda para envolver sua equipe, provê-la de recursos e ferramentas necessários e fornecer feedback.

- Dashboards, outro atributo ExO abordado na próxima seção, são fundamentais para gerir uma força de trabalho externa em grande escala. Use dashboards para rastrear os resultados e fornecer visibilidade a seus indicadores-chave, além de definir indicadores de desempenho claros.

- Identifique quais qualificação, treinamento e feedback contribuirão para a qualidade de seu pessoal externo e incorpore-os ao relacionamento usando o atributo Engajamento.

- Meça a contribuição e recompense os melhores desempenhos. Coletar avaliações automatizadas de colegas e usuários é um meio econômico, em tempo real, de medir a qualidade de cada trabalhador e permitir o reconhecimento público dos melhores desempenhos.

- Todas as empresas podem se beneficiar da equipe sob demanda de alguma forma. Distinga se você está construindo sua empresa com base no atributo Equipe sob Demanda (como fez a Uber, por exemplo) ou está apenas usando serviços de equipe sob demanda para obter eficiências em seu negócio já estabelecido (ou seja, para conseguir ajuda temporária nas tarefas na medida do necessário).

COMO IMPLEMENTAR

1 CRIE ESPECIFICAÇÕES CLARAS DE TAREFAS

Saber e ser capaz de comunicar com clareza o que você está pedindo à sua equipe sob demanda é essencial. Especificações claras possibilitam uma compreensão compartilhada do que é a tarefa, quando foi completada e quando e como será remunerada.

2 USE PLATAFORMAS EXTERNAS

Use um dos muitos serviços de equipe sob demanda atualmente disponíveis para começar rápido. Comece alavancando forças de trabalho externas e temporárias para preencher lacunas em expertise e disponibilidade.

3 USE O PTM PARA RECRUTAR AS MELHORES PESSOAS

Quando não houver uma plataforma, use processos manuais para contatar forças de trabalho existentes. Seu objetivo é comunicar seu PTM e reunir um grupo inicial de indivíduos cuja paixão esteja alinhada a seu propósito. Dependendo da natureza do trabalho, talvez você precise desenvolver processos de qualificação ou certificação para sua nova equipe sob demanda.

4 CRIE UMA INTERFACE PARA AUTOMATIZAR O ENVOLVIMENTO DA EQUIPE SOB DEMANDA

Gerir eficazmente sua força de trabalho — e o segredo para ser capaz de escaloná-la — requer o uso de uma interface para automatizar suas interações. Sua interface deve permitir que você colete e dissemine todas as informações atinentes ao relacionamento de trabalho. Teste a usabilidade de sua interface com seus membros iniciais para melhorá-la.

EXEMPLO DE USO

Gigwalk

A Gigwalk foi fundada em 2010 com a meta de "reinventar o trabalho em um mundo móvel". A Gigwalk oferece equipe sob demanda (Gigwalkers) para ajudar marcas de consumo e varejistas que buscam visibilidade *in loco* nas condições de seus produtos ou eventos a postarem suas necessidades como tarefas, ou "Gigs". Geralmente, usuários desse serviço desejam verificar se seus produtos estão disponíveis na prateleira, exibidos corretamente e com preço certo, ou se eventos de marketing são realizados correta e pontualmente.

Uma rede de 1,2 milhões de Gigwalkers usa um app móvel para escolher tarefas a serem executadas por um pagamento, feito via PayPal no final. Todo trabalho se realiza pelo app, inclusive documentar resultados com fotos geomarcadas. Cada Gigwalker recebe uma nota de desempenho baseada em fatores, como o término bem-sucedido de Gigs e nível de atividade. Uma nota maior abre acesso a Gigs mais complexos e bem remunerados.

Quando clientes veem que um Gigwalker está sistematicamente realizando um bom serviço para eles, podem acrescentar esse Gigwalker a uma força de trabalho privada e direcionar Gigs especificamente para esse grupo.

EXPLORE!

Examine estas empresas da perspectiva da Equipe sob Demanda. O que elas estão fazendo para atrair e reter a força de trabalho? Como construíram uma empresa baseada no atributo Equipe sob Demanda?

CHECKLIST PARA O SUCESSO

Existe um suprimento abundante de talento externo de qualidade para atender às nossas necessidades?
Estamos usando plataformas disponíveis para começarmos rápido?
Conseguimos acessar nossa equipe sob demanda com rapidez?
Estamos especificando com clareza tarefas e expectativas?
Definimos limiares claros para o bom término das tarefas?
Estamos coletando feedback objetivo de nossos colegas e usuários sobre o trabalho de um indivíduo?
Estamos oferecendo incentivos para recompensar o comportamento desejável?
Estamos mantendo o envolvimento com o pessoal de melhor desempenho?

Uber
TaskRabbit
Kaggle
Roamler

Upwork (antiga Elance)
Fiverr
Topcoder
Eden McCallum

Comunidade & Multidão

Se você desenvolve comunidades e faz as coisas em meio a uma multidão, não precisa achar as pessoas certas — elas o acharão.

— Chris Anderson, fundador da DIY Drones

DESCRIÇÃO

O mundo é um lugar grande. O que ExOs muito bem-sucedidas têm em comum é sua capacidade de alcançar o público global, reunir grandes grupos de indivíduos que compartilham seu propósito e alavancá-los como recursos. Um PTM irresistível e uma plataforma capacitadora são os marcos das ExOs que fazem isso bem.

A comunidade, no contexto da ExO, constitui-se de um grande grupo global de indivíduos empolgados com seu PTM e diretamente envolvidos nas funções principais de sua organização. São fiéis a uma meta compartilhada e dedicados a solucionar os grandes desafios em torno do propósito de sua organização.

Em alguns casos, a comunidade é a base do negócio. Empresas como TEDx ou Airbnb são inteiramente definidas pelas comunidades que reuniram. Em outros casos, a comunidade é adjacente à atividade básica e fornece um benefício valioso, complementar à oferta básica (como as Comunidades de Apoio da Apple). Nas ExOs mais avançadas, a comunidade conduz tudo, menos o propósito.

O público constitui-se de um grupo de indivíduos globais ainda maior — incluindo usuários infrequentes — com algum interesse passivo em seu PTM, mas (ainda) não diretamente ligados à sua organização. O público pode ser usado para fornecer ideação, validação e apoio às suas ideias. Sua meta é tornar fácil e irresistível o ingresso na comunidade de membros promissores do público.

Alavancar a paixão compartilhada por seu PTM e fornecer uma plataforma para o engajamento par a par abre sua empresa para um mundo de oportunidades. *Crowdsourcing* de ideias e feedback, crowdfunding para financiar conceitos novos, criar "prosumidores", que desenvolvem seu produto ou serviço com você, e dispor de mercados prontos para novas ofertas são exemplos do que pode ser obtido com o atributo Comunidade & Multidão.

Dicas e considerações

- Onde existem comunidades e/ou multidões que você possa alavancar?
- Se você é uma empresa estabelecida, sua base de clientes e seguidores é um ponto de partida valioso para desenvolver sua comunidade.
- Uma ExO não cria um público, mas catalisa o público como um recurso. (Líderes, tendências ou movimentos geralmente criam comunidades e públicos que você pode alavancar.) Uma ExO fornece uma plataforma que permite aos membros se conectarem melhor e crescer juntos.
- Os membros da comunidade são unidos por uma sensação de pertencimento, um propósito comum e valores compartilhados. Um PTM forte está subjacente ao atributo Comunidade & Multidão, sendo essencial para atrair a comunidade e fomentar sua participação.
- A comunidade pode desempenhar um papel poderoso em ajudar os indivíduos a descobrirem, refinarem e realizarem os próprios PTMs pessoais, criando um engajamento profundo, de longo prazo.
- Empregue uma abordagem estruturada, voltada para recrutar os principais colaboradores e aproximá-los mais. Você precisa oferecer valor aos membros de sua comunidade para manter seu engajamento.
- Conquistar e reter a confiança de sua comunidade é essencial. Lembre que sua comunidade é composta de indivíduos, que valorizam a liderança, autenticidade e transparência por você demonstradas, como sua motivação para se conectarem.
- Desenvolver e manter sua comunidade requer cuidados. Preste muita atenção às necessidades de sua comunidade e demonstre responsividade. Note que para cada real gasto em criar uma comunidade, serão precisos US$5 para mantê-la.
- Use Comunidade & Multidão para ampliar sua capacidade de rapidamente gerar, testar e iterar ideias. As respostas de cada grupo lhe informarão o que funciona bem, o que pode ser melhorado e o que não está funcionando.
- O atributo Comunidade & Multidão está associado aos atributos Engajamento e Interfaces. Como você implementará todos esses três atributos juntos?

Várias categorias de indivíduos estão contidas na Comunidade. Cada camada tem um nível diferente de compromisso com seu PTM, está engajada em um grau diferente e requer um tipo de atenção diferente.

- Equipe Central/Rede Pessoal (onde começa)
- Primeiros Adeptos (onde se estende primeiro)
- Usuários Dedicados/Clientes/Ex-Universitários
- Equipe sob Demanda
- Fornecedores/Parceiros/Fãs
- Todos os Outros

■ Comunidade
■ Público

COMO IMPLEMENTAR

1. USE O PTM PARA ATRAIR E ENGAJAR PRIMEIROS ADEPTOS
Nos estágios iniciais, esse processo envolve atenção pessoal e processos manuais, à medida que você se aproxima de grupos e contatos existentes individualmente para comunicar o PTM e reunir um grupo inicial. Encontre comunidades para alavancar.

2. DESENVOLVA RELACIONAMENTOS
Trabalhe com grupos de teste para desenvolver sua compreensão das necessidades e preferências. Identifique e desenvolva relacionamentos com os membros mais fortes (eles geralmente o encontrarão) para obter insights valiosos sobre como desenvolver ainda mais sua comunidade.

3. CULTIVE SUA COMUNIDADE
Os estágios iniciais do desenvolvimento da comunidade são como acender uma fogueira com um só fósforo: você precisa prepará-la bem e alimentá-la com o tamanho, quantidade e momento certo dos insumos para provocar uma chama. A liderança precisa ser autêntica, transparente e proveniente do nível executivo de sua organização.

4. CRIE UMA PLATAFORMA PARA OS PRIMEIROS ADEPTOS
Uma ótima plataforma será essencial para o escalonamento futuro. Torne fácil e atraente para os membros interagirem com você e entre si. Um valor-chave para os membros de sua comunidade é a capacidade de interagir e colaborar com seus colegas. Teste a usabilidade da sua primeira versão da plataforma com os primeiros adeptos para melhorá-la.

5. EXPANDA O ALCANCE DE SUA PLATAFORMA PARA ATRAIR MEMBROS NOVOS À COMUNIDADE ESTABELECIDA
Leve sua plataforma automatizada e testada ao público, além do seu grupo de teste inicial, para alcançar um grupo mais amplo. Atraídas pelo seu PTM e pela acessibilidade da sua plataforma, as pessoas que compartilham seu propósito podem agora chegar até você em grande escala.

Criar, desenvolver e gerir sua comunidade é diferente em cada estágio.

Forjar seu PTM (a "centelha") e atrair membros receptivos da comunidade desde cedo são os primeiros passos.

Desenvolver sua comunidade requer atenção cuidadosa e receptividade às necessidades e informações dela.

Gerir uma comunidade bem estabelecida requer liderança e atenção.

CHECKLIST PARA O SUCESSO

- Estamos usando nosso PTM para atrair e conduzir a comunidade global e o engajamento do público?
- Os PTMs ou declarações de propósito individuais dos membros da comunidade estão alinhados aos nossos?
- Nossa comunidade está engajada e participando da criação de valor?
- Estamos usando a gamificação para aumentar o engajamento dentro da comunidade?
- Definimos limiares e expectativas claras para nossa comunidade participante e membros do público?
- Atraímos pioneiros da área, incluindo aqueles com expertise que é escassa?
- Estamos recebendo de nossa comunidade e multidão feedback sobre produtos/serviços e informações sobre o mercado?
- Oferecemos prêmios de incentivo ao desempenho e engajamento para levar membros do público à comunidade?

EXEMPLO DE USO

A Wikipedia é uma enciclopédia online grátis, escrita colaborativamente por seus usuários. Recebe 400 milhões de visitantes globais a cada mês, é o quinto site mais popular da web e, coletivamente, contém mais de 47 milhões de artigos em 298 edições de idiomas. Qualquer um tem permissão para criar e editar artigos a qualquer momento, e milhares de mudanças e melhorias são feitas a cada hora.

Os "Wikipedianos" são os voluntários que escrevem e editam os artigos da Wikipedia. São encorajados a ser ousados e instruídos a "achar algo que possa ser melhorado e torná-lo melhor". Existem mais de 37 milhões de nomes de usuários registrados, possibilitando que sejam contribuintes. A comunidade está unida no desejo de tornar o conhecimento humano disponível para cada pessoa do planeta.

EXPLORE!

Examine estas empresas da perspectiva da Comunidade & Multidão. O que estão fazendo para atrair e aumentar a participação?

Airbnb
DIY Drones
Xiaomi Global Community
TopCoder

Gustin
Lending Club
99designs
Purchx

Modelo ExO

Algoritmos

A inteligência artificial não vai nos substituir, vai nos aperfeiçoar. Já nos aperfeiçoa.

— Ray Kurzweil, inventor, escritor e futurista

DESCRIÇÃO

À medida que mergulhamos de cabeça na era digital e cada vez mais elementos do mundo físico evoluem para incluir algum aspecto digital, fica fácil ver que os algoritmos — que oferecem os meios de compreender toda essa informação — representam a própria base da sobrevivência da empresa.

Um algoritmo é simplesmente um conjunto de instruções passo a passo usado para automatizar uma tarefa ou solucionar um problema específico. O campo da inteligência artificial (IA) explora como algoritmos podem se tornar "inteligentes" — aprendendo a solucionar problemas sem um conjunto predeterminado de instruções e criando soluções novas para problemas novos, sem intervenção humana. A IA permite que os sistemas computacionais se comportem e/ou "pensem" como humanos — para solucionar problemas complexos e aprender gradualmente com o melhor desempenho.

Os algoritmos e a IA aprendem reconhecendo padrões em textos, imagens, vídeos, voz e quaisquer outros dados de base digital. Um sistema também pode aprender sozinho pela experiência e/ou analisando casos de usos anteriores. Algoritmos que aprendem existem há vários anos, mas a abundância de dados e o poder computacional atuais estão, enfim, permitindo que forneçam valor real e resultados às empresas. A ficção científica está se tornando "realidade científica".

As ExOs usam algoritmos para automatizar o que as pessoas estão fazendo, de modo que, à medida que a empresa cresce, não seja necessário aumentar a equipe no mesmo ritmo. A tendência atual é usar a inteligência artificial e os algoritmos para automatizar as operações de uma organização. Cada vez mais, serão usados para as tarefas mais complexas atualmente realizadas pela equipe principal e equipe sob demanda, e espera-se que alcancem o nível da inteligência humana nas próximas décadas.

Quanto mais sofisticado for seu uso de algoritmos, melhor sua capacidade de alavancar a quantidade massiva de informações que a tecnologia atual e emergente lhe possibilita captar. (A Cisco estima que, em 2030, uns 500 bilhões de dispositivos estarão conectados globalmente, cada um com sensores embutidos que coletam dados.)

Para uma ExO, os algoritmos permitem o pleno escalonamento de produtos e serviços e o aumento da qualidade com soluções melhores para os problemas — mediante sistemas de apoio à decisão, por exemplo. Eles permitem a manipulação maciça de dados para alavancar seus benefícios, são facilmente atualizados, compensam os vieses humanos e melhoram a cada dia. Os algoritmos são sua vantagem competitiva ao realizar negócios em grande escala.

Dicas e considerações

- Os dados podem ser captados por várias interfaces — voz, visuais e vestíveis, por exemplo, além do texto.
- Os algoritmos podem ser comprados. Você não precisa desenvolver todos. Quais algoritmos e dados de terceiros seriam benéficos para você?
- A que dados você tem acesso atualmente que não está alavancando?
- Quais conjuntos de dados públicos você pode alavancar para melhorar seus dados privados?
- Quais dados adicionais você poderia captar com uso mais generalizado de sensores, e como poderia se beneficiar disso?
- Onde a IA pode ser usada em combinação com uma atividade humana para criar um resultado aprimorado?
- Quais tarefas repetitivas podem ser automatizadas? Quais papéis de trabalhadores com conhecimento podem ser automatizados? Onde a interação humana é crucial para o seu mercado e, portanto, não deveria ser automatizada?
- Onde algoritmos podem ser usados para capacitar o atributo Autonomia?
- Algumas das tarefas realizadas por sua equipe sob demanda podem ser realizadas por algoritmos. Como os algoritmos e a IA poderiam substituir sua necessidade de equipe sob demanda no futuro?
- Como você vai alavancar algoritmos e IA quando funcionarem no nível da inteligência humana?
- Como o volume crescente de dados disponíveis pode ser usado para alcançar seu PTM?

COMO IMPLEMENTAR

1 IDENTIFIQUE A NECESSIDADE
Qual necessidade do cliente você está solucionando? Ter em mente esse objetivo final é importante ao concentrar seus esforços. Como a tomada de decisões baseada em dados automatizada abordará essa necessidade? Essa necessidade está alinhada a seu PTM?

2 SUPRA A EXPERTISE
Dependendo da natureza de sua necessidade e quão essencial seja para sua atividade básica, você deverá criar capacidade de desenvolvimento de software dentro da empresa, terceirizá-la e/ou empregar equipe sob demanda. Explore fontes de algoritmos e dados de terceiros, como Kaggle, IBM Watson Analytics e Amazon Web Services.

3 COLETE DADOS SOBRE O PROBLEMA QUE DESEJA SOLUCIONAR
Identifique de onde se originam os dados — de pessoas, sensores ou conjuntos de dados públicos — e defina com sua equipe técnica como melhor automatizar sua coleta.

4 ORGANIZE OS DADOS
Uma montanha de dados não faz sentido até você organizá-los de modo a permitir sua análise em busca de ideias. Um processo chamado ETL (Extrair, Transformar, Carregar) usa uma ferramenta de programação para transferir dados de um banco de dados de origem (onde foram coletados) para um banco de dados diferente (onde podem ser avaliados).

5 APLIQUE ALGORITMOS
Agora que os dados estão acessíveis, aplique algoritmos para automatizar processos, achar soluções para problemas novos, extrair ideias, identificar tendências e ajustar algoritmos novos. Foque a necessidade do cliente que deseja abordar para executar uma solução alinhada.

6 EXPONHA DADOS À SUA COMUNIDADE
Para escalonar e criar valor como ExO, abra a interface de programação de aplicativos (API, do inglês Application Program Interface) ao público. APIs permitem que apps se comuniquem com outros serviços e peguem carona neles. Abrir a API permitirá que desenvolvedores externos projetem produtos acionados por seu serviço, criando funcionalidade extra para ele e inserindo você plenamente no domínio das oportunidades baseadas na web.

CHECKLIST PARA O SUCESSO

- Estamos coletando dados suficientes? Podemos achar conjuntos de dados externos para suplementar os internos?
- Como sensores poderiam ser usados?
- Estamos medindo as coisas certas?
- A qualidade de nossos dados é alta o suficiente (para evitar a entrada e a saída de lixo)?
- Temos explorado como utilizar plenamente nossos dados?
- Estamos constantemente atualizando e melhorando nossos algoritmos?
- Estamos aplicando algoritmos à nossa tomada de decisões rotineira baseada em dados?
- Estamos usando a análise fornecida por algoritmos para impelir a tomada de decisões para nossos produtos ou serviços?
- Estamos gerindo a mudança cultural resultante dentro da organização?

EXPLORE!

Examine estas empresas da perspectiva dos Algoritmos. De que maneiras os algoritmos estão subjacentes a seus modelos de negócios?

EXEMPLO DE USO

NETFLIX

A Netflix é a maior rede de televisão por internet do mundo, com 104 milhões de membros, em mais de 190 países, assistindo a mais de 125 milhões de horas de séries e filmes por dia. Cada vez que os usuários se conectam, uma experiência diferente é apresentada, graças ao algoritmo de personalização. Com base no histórico de visualizações, o algoritmo se renova a cada 24 horas para assegurar que os assinantes vejam um conteúdo a que provavelmente assistirão.

A Netflix reconhece que, com estimados 13 mil títulos disponíveis a qualquer momento, existe tanto conteúdo que os usuários podem facilmente ficar perdidos. De acordo com o site Business Insider, a empresa também sabe que tem uns 90 segundos para convencer os espectadores de que possui algo para assistirem antes que abandonem o serviço e passem para algo diferente. Como resultado, a personalização é a chave para reter assinantes. Com essa finalidade, a empresa tem aproximadamente mil funcionários encarregados de customizar o produto e personalizar o algoritmo.

Google
Siri da Apple
Amazon
FICO

Facebook
Airbnb
Uber
UPS

Modelo ExO

A

59

Ativos Alavancados

A Marriott pretende acrescentar 30 mil quartos de hotel em 2014. Nós faremos isso nas próximas duas semanas.

— Brian Chesky, cofundador e CEO do Airbnb

DESCRIÇÃO

A Uber não possui carro algum, mas gerencia uma das maiores frotas de veículos de transporte pessoal do planeta, que abarca dezenas de países. O Airbnb não possui quartos de hotel, mas em 2017 teve quatro milhões de reservas no mundo inteiro — mais que as cinco maiores empresas hoteleiras juntas. Esses exemplos clássicos de ExOs ilustram como a alavancagem, em vez da propriedade física, pode mudar drasticamente a economia de sua empresa.

Alugar, acessar ou compartilhar ativos, mesmo aqueles fundamentais, faz com que uma organização permaneça ágil e desimpedida. O custo marginal do suprimento é fortemente reduzido — para praticamente zero, no caso de um modelo altamente escalonado. Ao não possuir propriedades físicas, você remove os custos associados à sua gestão, através dos custos adjacentes de infraestrutura.

Assim como Equipe sob Demanda, o atributo Ativos Alavancados fornece um acesso sob demanda aos recursos, substituindo a necessidade de propriedade. Por exemplo, a computação na nuvem armazena seus dados no servidor de um provedor, em vez de no seu próprio servidor ou disco rígido, e *hackerspaces* oferecem acesso a espaços de trabalho compartilhados e ferramentas para projetos.

Usar ativos de clientes é um meio poderoso de obter alavancagem e criar produtos ou serviços escalonáveis. A Netflix usa dispositivos de seus clientes para exibir filmes, e o Waze coleta informações de trânsito em tempo real do smartphone ou tablet de cada usuário, contornando a necessidade de dispositivos ou redes dedicadas.

Uma ExO aplicando o atributo Ativos Alavancados da forma mais extrema não possuiria nenhum ativo físico, essencialmente eliminando custos fixos baseados em ativos e fornecendo grande flexibilidade à organização.

Dicas e considerações

- Os Ativos Alavancados não incluem a terceirização do pessoal, que é abordada sob o atributo Equipe sob Demanda.
- Quais ativos do balanço de sua organização poderiam ser transferidos para outra parte?
- Seus clientes possuem quais ativos que poderiam ser benéficos para sua empresa?
- Ativos que são habilitados por informações ou que estão se tornando comoditizados são os candidatos mais óbvios à alavancagem.
- Alavanque a computação na nuvem para soluções baseadas em informações e considere os hackerspaces para soluções de hardware.
- Avaliações de usuários automatizadas em tempo real fornecem feedback de baixo custo sobre a qualidade de seus ativos alavancados.
- Como seu uso de ativos alavancados permite criar um produto ou serviço escalonável?

COMO IMPLEMENTAR

1 ENTENDA SEU MODELO DE NEGÓCIOS E OBJETIVOS
Toda empresa pode se beneficiar de algum modo dos ativos alavancados. Defina se você está construindo sua empresa com base nos ativos alavancados (como fizeram a Uber e o Airbnb) ou se está simplesmente usando ativos alavancados para obter eficiências no seu negócio existente (como acessar espaço de escritório sob demanda). Uma empresa baseada plenamente em ativos alavancados tem um verdadeiro potencial para ser uma ExO, e os seguintes passos se aplicam.

2 IDENTIFIQUE ONDE EXISTE UMA ABUNDÂNCIA DE ATIVOS VALIOSOS
Onde existe capacidade ociosa no mundo cujo propósito você poderia redefinir, seja dentro ou fora de seus relacionamentos atuais? Quais recursos abundantes inexplorados poderiam apoiar seu PTM?

3 DESENVOLVA RELACIONAMENTOS
Identifique os membros iniciais de sua comunidade de ativos alavancados e trabalhe junto com eles. Você precisa descobrir suas necessidades e entender que valor eles dão ao relacionamento.

4 CRIE UMA INTERFACE
A gestão eficaz de qualquer abundância, inclusive ativos alavancados, requer o uso de uma interface para automatizar suas interações. Sua interface deveria permitir que você coletasse e disseminasse todas as informações atinentes ao relacionamento de trabalho. Teste a usabilidade de sua interface com primeiros adeptos para aperfeiçoá-la.

5 USE SUA INTERFACE E A FORÇA DO VALOR QUE VOCÊ OFERECE PARA ATRAIR MEMBROS NOVOS À SUA COMUNIDADE DE ATIVOS ALAVANCADOS
Leve sua plataforma automatizada e testada além do seu grupo de teste inicial para alcançar um público maior. As pessoas certas irão até você, atraídas pela oportunidade de participar e se beneficiar de uma relação comercial rentável.

CHECKLIST PARA O SUCESSO

- Nosso uso de ativos alavancados está permitindo o escalonamento de nossa empresa?
- Conseguimos acessar ativos facilmente quando necessitamos deles?
- Definimos requisitos claros para a participação?
- Estamos medindo os resultados?
- Estamos coletando avaliações automatizadas de usuários em tempo real?

EXEMPLO DE USO

Zendrive

A Zendrive é uma empresa sediada nos EUA e Índia que usa os sensores do smartphone para medir e melhorar o comportamento do motorista. Com um PTM "Motoristas Mais Seguros, Estradas Mais Seguras", fornece uma analítica de segurança nas estradas para frotas, seguradoras e indivíduos. A visão da empresa estende-se além dos modelos atuais de direção, incluindo serviços de carona e de compartilhamento de carros, a um futuro quando as frotas autônomas terão necessidade de comunicação em tempo real para monitorar e analisar dados a fim de ativamente impedir colisões.

A Zendrive não possui hardware. A empresa está completamente baseada em coletar e analisar dados obtidos por sensores já embutidos nos smartphones dos usuários. Não é necessário qualquer investimento relacionado a algum hardware ou instalação independente cara. A empresa está simplesmente alavancando a abundância de smartphones já em uso.

EXPLORE!

Examine estas empresas da perspectiva dos Ativos Alavancados. De que maneiras desenvolveram um negócio sem precisar investir em ativos fixos ou estão permitindo que outros o façam?

Lyft/Uber
Airbnb
Getaround

WeWork
Waze
Amazon S3

Modelo ExO

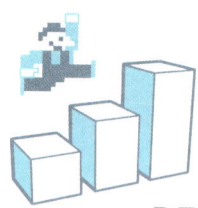

Engajamento

Crescimento sem engajamento é um balde que vaza.
— Nir Eyal, empreendedor e escritor

DESCRIÇÃO

Os mais poderosos motivadores para criar valor e ação em escala maciça são uma sensação de pertencimento e engajamento a uma causa em comum. Seu PTM é o ponto de partida para atrair clientes, público e comunidade. Engajamento é o uso de técnicas como sistemas de reputação, gamificação, programas de fidelidade e prêmios de incentivo para manter esses grupos interessados, envolvidos e cada vez mais comprometidos com seu propósito compartilhado.

Pelo Engajamento, você ganha a fidelidade de seus clientes e comunidade, e cria um meio eficaz de converter público em comunidade. O engajamento permite que você conheça seus clientes, público e comunidade mais intimamente, e entenda melhor como satisfazer suas necessidades.

O que motiva cada um desses grupos? Aplicar diferentes técnicas de engajamento fornece a oportunidade de alavancar seu marketing e experimentar diferentes abordagens. Crie ou compartilhe conteúdo relevante para ajudar a converter o público em comunidade. Use sistemas de reputação digital para atrair, motivar e criar confiança entre membros da comunidade. O feedback positivo de usuários plenamente engajados pode ter um efeito cumulativo favorável, criando círculos virtuosos.

A transparência do serviço desempenha um papel importante no engajamento do cliente. A FedEx e a UPS permitem que você rastreie seu pacote, da expedição à entrega. A Uber permite que você rastreie o progresso de sua corrida, do pedido à chegada. Muitos processos de negócios tradicionalmente opacos podem ser transformados usando transparência para dar ao usuário uma sensação de poder e impacto.

A gamificação e os resultados incentivadores são técnicas de engajamento de grande eficácia. Muitos casos de melhor uso para implementar técnicas de engajamento são encontrados em plataformas de aprendizado e adaptados à sua empresa, inclusive a fim de aperfeiçoar seus produtos ou serviços. Como você motivará as pessoas a os usarem diariamente?

Dicas e considerações

- A gamificação é um ótimo meio de engajar a comunidade, com prêmios de incentivo para transformar o público em comunidade.
- O atributo Engajamento está associado aos atributos Comunidade & Multidão e Experimentação, além de depender de seu PTM para atrair interesse.
- Seus funcionários são um subconjunto valioso de sua comunidade. Use técnicas de engajamento para aproveitar suas perspectivas singulares e aprenda de suas experiências com eles. Como você pode melhorar a cultura interna de sua empresa?
- Uma série de softwares de gestão da inovação está disponível. Explore ferramentas e plataformas atualmente no mercado que sejam especificamente projetadas para engajar seus funcionários, clientes e parceiros no compartilhamento de ideias.
- Como você pode usar eficazmente moeda virtual ou pontos?
- Forneça regras, metas e recompensas claras e autênticas. Recompense resultados e forneça feedback imediato.
- Procure extrair emoções positivas, e não negativas.
- Colaboração e "coopetição" (competição colaborativa) provocam uma inovação mais rápida. Torne-a divertida. Incentive ações significativas. Faça perguntas que convidem à participação.
- Experimente e ajuste, ao levar em conta o feedback que está recebendo.

COMO IMPLEMENTAR

1 ASSEGURE-SE DE TER UM PTM
Um PTM convincente e fácil de entender é um primeiro passo essencial para atrair e engajar uma comunidade.

2 IDENTIFIQUE CLARAMENTE SEUS CLIENTES, PÚBLICO E COMUNIDADE
Identifique os subconjuntos dentro de seus clientes, público e comunidade. Selecione aqueles com os quais quer começar a experimentar e pesquise o que atrairá seus membros.

3 PROJETE SUAS TÉCNICAS DE ENGAJAMENTO
Certifique-se de definir metas claras, mensuráveis e objetivas. Existem incentivos que encorajam a aderir e tornar-se parte ativa de sua comunidade? Suas competições de incentivo requerem o pensamento inovador ou produtos revolucionários para vencer? Incorpore sistemas de reputação digitais para desenvolver confiança e comunidade.

4 COMECE COM EXPERIÊNCIAS DE ENGAJAMENTO
Realize experiências de engajamento com grupos de teste menores. Baseie-se no que aprender, antes de escalonar.

5 COLETE E ANALISE TODAS AS INTERAÇÕES COM USUÁRIOS
O uso eficaz do Engajamento requer a evolução constante e uma compreensão atualizada de quem são seus usuários, bem como do que está — ou não — funcionando bem para eles. Suas atividades de engajamento evoluirão continuamente com base nos dados que você coletar.

CHECKLIST PARA O SUCESSO

Dispomos de uma comunidade e multidão plenamente engajados?	
Desenvolvemos confiança?	
Estamos criando a fidelidade dos clientes?	
Estamos melhorando a eficácia de nosso marketing?	
A gamificação está incorporada aos nossos processos empresariais básicos?	
Estamos projetando produtos e serviços tendo em mente o engajamento?	
Nossas técnicas de engajamento desafiam, alavancam e motivam nossa comunidade?	

EXEMPLO DE USO

XPRIZE

A XPrize dedica-se a obter avanços radicais em benefício da humanidade. É também uma organização que acredita em criar incentivos para obter os resultados que deseja. Em vez de gastar dinheiro em busca de avanços revolucionários por conta própria, a empresa incentiva a própria solução, desafiando o mundo a solucionar problemas específicos. Com prêmios que ultrapassam US$1 milhão e diretrizes que tornam a competição acessível a equipes de procedências bem variadas, o XPrize está incentivando a inovação e acelerando a taxa de mudança positiva.

EXPLORE!

Examine estas empresas da perspectiva do Engajamento. De que maneiras estão motivando suas comunidades?

Eyewire
Duolingo
Kaggle
Airbnb
Uber

Gigwalk
CarePay
Spigit
GitHub

Atributos IDEAS

IDEAS é o acrônimo (em inglês) para os cinco atributos ExO internos que ajudam você a gerir a abundância que sua Organização Exponencial alcançará implementando os atributos SCALE. Os cinco atributos ExO que se concentram dentro da organização são Interfaces, Dashboards, Experimentação, Autonomia e Tecnologias Sociais (Social Technologies). Entender a natureza específica de cada tipo de abundância que você busca ajuda a descobrir quais atributos IDEAS respaldam melhor suas operações de negócio.

Em que você aproveitou a abundância com os atributos SCALE que selecionou?

Quais atributos IDEAS correspondentes administrarão essa abundância, permitindo assim a agilidade e a adaptabilidade?

IDEAS

INTERFACES    **DASHBOARDS** 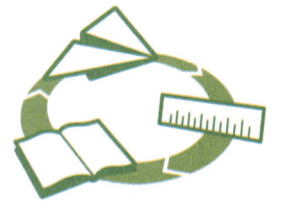   **EXPERIMENTAÇÃO**    **AUTONOMIA**    **TECNOLOGIAS SOCIAIS**

Modelo ExO

Interfaces

Existe uma explosão de informações ocorrendo, mas as pessoas exigem rápido acesso a conteúdo relevante, evitando a sobrecarga.

— **Anne M. Mulcahy, ex-presidente e CEO da Xerox Corporation**

DESCRIÇÃO

Como seus usuários — clientes, parceiros, funcionários e outros — interagirão com sua empresa? Como os dados serão eficazmente trocados? A abundância externa precisa ser filtrada e gerida para ser útil. As interfaces permitem isso de forma eficaz, direcionada e ininterrupta.

As interfaces são uma automação de um ou mais atributos SCALE. São os processos de seleção e filtragem — usando algoritmos e fluxos de trabalho automatizados — que permitem a uma organização traduzir uma abundância de dados em informações significativas que fomentem a ação. São a ponte entre os propulsores do crescimento exponencial (externos) e os propulsores para a estabilização (internos).

As interfaces direcionam automaticamente os blocos de informações úteis aos departamentos internos apropriados para que, com base nelas, ajam. O encaminhamento automático elimina as limitações e os erros comuns ao processamento manual, sendo essencial para preparar sua empresa para o escalonamento.

As interfaces podem ser aquilo com que seus usuários ou outros sistemas interagirão. A interface com o usuário (IU) é a parte visual do aplicativo de software com que ele interage. Para ser eficaz, a IU precisa ser desenvolvida com uma boa compreensão das necessidades da experiência do usuário (UX) para assegurar que forneça um meio agradável e fácil de se envolver com seu produto ou serviço. Para sistemas, interfaces de programas aplicativos (APIs) são as conexões baseadas em código que seus sistemas terão com sistemas externos (ou internos) para coletar e trocar dados e funcionalidade.

Dicas e considerações

- As interfaces funcionam junto a um ou mais atributos SCALE.
- Use o pensamento de projeto centrado no ser humano no desenvolvimento de interfaces.
- As suas interfaces poderão acabar sendo autoprovisionadas?
- Como você está implementando o atributo Algoritmos em conjunto com suas interfaces?
- Sua API pode facilitar a troca de valor, filtrando e integrando dados externos para criar valor interno, e fornecendo dados internos para criar valor externo.
- Qual experiência do usuário, atualmente ocorrendo no domínio físico, poderia passar ao domínio digital com o uso de tecnologias emergentes?

COMO IMPLEMENTAR

1 IDENTIFIQUE AS FONTES DE ABUNDÂNCIA QUE VOCÊ ESTÁ ACESSANDO

Você precisa de uma abundância de outputs de seu ambiente para criar uma abundância de inputs para sua empresa.

2 HUMANIZE A INTERAÇÃO PARA DEFINIR A UX CERTA OU AUTOMATIZE A INTERAÇÃO PARA DEFINIR A API CERTA

Qual é uma forma eficaz de se engajar com suas fontes externas? Experimente interações e modelos manuais para testar sua hipótese de como isso funcionará. O que você aprender com essas experiências ajudará a otimizar as interações.

3 CRIE PROCESSOS PADRONIZADOS

Defina o fluxo de informações e quais ações são realizadas em cada passo. Experimente processos manuais para testar sua hipótese de como isso funcionará. De novo, o que você aprender com suas experiências ajudará a otimizar os processos.

4 APLIQUE ALGORITMOS PARA AUTOMATIZAR OS PROCESSOS

As interfaces precisam se tornar plataformas autoprovisionadas para alcançar escala. Criar algoritmos eficazes para permitir isso é uma competência central de sua empresa.

5 TESTE INTERFACES COM POPULAÇÕES-PILOTO

As interfaces precisam ser eficazes antes de você escaloná-las globalmente. Crie experiências em escala menor, a fim de aprender e otimizar.

6 ATUALIZE AS INTERFACES REGULARMENTE

Monitore constantemente a eficácia de suas interfaces para aproveitar o que aprendeu.

CHECKLIST PARA O SUCESSO

- As interfaces permitirão o escalonamento da empresa?
- As nossas interfaces criam valor?
- Quantos dos atributos SCALE podemos habilitar com interfaces?
- Estamos medindo a eficiência de nossos algoritmos e fluxos de trabalho automatizados?
- As nossas interfaces engajam os usuários?

EXEMPLO DE USO

CarePay é uma empresa queniana com o PTM "Conectar Todos, em Toda Parte, com uma Assistência Médica Melhor". Interligando financiadores, pacientes e provedores de assistência médica via tecnologia móvel, a empresa pretende transformar o setor de assistência médica, primeiro no Quênia e depois no resto do mundo.

Sua plataforma M-TIBA é uma "carteira de saúde" (a interface), que é acessada por telefone celular e canaliza recursos de financiadores públicos e privados de serviços de saúde diretamente aos receptores. O uso desses recursos está restrito ao gasto condicional em provedores de assistência médica selecionados por todo o Quênia. Com cada transação, um pagamento digital é combinado com uma coleta de dados médicos e financeiros em tempo real para ajudar a tornar a assistência médica mais segura e transparente aos pacientes e fornecedores de assistência médica. Até agora, a CarePay fechou contratos com mais de 2 mil instalações de assistência médica por todo o Quênia e está promovendo a inclusão de milhões de quenianos no sistema de saúde.

EXPLORE!

Examine estas empresas da perspectiva da Interface. O que estão fazendo que torna a conexão envolvente para o usuário e valiosa para a empresa?

- Google (Adsense)
- Airbnb
- Uber
- Apple App Store
- LivePerso
- Linden Labs
- Pokémon Go

Dashboards

Meça o que é mensurável, e torne mensurável o que não é.
— Galileu Galilei

DESCRIÇÃO

Os relatórios anuais e trimestrais tradicionais não conseguem acompanhar as mudanças ocorrendo no ambiente de negócios atual. O hipercrescimento que caracteriza as ExOs requer sistemas de controle rigorosos e a capacidade de corrigir rapidamente o rumo. As informações que influenciam sua tomada de decisões precisam agora estar disponíveis o mais instantaneamente possível.

Os dashboards fornecem a informação em tempo real de que você necessita para dirigir seu negócio. Refletem indicadores essenciais da empresa e funcionários, e permitem a implementação de ciclos de feedback curtos. O dito popular de que "o que é medido é controlado" se aplica aqui. No caso das ExOs, com crescimento tão rápido, dashboards são essenciais para permitir que a tomada de decisões gerencial acompanhe o ritmo da mudança.

Um dashboard é uma tela simples que fornece uma representação visual de dados importantes ao observador. Os dashboards são projetados em uma variedade de formatos para se adequarem ao propósito específico, mas sua função é consolidar indicadores de desempenho críticos em um só local, permitindo que os usuários permaneçam facilmente atualizados sobre as informações mais relevantes para suas empresas.

Tornar dashboards acessíveis e transparentes para todos na organização permite o aprendizado e motivação, e pode contribuir para uma atmosfera colaborativa e aberta.

Dicas e considerações

- Quais indicadores são valiosos para você conhecer em tempo real?
- Defina indicadores práticos, que forneçam informações sobre o que você pode melhorar, e evite indicadores fúteis, que não fornecem. De forma semelhante, distinga entre indicadores adiantados, que são fáceis de influenciar, e atrasados, que não o são.
- As ExOs deveriam implementar dashboards voltados para medir atributos-chave da ExO, como Experimentação, e progredir rumo a seu PTM.
- Os dashboards precisam ser adaptáveis. Você está medindo propulsores do crescimento cruciais – tanto dados internos quanto externos – em tempo real.
- Os dashboards ajudam a apoiar o atributo Autonomia.
- Use os dashboards para se comunicar abertamente por toda a organização. Todos na organização deveriam participar da definição de metas e fornecer dados e feedback.
- Use os dashboards junto com Objetivos e Resultados-chave ou Indicadores de Desempenho-chave de valor real. Explore os muitos recursos online e impressos disponíveis para um tratamento profundo desses métodos.
- Incorporar um dashboard à sua interface com o usuário pode promover o engajamento do cliente com seu produto ou serviço, mas não é um exemplo de aplicação do atributo Dashboards, que enfoca o emprego de dashboards dentro de sua organização para apoiar a tomada de decisões do dia a dia.

COMO IMPLEMENTAR

1 IDENTIFIQUE OS INDICADORES-CHAVE PARA SUA EMPRESA

Evite indicadores fúteis tradicionais, como número de usuários registrados, número de downloads ou visualizações de páginas. Em vez disso, decida o que é fundamental para o sucesso de sua operação. Quais são as hipóteses, aprendizados-chave e outros elementos para os quais você necessita de dados? Quais indicadores fornecem informações que permitem ação?

2 IDENTIFIQUE SEU(S) PÚBLICO(S)

Diferentes indicadores são relevantes em diferentes níveis dentro de sua organização — estratégia versus operações, por exemplo. Identifique quem estará usando um dashboard específico e para qual propósito, e projete seu dashboard para ser útil àquele público. Dashboards estão por toda parte atualmente, oferecendo muitos exemplos para inspiração, bem como os recursos necessários para criá-los.

3 RASTREIE, COLETE E ANALISE DADOS EM TEMPO REAL

Comece com indicadores de clientes e depois passe para indicadores de funcionários. O acesso em tempo real permite ciclos de feedback curtos e maior rapidez na tomada de decisões.

4 IMPLEMENTE UM MODELO DE FIXAÇÃO DE METAS

Defina os Objetivos e Resultados-chave (OKRs), ou algo semelhante, para indivíduos e equipes em toda a empresa, para provocar foco e resultados. Em essência, "Objetivos" definem aonde você quer ir e "Resultados" permitem saber se chegou lá. Faça melhorias baseado no seu aprendizado.

5 TORNE OS INDICADORES TRANSPARENTES E ACESSÍVEIS

Todos na organização deveriam ter acesso aos indicadores-chave. Mas, para que funcionem, precisam ser aceitos pelos funcionários como parte da cultura da empresa e percebidos como algo que acrescenta valor.

CHECKLIST PARA O SUCESSO

- Estamos medindo propulsores de negócios?
- Estamos obtendo as informações necessárias para tomar decisões melhores e mais rápidas?
- Os dados que estamos coletando levam a próximos passos práticos?
- Qual problema os dados solucionam?
- O benefício medido do dashboard é bem maior que os recursos requeridos para coletar e analisar os dados?
- Qual feedback estamos obtendo dos funcionários? Os dashboards são valiosos para eles?
- Somos uma empresa voltada para os dados? Estamos apoiando as decisões do dia a dia de cada equipe e permitindo aos membros proporem inovações, ideias e melhorias com base em sua capacidade de melhorar seus indicadores de desempenho?

EXEMPLO DE USO

O Facebook sabe que uma comunicação empresarial eficaz é fundamental para uma empresa dinâmica. Apoiar a produtividade de mais de 25 mil funcionários requer uma abordagem inovadora de compartilhamento de informações.

A equipe de ferramentas internas do Facebook criou um modelo que permite a fácil criação e customização dos dashboards da empresa. Um criador de dashboard pode querer exibir estatísticas, como o número de usuários ativos ou o número de amizades criadas diariamente, ou incluir feeds de notícias internos que reflitam a atividade do funcionário, como status internos de toda a empresa ou todas as análises de código feitas por engenheiros de uma equipe específica.

Como exemplo, a equipe de comunicação interna do Facebook criou um dashboard da empresa com informações sobre lançamentos de produtos, anúncios da empresa, eventos, notas internas de pessoas em toda a empresa e um fluxo de atualização de status interno no qual as pessoas postam temas de interesse para discussão com colegas.

Dado o amplo alcance de necessidades de negócios únicas pela base de funcionários, os dashboards customizáveis permitem às equipes do Facebook monitorar tendências de dados e informações relevantes para elas, enquanto promovem a abertura e transparência por toda a organização.

EXPLORE!

Examine estas empresas da perspectiva dos Dashboards. Para os primeiros quatro exemplos, pense em quais indicadores em tempo real seriam essenciais para elas. Para as outras, explore como apoiam a implementação de dashboards.

- Facebook
- Twitter
- LinkedIn
- ZenDrive
- Oracle
- Aha!
- Stocktouch
- Perdoo
- Tableau
- Geckoboard

Modelo ExO

Experimentação

A medida real do sucesso é o número de experimentos que podem ser agrupados em 24 horas.

— Thomas Edison

DESCRIÇÃO

Em seus estágios iniciais, as ExOs assemelham-se às startups — ambas ainda estão em busca de um modelo de negócios escalonável. Como aconselha Steve Blank: "Em uma startup, nenhum plano de negócios sobrevive ao primeiro contato com os clientes." Qualquer modelo de negócios novo não é um conjunto de ações a serem executadas, e sim um conjunto de pressupostos, ou hipóteses, a serem validados.

Por outro lado, uma ExO também pode ser uma organização estabelecida tentando se adaptar à disrupção do setor — ou talvez até liderá-la. Nesse caso, a ExO precisa constantemente criar ideias novas, como produtos, serviços ou processos novos. Todos estes precisam também ser considerados hipóteses, a serem testadas antes da execução em grande escala.

Empresas ou planos de produtos tradicionais baseiam-se em um grande número de pressupostos sobre o que o mercado necessita. A experimentação é o ato de validar seus pressupostos antes de fazer investimentos significativos. Cada experimento cria um conjunto de aprendizados que você então usa para melhorar seu produto, serviço ou processo.

Quer uma ExO seja uma organização nova ou existente, precisa continuamente realizar experimentos a fim de descobrir como evoluir melhor. Uma das melhores abordagens para implementação da Experimentação dentro de uma ExO é a metodologia Startup Enxuta, que enfoca rápidos ciclos de feedback. Eles permitem que a organização incorpore aprendizados e faça ajustes, antes de gastar tempo e contrair despesas elevadas em um dado rumo.

A experimentação realiza-se dentro de vários departamentos organizacionais, permitindo uma aceitação cultural da tomada de riscos. A tomada de riscos fornece uma margem estratégica e resultados no aprendizado mais rápido. Mantém os processos alinhados às externalidades em rápida mudança e os produtos, às necessidades reais.

Dicas e considerações

- Quão adequada é sua cultura atual à mudança? Os funcionários são cooperativos, apoiadores, motivados e abertos à transparência? Esses fatores respaldarão uma experimentação bem-sucedida.
- O fracasso é um elemento essencial da Experimentação. Quando os resultados decepcionam o aprendizado e as oportunidades de melhoria surgem. É necessária uma mudança de mentalidade para ver o lado positivo do fracasso (vejam o que aprendemos!) e não o negativo (não conseguimos a melhor nota).
- Recompensar os "bons fracassos", aqueles que oferecem ideias e aprendizado, ajuda a infundir a experimentação com um valor básico dentro da organização e permite que o atributo seja implementado sem resistência ou estigma.
- Alinhe os incentivos para indivíduos e divisões com etapas da experimentação medindo o número de experimentos executados ou o de hipóteses avaliadas.
- O que sua equipe sob demanda externa lhe está contando? Esse é um bom grupo para fazer experimentos, pois está suficientemente envolvido com a empresa para oferecer ideias únicas e tem um interesse direto em ver melhorias. Ao mesmo tempo, está suficientemente distante para ser objetivo em seu feedback.
- Clientes e fornecedores existentes são grupos facilmente acessíveis e eficazes para se realizar experimentos com eles. Siga o mantra "saia do prédio" para testar seus pressupostos!
- Projete seus produtos e serviços de modo a permitir que sejam facilmente iterados. Você consegue realizar a integração constante do feedback dos clientes?
- Limite o tempo de seus experimentos, preveja os resultados de antemão, decida como medir e use apenas hipóteses falsificáveis. Evite o viés de confirmação no planejamento de suas perguntas.

EXEMPLO DE USO

TATA MOTORS
Conectando Aspirações

A Tata Motors, maior empresa automobilística da Índia, opera globalmente via subsidiárias e parcerias. A empresa entende que assegurar um futuro em um ambiente de negócios em rápida mudança requer acompanhar o espaço de soluções de mobilidade avançadas.

A Tata criou a TAMO, uma divisão separada e vertical, como uma plataforma aberta para interagir com startups globais e empresas líderes de tecnologia. Foi também projetada para transformar a experiência de interfacear e interagir com clientes e a comunidade maior. Mediante o ecossistema TAMO, a Tata pode experimentar modelos de veículos de baixo volume e investimento para fornecer uma demonstração rápida de tecnologias e conceitos. Os resultados desses experimentos contribuem para o projeto de produtos e serviços futuros para o grande público.

COMO IMPLEMENTAR

1. EDUQUE SUA EQUIPE E ALINHE OS INCENTIVOS

Treine sua equipe sobre a importância de fazer perguntas, bem como sobre como conceber boas perguntas e achar respostas que tragam valor. Demonstre seu apoio à liderança, para criar uma cultura que incentive e empodere a equipe para realizar experimentos rápidos e de qualidade — e até falhar a fim de aprender.

2. DEFINA SUA HIPÓTESE E PROPOSIÇÃO DE VALOR

O que você está testando? O resultado influenciará o que você está atualmente fazendo? Teste constantemente seus pressupostos subjacentes sobre o cliente. Seu Canvas de Modelo de Negócios é uma compilação de todos os pressupostos que você faz em sua empresa. Use-a como ponto de partida para selecionar hipóteses a serem testadas.

3. DESENVOLVA E EXECUTE EXPERIMENTOS PARA AVALIAR SUAS HIPÓTESES

Analise o projeto de seu experimento. Os resultados são quantificáveis? Como os resultados permitirão que você inove? Formule perguntas de formas criativas para revelar necessidades reais. Defina com clareza o que determina o sucesso, incluindo quais limiares precisarão ser alcançados.

4. COLETE E ANALISE DADOS DOS RESULTADOS DOS EXPERIMENTOS

Rastreie os experimentos e meça os resultados para obter aprendizados.

5. APRENDA COM OS DADOS

O que você aprendeu com seus resultados? Os dados gerados pelos experimentos validam ou repudiam sua hipótese? Esteja pronto para adaptar ou mudar o rumo baseado nos aprendizados, inclusive expandir seu modelo de negócios.

6. ITERE SUA ABORDAGEM

Em que você pode fazer ajustes para melhorar a qualidade dos resultados de seus experimentos? Experimente constantemente todos os aspectos de suas ideias, inclusive o projeto e implementação de seus experimentos.

Em essência, o processo Startup Enxuta começa com um conjunto de ideias e executa um ciclo Construir-Medir-Aprender para avaliá-las:

→ CONSTRUIR → MEDIR → APRENDER

CONSTRUIR
Dependendo do estágio da ideia, você pode simplesmente projetar um conjunto de perguntas aos clientes ou envolvidos sobre suas ideias novas (a abordagem Desenvolvimento de Clientes é ótima para isso), ou pode até desenvolver um Produto Viável Mínimo (MVP). Um MVP permite que você leve um produto ao mercado mais rápido e receba feedback mais cedo. Ambas as abordagens podem ser consideradas experimentos.

MEDIR
Um dos princípios básicos da Startup Enxuta é tomar decisões baseadas em dados, o que significa que é preciso coletar dados sobre o experimento, quer seja uma entrevista, um MVP ou de outro tipo.

APRENDER
Após analisar os resultados do experimento, você será capaz de determinar a validade da hipótese que está testando. Quer a hipótese seja validada ou não, o aprendizado obtido com o experimento é valioso. Permite que a organização desenvolva ainda mais a ideia inicial e depois repetir o ciclo Construir-Medir-Aprender.

O ciclo Construir-Medir-Aprender reduz seu investimento em ideias novas – produtos inovadores, por exemplo – e reduz o desperdício, já que não há necessidade de gastar tempo desenvolvendo recursos para os quais você não confirmou uma necessidade. Quanto mais rápido e frequentemente você puder executar esse ciclo de três etapas, mais aprenderá, em um período menor de tempo.

Variações sobre esse processo são uma boa solução para sua empresa. *Sprint: O método usado no Google para testar e aplicar novas ideias em apenas cinco dias*, de Jake Knapp, da Google Ventures, destaca um sprint de projeto que ignora Construir. *Design Thinking Brasil: Empatia, colaboração e experimentação para pessoas, negócios e sociedade*, de Tennyson Pinheiro e Luís Alt, defende começar os *sprints* de projeto em Aprender. Onde introduzir um MVP versus um modelo ou protótipo também pode ser explorado.

CHECKLIST PARA O SUCESSO

- Definimos claramente os pressupostos que impelem a empresa a agir?
- Estamos fazendo perguntas valiosas?
- Nossos experimentos estão gerando resultados valiosos?
- Estamos constantemente crescendo e melhorando com base nos resultados?
- A experimentação é um valor básico em nossa organização?
- Definimos um processo uniforme e flexível para captar e alavancar conhecimentos novos, incluindo o uso de uma ferramenta para categorizar os resultados?
- Estamos incluindo tempo para feedback e melhoria dos produtos nos nossos orçamentos e planos?

EXPLORE!

Examine estas empresas da perspectiva da Experimentação. De que tipos de experimentos você acha que estão se beneficiando?

Dropbox
Adobe
General Electric

Google X
Amazon
Uber
Groupon

Autonomia

Aqueles que dizem que não dá para fazer deveriam parar de atrapalhar os que estão fazendo.
— Provérbio chinês

DESCRIÇÃO

A maior velocidade na tomada de decisões, a inovação acelerada e o rápido teste de ideias são exemplos do que as equipes conseguem alcançar quando, além de estarem livres de processos, regras e estruturas de subordinação fossilizados, também são autorizadas a se auto-organizarem para atingir metas compartilhadas.

A autonomia refere-se ao uso de equipes auto-organizadas, multidisciplinares, que operam com autoridade descentralizada. Tal abordagem contrasta com as organizações tradicionais, caracterizadas pelos escalões e procedimentos das estruturas hierárquicas. As ExOs que exercem a autonomia se caracterizam como organizações mais niveladas, com pessoas de iniciativa, altamente motivadas, que são empoderadas para inovar.

A autonomia pode ser aplicada de diferentes formas. Dentro de uma organização, permite que equipes principais operem com maior agilidade e flexibilidade, permitindo assim que a organização se adapte mais rápido a um ambiente dinâmico. Pode também se aplicar ao pessoal externo à empresa (Equipe sob Demanda), possibilitando que operem com mais independência, oferecendo assim maior potencial de crescimento exponencial à organização.

Autonomia não é remoção do controle. Pelo contrário, é a imposição da liberdade autodisciplinada para indivíduos e grupos. Oferece os benefícios de uma maior agilidade e flexibilidade, reação e tempos de aprendizado mais rápidos e um moral dos funcionários mais elevado.

Alguns modelos comuns que apoiam o atributo Autonomia são:

- **Modelos de desenvolvimento ágil de produtos** como Scrum ou Kanban apoiam a autonomia em equipes de desenvolvimento de produtos. Esses modelos costumam ser usados por empresas de desenvolvimento de software, mas se aplicam a qualquer tipo de empresa.
- **Objetivos e Resultados-chave (OKRs)** suportam a autonomia e agilidade nas organizações. Estendem-se além das atividades de desenvolvimento de produtos para a organização inteira, assegurando que os esforços de todas as equipes e indivíduos sejam coesos e flexíveis.
- **Holocracia** é um exemplo de modelo de projeto e gestão organizacional interligado, não linear. Permite às organizações formarem equipes dinamicamente para atacarem metas e desafios temporários. Outro exemplo são as Organizações Teal, como descritas em *Reinventando as Organizações: Um guia para criar organizações inspiradas no próximo estágio da consciência humana*, de Frederic Laloux.
- **Black Ops ou Equipes de Borda** são exemplos de grupos criados nos limites de uma organização existente, ou além, com permissão para tomar decisões independentes relacionadas a seu trabalho e projetos. Isso aumenta a velocidade da tomada de decisões e leva a operações mais inovadoras e ágeis, e a ideias revolucionárias.

Dicas e considerações

- As equipes se beneficiam de uma combinação de funcionários de longo prazo e contratações mais recentes.
- Explore a Holocracia e princípios semelhantes para ideias e inspiração.
- A responsabilização ainda é necessária com autonomia.
- Como a organização pode obter maior confiança e clareza dos papéis, bem como reduzir o custo e o esforço do trabalho conjunto?
- A aceitação cultural é crucial para implementar a auto-organização dentro de uma empresa.
- A autonomia pode ser aplicada em conjunto com o atributo Engajamento.
- A tecnologia de blockchain pode ser usada para implementar a autonomia. Permite que nodos ou pessoas distribuídas interajam sem a necessidade de um sistema de controle centralizado.

COMO IMPLEMENTAR

1. DEFINA SEU PTM
Como com muitos dos atributos ExO, o PTM é essencial para atrair os funcionários certos e orientar a tomada de decisões.

2. IDENTIFIQUE AS PESSOAS CERTAS
Funcionários com iniciativa e empreendedores são mais adequados a esse estilo inovador de organização. Novos modelos de liderança e habilidades são necessários para apoiar a motivação, organização e inovação para modelos ágeis e equipes auto-organizadas.

3. CRIE EQUIPES
Crie uma cultura de equipes pequenas, independentes e multidisciplinares. Contrate pessoas com iniciativa, talentosas e inovadoras.

4. IMPLEMENTE MODELOS E FERRAMENTAS
Defina qual nível de autonomia o grupo possui — seu grau de liberdade — e defina os pontos de conexão com a empresa controladora. Defina princípios de orientação claros baseados no PTM e valores da empresa. Identifique um modelo para como o grupo operará e exercite a responsabilização.

5. COMUNIQUE OBJETIVOS
Defina e comunique suas metas para essa abordagem organizacional. Encoraje o pessoal a iniciar projetos novos que se enquadrem no PTM de sua empresa, ou a escolher dentre uma coleção de projetos em andamento.

6. IMPLEMENTE DASHBOARDS
Crie dashboards abertos e transparentes para permitir às equipes tomarem melhores decisões baseadas em dados.

CHECKLIST PARA O SUCESSO

- Nossos funcionários são encorajados a tomar decisões próprias?
- O poder de tomada de decisões está distribuído?
- Nossa cultura apoia a autonomia e a independência?
- Implementamos a responsabilização das partes?
- Os papéis em nossa organização são dinâmicos?
- Dispomos de um processo claro para equipes autônomas gerirem os riscos e fracassos de forma eficaz?

EXEMPLO DE USO

BUURTZORG

A Buurtzorg é uma organização de assistência médica pioneira sediada na Holanda, apresentando um modelo conduzido por enfermeiros de cuidados holísticos no bairro, que vem inovando os cuidados comunitários globalmente. Após abrirem um escritório de bairro, equipes de 12 membros — constituídas de enfermeiros diplomados, enfermeiros socorristas e auxiliares — apresentam-se à comunidade local e aos clínicos gerais, terapeutas e outros profissionais da área, desenvolvendo assim sua clientela pela propaganda boca a boca e referências. Cada equipe autodirigida decide como organizar o trabalho, compartilhar responsabilidades e tomar decisões.

O modelo melhorou a qualidade dos cuidados (obtendo maiores taxas de satisfação dos clientes que as de quaisquer organizações de assistência médica no país), aumentou a satisfação no emprego e reduziu os custos gerais. Embora seus custos horários superem os das outras organizações de assistência médica, a Buurtzorg obteve uma redução de 50% nas horas necessárias para cuidar do mesmo número de pacientes.

EXPLORE!

Examine estas empresas da perspectiva da Autonomia. De que maneiras estão exercendo ou habilitando a autoridade descentralizada?

- Enspiral
- Medium
- Zappos
- Valve Corporation
- ING Direct
- Axosoft
- Scaled Agile
- Haier

Tecnologias Sociais

Sozinhos conseguimos fazer tão pouco; juntos conseguimos fazer tanto.

— Helen Keller

DESCRIÇÃO

As Tecnologias Sociais são as ferramentas que permitem à sua equipe sob demanda, comunidade de funcionários, clientes e outros se comunicarem com rapidez e facilidade. Essas ferramentas resultam em conversas mais rápidas, ciclos de decisão mais rápidos e aprendizado mais rápido. O tempo de retardo entre uma ideia ser compartilhada, aceita e implementada pode ser essencialmente eliminado.

O atributo Tecnologias Sociais não significa encorajar o uso da mídia social para marketing. Pelo contrário, significa melhorar as operações internas, encorajando a integração social via tecnologia — o que inclui comunicações, colaboração e fluxo de trabalho — e explorar como fazer isso bem.

As Tecnologias Sociais englobam ferramentas de comunicação (como mensagens sociais e fóruns de discussão), ferramentas de colaboração (como gestão de documentos baseada na nuvem para compartilhamento e edição em tempo real) e ferramentas de fluxo de trabalho (para gerir tarefas e fluxos de atividade). Permitem que sua organização se beneficie de uma base de comunicações inteiramente digitalizada. As ferramentas criam transparência e reduzem a latência de informações de uma organização — o tempo decorrido para uma informação chegar de um lugar a outro.

As ExOs usam o atributo Tecnologias Sociais dentro da organização para permitir a colaboração da equipe em tempo real, reduzindo substancialmente os tempos de ciclo. As equipes permanecem conectadas e estabilizadas, mesmo em ambientes em rápida mudança. Wikis, blogs, redes sociais e webconferências são métodos disseminados de colaboração, enquanto as ferramentas de realidade virtual e realidade aumentada estão rapidamente emergindo.

As ExOs também usam Tecnologias Sociais além dos limites de suas organizações para se conectarem com clientes e outros membros da comunidade. Ambientes sociais podem ser criados para obter informações usadas para o desenvolvimento de produtos e serviços, em apoio ao atributo Comunidade & Multidão. Seus produtos e serviços podem ser projetados com o elemento social incorporado.

Dicas e considerações

- Uma cultura cooperativa precisa existir para as Tecnologias Sociais funcionarem. Seu ambiente de trabalho é apoiador, motivado e transparente? Caso não seja, o que você pode fazer para melhorá-lo?

- Permita a comunicação horizontal e vertical dentro da organização.

- Como ferramentas sociais emergentes, como telepresença, mundos virtuais e sensoriamento emocional, podem ser aplicadas dentro da organização?

- Para sua organização, quais são as implicações da possibilidade de trabalhar virtualmente?

- A dinâmica da comunicação e colaboração pode mudar substancialmente com a introdução de ferramentas sociais. A liderança da empresa e os departamentos de marketing e relações públicas, por exemplo, podem estar acostumados com comunicações unidirecionais. As Tecnologias Sociais criam uma mudança nas comunicações em tempo real, bidirecionais e multidirecionais.

- Use Tecnologias Sociais fora dos limites da organização para possibilitar comunicações de latência zero com seus clientes, em apoio ao atributo Interfaces.

- Incorporar Tecnologias Sociais à sua interface com o usuário pode promover o engajamento, mas não é um exemplo de aplicação do atributo Tecnologias Sociais, que enfoca o uso interno.

- Como você usará Tecnologias Sociais para gerir a abundância e ampliar sua empresa? Como, por exemplo, as ferramentas sociais podem ser usadas para acelerar seu desenvolvimento ou adquirir clientes novos?

- Incorporar a arquitetura social e os fluxos de informação certos à sua organização para fornecer comunicações habilitadas pela tecnologia é um enorme propulsor da agilidade e inovação em grande escala. Pode também manter as coisas mais humanas, à medida que uma organização cresce.

COMO IMPLEMENTAR

1 DEFINA SEU PTM
Um PTM ambicioso precisa existir para os funcionários colaborarem de acordo com um propósito em comum.

2 ANALISE O AMBIENTE SOCIAL ATUAL
Quais são as interações sociais e da comunidade existentes? Quem está se comunicando e como? Onde faltam interações que seriam benéficas?

3 IMPLEMENTE FERRAMENTAS
Alavanque ferramentas sociais baseadas na nuvem por toda sua organização, de acordo com o que aprendeu sobre suas interações. Experimente as muitas ferramentas disponíveis no mercado para achar aquelas adequadas para você. Avalie não apenas as ferramentas de comunicação, mas também aquelas que respaldam a colaboração e o fluxo de trabalho.

4 LIGUE A CÂMERA
Você está utilizando plenamente a funcionalidade de suas ferramentas? Por exemplo, está usando um serviço tipo Skype for Business — com recurso de vídeo —, mas só para chamadas de áudio? A presença em vídeo faz uma grande diferença, permitindo que você aprenda mais sobre a pessoa com quem está falando, receba feedback não verbal e se conecte. Explore a plena capacidade de suas ferramentas para descobrir novos meios de trabalhar em grupo.

5 APRENDA COM SUAS EXPERIÊNCIAS
Em que você está obtendo mais valor das ferramentas sociais? Por quais delas as pessoas têm se atraído? Qual feedback você está obtendo de seus funcionários e clientes?

CHECKLIST PARA O SUCESSO

- Nossa alta gerência está liderando o uso dessas ferramentas?
- Estamos usando Tecnologias Sociais para apoiar nossa tomada de decisões crítica?
- Estamos suplementando nosso uso de Tecnologias Sociais com conexões pessoais periódicas para desenvolver relacionamentos?
- Nosso pessoal e clientes estão adotando prontamente as ferramentas sociais? Estão cientes delas e treinados em como usá-las?
- Nosso departamento de Tecnologia da Informação está apoiando (e não bloqueando) o uso de ferramentas sociais?
- Estamos definindo nossos produtos e serviços tendo em mente o elemento social?

EXPLORE!

Examine estas empresas da perspectiva das Tecnologias Sociais. Como viabilizam a colaboração das equipes?

EXEMPLO DE USO

TED

Embora o TED esteja sediado em Nova York, sua equipe de tecnologia inclui desenvolvedores que vivem em outros estados e países. Enquanto uma força de trabalho distribuída permite que a empresa acesse talentos onde quer que residam, uma boa colaboração virtual é essencial.

A equipe técnica do TED faz uso de uma série completa de Tecnologias Sociais disponíveis:

- GitHub para colaborar sobre código.
- Dropbox para armazenar ativos compartilhados.
- Google Docs para anotar pensamento do grupo e trabalhos em andamento.
- Skype e Google Hangouts para reuniões menores.
- BlueJeans para videoconferência.
- Uma wiki de grupo para planejar agendas coletivamente.
- Chat para conversas pessoais.
- Flowdock para bate-papo da equipe interna e conversas transparentes.

Os funcionários recebem um MiFi — um ponto de acesso de WiFi portátil — para assegurar que todos tenham uma conexão de alta qualidade o tempo todo. A equipe faz customizações ao longo do caminho e sonda a equipe periodicamente para entender suas dificuldades. Todos reconhecem o valor da conexão pessoal e se reúnem em equipe para discutir metas e ideias algumas vezes por ano.

- Yammer (comunicação)
- Slack (colaboração)
- Trello (gestão de projetos)
- Asana (rastreamento do trabalho)
- Dropbox (compartilhamento de arquivos)
- Zoom (videoconferência)
- Aha! (roteiros de produtos)
- Sansar (realidade virtual)
- Skype (videoconferência)
- Evernote (organização)
- Google Drive (colaboração)
- Google Hangouts (comunicações)
- Flowdock (bate-papo em grupo)
- Vidyo (videoconferência)
- Join.me (videoconferência)
- Poll Everywhere (interação)
- Medium (publicação)
- GitHub (codificação)
- 99Designs (projeto)

ExO Canvas

Tendo lido as páginas anteriores, você agora deve estar familiarizado com os diferentes atributos ExO implementados pelas Organizações Exponenciais para alcançarem e gerirem a abundância. A seguir, apresentamos o ExO Canvas, uma ferramenta simples, de uma só página, que o ajudará a projetar facilmente — e melhorar — sua Organização Exponencial.

O ExO Canvas é um modelo gerencial que ajuda visionários, inovadores, altos executivos e empreendedores a projetarem organizações ágeis, alavancando as tecnologias em aceleração exponencial. Use o ExO Canvas para projetar uma ExO nova ou implementar o modelo ExO dentro de uma organização existente.

Quão flexível ou ágil é sua organização? Ela é uma ExO? Essas são as perguntas às quais o ExO Canvas foi projetado para ajudá-lo a responder. Ele o orientará rumo a tornar-se uma ExO, flexível e ágil.

O ExO Canvas fornece uma síntese de uma página de todos os atributos que compõem o modelo ExO. Além de criar uma base simples e clara para se projetar uma ExO nova ou criar iniciativas ExO dentro de uma organização existente, o ExO Canvas ajuda a assegurar que o pleno escopo de uma ExO seja levado em conta. Fornece uma oportunidade de pensar em não apenas quais atributos você empregará, mas também — mais especificamente — como cada atributo será implementado.

Constatamos que o ExO Canvas é uma ferramenta eficaz para tomar um modelo de negócios como expresso por um Canvas de Modelo de Negócios e facilitar sua transformação em um modelo de negócios de Organização Exponencial. Além disso, quando usada nos estágios iniciais da ideação, pode ser uma propulsora-chave para aprender sobre as aplicações potenciais das tecnologias exponenciais relevantes à sua organização.

O ExO Canvas foi criado em conjunto por um grupo de mais de 100 profissionais de ExOs do mundo inteiro. Uma lista completa dos criadores está disponível em www.exocanvas.com [conteúdo em inglês]. Ali você também encontrará uma versão do ExO Canvas para download.

Passando da esquerda à direita no ExO Canvas, você primeiro usará os atributos SCALE para se conectar com um mundo de abundância. Depois, ao prosseguir para os atributos IDEAS, você porá essa abundância em funcionamento pela experimentação e implementação. Através desses métodos, você dispõe agora do potencial para criar a própria nova abundância. Tenha em mente que esse processo é orientado por um PTM abrangente, que define o propósito central da existência da organização.

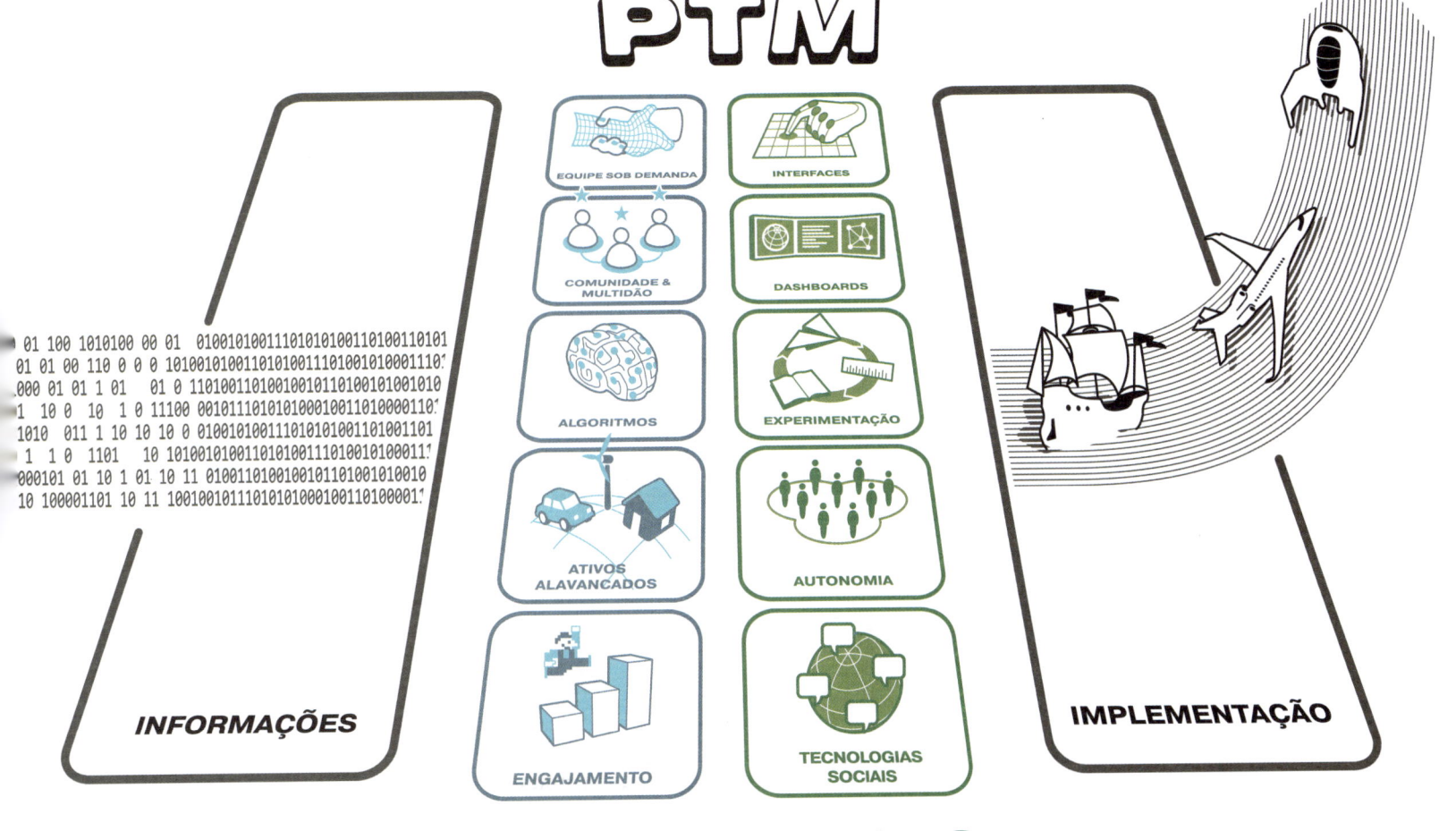

PTM

INFORMAÇÕES

SCALE	IDEAS
EQUIPE SOB DEMANDA	INTERFACES
COMUNIDADE & MULTIDÃO	DASHBOARDS
ALGORITMOS	EXPERIMENTAÇÃO
ATIVOS ALAVANCADOS	AUTONOMIA
ENGAJAMENTO	TECNOLOGIAS SOCIAIS

IMPLEMENTAÇÃO

Modelo ExO

Quando você fizer download do ExO Canvas, terá este aspecto:

PROPÓSITO TRANSFORMADOR MASSIVO (PTM)			
INFORMAÇÕES	**EQUIPE SOB DEMANDA**	**INTERFACES**	**IMPLEMENTAÇÃO**
	COMUNIDADE & MULTIDÃO	**DASHBOARDS**	
	ALGORITMOS	**EXPERIMENTAÇÃO**	
	ATIVOS ALAVANCADOS	**AUTONOMIA**	
	ENGAJAMENTO	**TECNOLOGIAS SOCIAIS**	

USO DO ExO CANVAS

Se você está trabalhando com o ExO Canvas em um grupo, imprima cópias em branco no maior tamanho possível. Você descobrirá que uma versão de parede é ótima em *brainstormings* com grupos maiores. Para grupos menores, papel tamanho A0 é melhor. Providencie espaço suficiente para preencher cada uma das seções no ExO Canvas com notas adesivas.

Cada seção do ExO Canvas acabará sendo coberta com notas adesivas, portanto, tenha muitas canetas hidrográficas disponíveis para todos os membros do grupo. Antes de começar, lembre a todos que mantenham as anotações suficientemente curtas para caberem nas notas.

Para fácil consulta, dê a cada um uma cópia do ExO Canvas, que deve estar previamente preenchida com perguntas de estímulo para cada atributo (conforme disponível no site www.exocanvas.com). Dispor de ideias com que trabalhar estimulará o processo de pensamento.

No alto do ExO Canvas, anote o PTM que está atualmente considerando. Todas as anotações subsequentes apoiarão esse PTM específico.

Em seguida, pense sobre onde e como acessar a abundância inexplorada no mundo que o ajudará a alcançar seu PTM. (Por exemplo, o Airbnb usou uma abundância de quartos desocupados.) Como já dissemos, os cinco atributos listados do lado esquerdo do ExO Canvas (acrônimo: SCALE) são formas diferentes de acessar essa abundância.

Pense sobre as fontes de informações ou dados que permitem conectar seus atributos SCALE à abundância. Este é o bloco que você achará à esquerda do ExO Canvas, junto aos atributos SCALE. Examine quais informações ou dados você possui, do que necessita, de onde virá e como coletará.

Uma vez identificadas as fontes da abundância, volte sua atenção aos cinco atributos do lado direito do ExO Canvas (acrônimo: IDEAS), que oferecem diferentes abordagens para gerir a abundância. Pense nas dependências entre os atributos e a ordem em que você quer implementá-los. Por exemplo, uma vez definido o atributo Comunidade & Multidão, passe para Engajamento.

Finalmente, examine quais marcos principais e tarefas são necessários para avançar com a implementação dos atributos ExO dentro de sua organização atual ou construir uma ExO nova. Essas etapas devem ser distintas e mensuráveis. Use o bloco Implementação do lado direito do ExO Canvas para captar as etapas.

O ExO Canvas que você cria para cada PTM passará por muitos ciclos de desenvolvimento, conforme você avança pelo ExO Sprint. Rápidas iterações de ideias e o rápido desenvolvimento dos ExO Canvas são importantes. Lembre-se de que este é apenas o estágio inicial. Nada precisa ser refinado.

Salve versões iniciais de seus ExO Canvas. Você pode acabar usando componentes delas mais à frente.

O Quociente Exponencial (ExQ) apresentado no livro de Salim Ismail *Organizações Exponenciais: Por que elas são 10 vezes melhores, mais rápidas e mais baratas que a sua (e o que fazer a respeito)* responde à pergunta "Quão exponencial é sua organização?"

Ao começar sua jornada de transformação, pode ser útil começar identificando sua linha de base. Calcule seu Quociente Exponencial (ExQ) fazendo uma pesquisa ExQ em www.exqsurvey.com. As respostas a uma série de perguntas sobre sua organização darão sua nota ExO. (Organizações com nota de 75 em diante são consideradas ExOs.)

Realizar a pesquisa ExQ é uma ótima forma de melhorar sua compreensão dos atributos ExO e começar a pensar neles no contexto de sua organização. Dedique tempo para pesquisar quaisquer termos não familiares.

DICAS PARA USAR O ExO CANVAS

Um **PTM** é imperativo para qualquer Organização Exponencial e serve como seu ponto de partida.

Comece pensando sobre **como alcançar** a abundância (atributos SCALE) e depois **como geri-la** (atributos IDEAS).

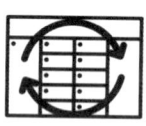

Lembre-se **de equilibrar o número de atributos SCALE e IDEAS**. Devido à relação de sobreposição entre SCALE e IDEAS, você precisará de atributos de ambos os conjuntos, e talvez deseje um número semelhante.

Pense nas **dependências entre atributos**. Por exemplo, se você quer usar o atributo Equipe sob Demanda do conjunto SCALE, provavelmente precisará de Interfaces e Dashboards, do lado IDEAS da página. Similarmente, Autonomia aponta para uma necessidade de Dashboards e Tecnologias Sociais, e assim por diante.

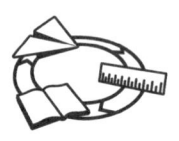

A experimentação é uma certeza, ao menos durante os estágios iniciais de seu ExO. Esse atributo é fundamental para alcançar uma mentalidade de aprendizado contínuo.

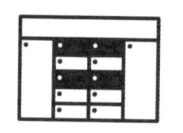

Você não precisa implementar todos os atributos ExO, mas é preciso um **mínimo de quatro** para criar uma verdadeira ExO.

Existe uma tendência **de usar os atributos ExO como uma simples checklist**. (Comunidade? Marque! Interfaces? Marque!) Em vez disso, use o ExO Canvas como uma ferramenta para ir além do uso casual e definir especificamente como cada atributo será implementado.

Agora que você entende os componentes e interdependências do modelo ExO — o PTM, os cinco atributos SCALE, que permitem acessar a abundância global externamente, e os cinco atributos IDEAS, que ajudam a gerir essa abundância internamente —, o que vem a seguir?

O ExO Sprint é um processo de 10 semanas que permite pôr o modelo ExO em funcionamento para você. Considere os atributos ExO como os ingredientes para a transformação e o ExO Sprint como sua receita. A próxima seção do livro o conduzirá pelo ExO Sprint, fornecendo uma série de atribuições, orientação e apoio para definir suas iniciativas ExO e obter sua transformação exponencial.

ExO Sprint

ExO Sprint

Pronto para implementar o modelo ExO de modo a transformar sua empresa e obter resultados exponenciais?

Não há dúvida de que as Organizações Exponenciais são as empresas com mais sucesso nesta era das tecnologias exponenciais, mas sejamos honestos: implementar o modelo ExO não é uma tarefa fácil. Sem o processo certo em funcionamento, muitos desafios — inclusive o próprio sistema imunológico de sua empresa — conspirarão para impedir sua organização de obter a transformação que você deseja.

Nesta seção, descreveremos como realizar o ExO Sprint de 10 semanas — passo a passo e semana após semana. Após realizá-lo, não apenas sua empresa estará resistente à disrupção, mas também estará apta a ultrapassar os atuais inovadores e assumir uma posição de liderança dentro de seu setor. Ou mesmo inventar um setor novo!

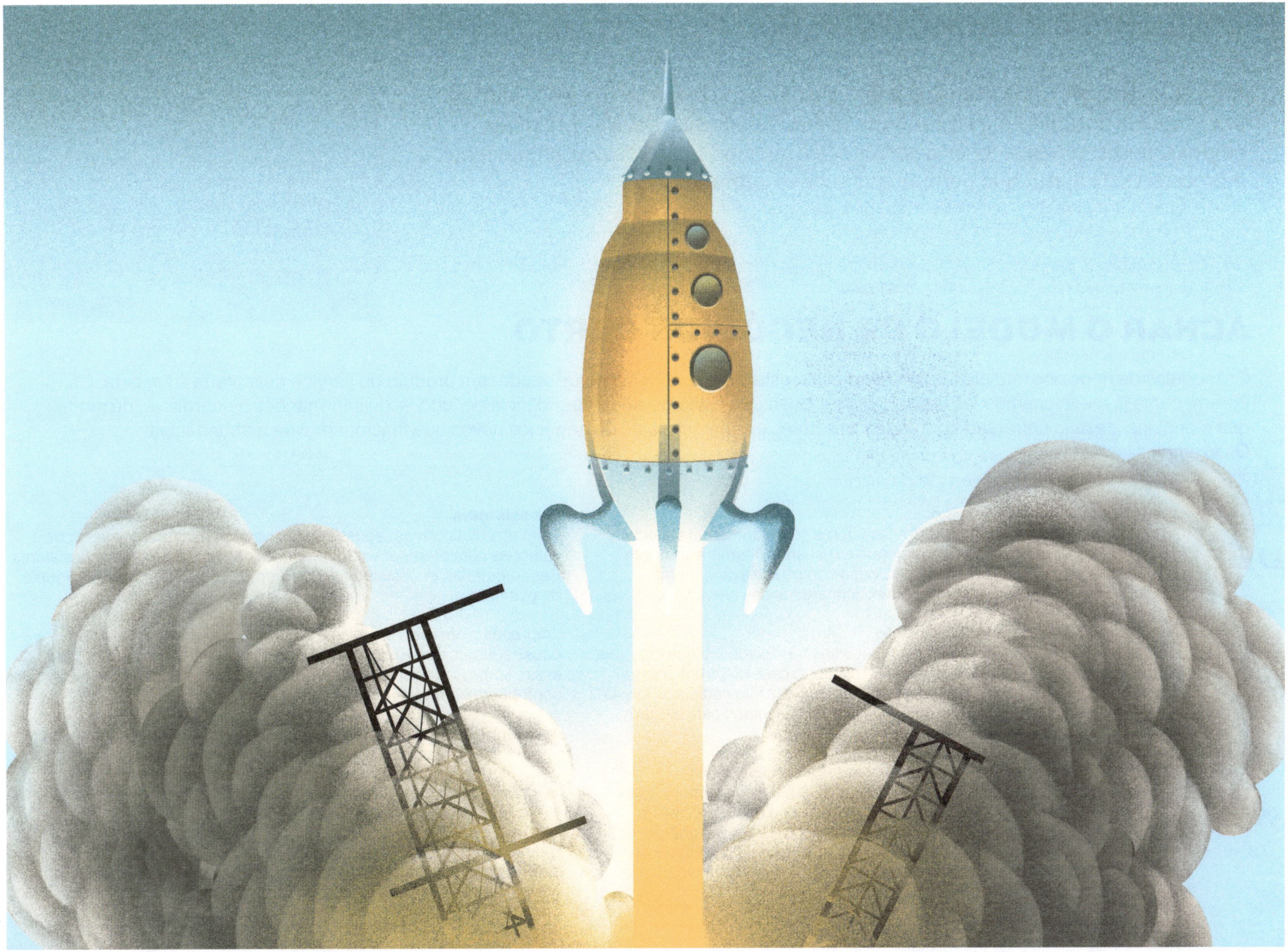

Desafios à Transformação

Aplicar um modelo ExO a uma organização existente não é fácil, e você enfrenta uma série de desafios em seu caminho para a transformação. Nas próximas páginas, descreveremos esses desafios e definiremos como realizar plenamente o processo ExO Sprint que permite que você os enfrente.

> Se você é uma organização estabelecida, talvez queira transformar seu modelo de negócios para se conectar com a abundância transformando-se em uma plataforma, criando o próprio ecossistema ou escolhendo outro modelo baseado na abundância. Para achar a abordagem certa, experimente novos modelos de negócios sem pôr em risco sua organização atual.

ACHAR O MODELO DE NEGÓCIOS CERTO

Os modelos de negócios tradicionais baseiam-se na escassez: o valor deriva de vender um produto ou serviço cuja oferta é limitada. Porém, como já mencionamos, as tecnologias exponenciais estão gerando abundância de tudo — de informações a energia —, de modo que o principal desafio enfrentado por todos os setores é achar modelos de negócios novos que funcionem para a abundância. Os exemplos incluem:

Produto como um serviço
Um sistema que permite aos consumidores comprar menos e alugar mais. Um bom exemplo é a Uber, que os usuários chamam somente quando precisam de um carro. A Uber é capaz de alavancar uma abundância de motoristas e clientes para prestar seu serviço.

Economia de compartilhamento
As pessoas alugam por temporada recursos não usados, o que encoraja o compartilhamento e reduz o desperdício. No caso do Airbnb, por exemplo, indivíduos alugam casas ou quartos que não estão usando. O Airbnb consegue alavancar uma abundância de lugares para alugar.

Plataforma
Software online que conecta e automatiza os processos entre consumidores e produtores. Um exemplo é a 99designs, um mercado de artes gráficas online que permite que quem precisa de um desenho (por exemplo, um logotipo) solicite e faça designers gráficos competirem pela tarefa. 99designs acessa uma abundância de designers a fim de oferecer aos clientes uma grande variedade de desenhos.

Ecossistema
Além das plataformas, ecossistemas conectam diferentes serviços e soluções para oferecer valor abrangente aos membros do ecossistema. Recentemente, ecossistemas emergentes vêm estendendo o modelo de plataforma.

Empresas globais de sucesso estão desenvolvendo os próprios ecossistemas, dentro dos quais várias empresas existem. Nem todas essas empresas possuem modelos de negócios claros, mas todas contribuem com valor para o ecossistema. Por exemplo:

- O **Google** construiu o próprio ecossistema criando entidades como Gmail, Google Maps e Google Drive.

- O **Facebook** construiu seu ecossistema comprando entidades como Instagram, WhatsApp e Oculus.

O desafio real é descobrir o modelo de negócios certo para determinada organização ou setor. Ou — ainda mais difícil — a forma e a configuração certas do ecossistema para uma dada organização ou setor.

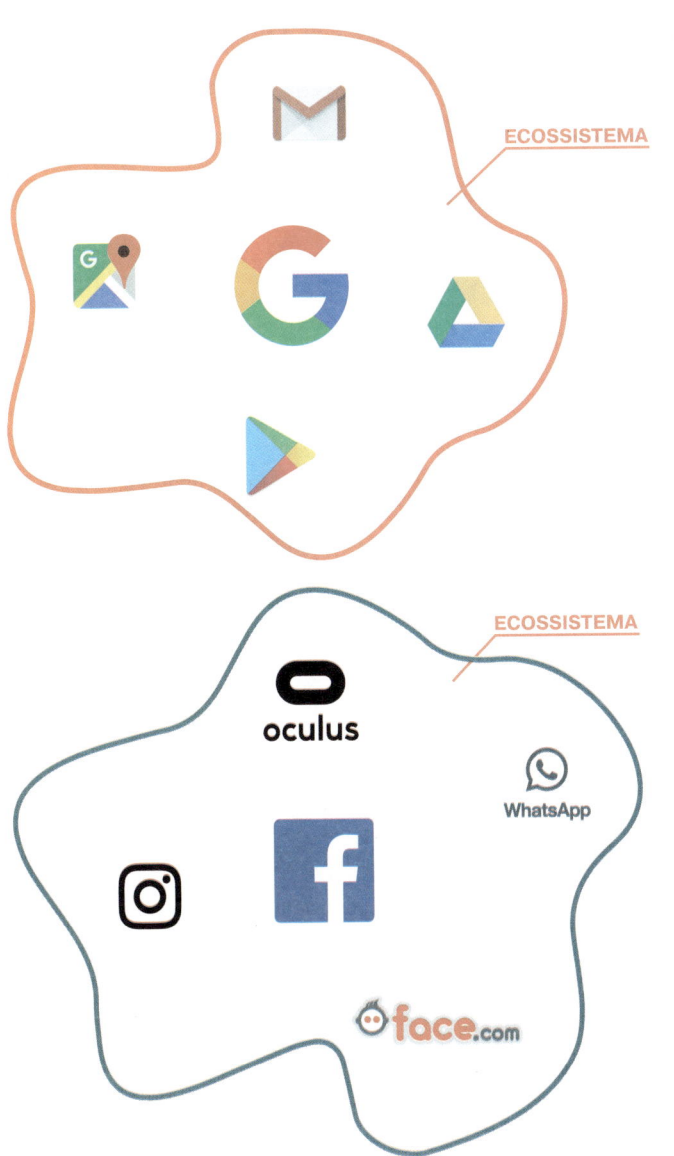

O SISTEMA IMUNOLÓGICO DA EMPRESA SEMPRE ATACARÁ A INOVAÇÃO

ECOSSISTEMA

ECOSSISTEMA

Você talvez já esteja familiarizado com o modelo de negócios que sua organização deveria implementar de modo a se conectar com a abundância. Isso é ótimo, mas escolher o modelo de negócios certo é a parte fácil. O desafio que você inevitavelmente enfrentará é que, sempre que uma grande organização tenta inovar ou se transformar, o sistema imunológico corporativo — certos funcionários e processos programados para impedir a transformação organizacional — ataca. (Temos certeza de que todos se identificam com isso.)

O sistema imunológico corporativo faz seu serviço por uma boa razão: as organizações estabelecidas geralmente têm um negócio em funcionamento que é importante manter. A meta aqui não é extirpar esse sistema, e sim geri-lo.

Os meios como uma organização introduz a inovação tendem a ampliar o problema do sistema imunológico. Organizações, com frequência, perguntam a consultores externos o que precisa ser feito para obterem transformação. Ou investem em — ou compram — startups externas para integrarem ao corpo principal. Em ambos os casos, o sistema imunológico da organização atacará toda e qualquer iniciativa.

Por quê? Porque o sistema imunológico corporativo reage a tudo que considera DNA estranho.

> Equilibre inovação e risco mantendo o modelo de negócios atual como ele é e realizando projetos disruptivos fora da organização principal.

> Execute o processo de transformação com os funcionários de modo que o DNA da organização permaneça intacto. Além disso, se você optar por comprar uma startup externa, opere-a fora da organização principal, mantendo-a como uma entidade nova dentro do ecossistema maior (como fez o Facebook).

TRATA-SE TAMBÉM DA TRANSFORMAÇÃO DAS PESSOAS

Os funcionários-chave precisam estar fortemente envolvidos no processo de transformação. Deveriam aprender conceitos novos, treinar o uso de ferramentas novas e gerar as próprias ideias de transformação. O ambiente novo e as mudanças ocasionalmente — ou mesmo com frequência — se mostrarão incômodos, portanto, a equipe de liderança precisa oferecer aos funcionários seu pleno apoio.

Transformar uma organização não envolve apenas a própria organização, mas também atualizar a mentalidade e a base de conhecimentos das pessoas que trabalham para ela. Como uma questão, isso está fortemente ligado ao desafio colocado pelo sistema imunológico corporativo. Para enfrentar este último, você precisa abordar o primeiro: transformar os anticorpos de sua organização (seus glóbulos brancos) em defensores organizacionais — glóbulos vermelhos dedicados a promover a inovação.

CULTURA, GESTÃO E PROCESSOS EXISTENTES VOLTADOS PARA A EFICIÊNCIA

As organizações estabelecidas estão concentradas na eficiência. Seu propósito é maximizar os lucros. Tais práticas e processos gerenciais não funcionam, porém, quando a meta é a inovação disruptiva.

Por quê? Por definição, as empresas disruptivas em estágio inicial sequer possuem um modelo de negócios claro. Como resultado, o foco não é a eficiência, e sim a busca do modelo certo. Como disse Steve Blank: "Uma startup é uma organização temporária buscando um modelo de negócios escalonável e replicável."

Para gerir a inovação e os processos de transformação, use metodologias de inovação voltadas para a pesquisa, como Desenvolvimento de Clientes, Design Thinking e Startup Enxuta.

NÃO SE APRENDE A JOGAR BASQUETE EM UM LIVRO

Os seguintes livros conceituam algumas das metodologias voltadas para a pesquisa já mencionadas: *A Startup Enxuta,* de Eric Ries; *Do Sonho à Realização em 4 Passos*, de Steve Blank; e, é claro, *Organizações Exponenciais*, de Salim Ismail, Michael Malone e Yuri van Geest.

Entretanto, da mesma forma como ninguém realmente aprende a jogar basquete em um livro, sua equipe não entenderá como implementar essas metodologias apenas lendo a respeito. É crucial que os integrantes assumam e conduzam o processo de transformação, o que significa que precisarão adotar uma abordagem prática para realmente aprender como funciona.

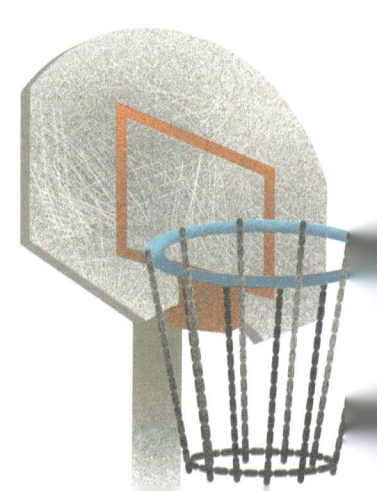

AS PESSOAS MAIS INTELIGENTES NÃO TRABALHAM PARA VOCÊ

Qualquer que seja o tamanho de sua organização, sempre haverá mais pessoas fora dela do que dentro. Esse fato tem duas implicações importantes: primeiro, você nem sempre terá acesso às pessoas mais versadas para qualquer questão específica. Segundo, seus clientes que têm as respostas para perguntas-chave sobre se sua inovação terá ou não sucesso não estarão necessariamente disponíveis.

> Abra seus processos de inovação e transformação para a comunidade a fim de obter informações e validação, e descobrir o que é necessário para implementar com êxito suas iniciativas inovadoras. Citando de novo Steve Blank: "Saia do prédio!"

FALTA DE RAPIDEZ (E ENGAJAMENTO)

O foco básico de uma organização é gerir seu negócio existente, não se transformar. Como resultado, atividades inovadoras são sempre prioridades de segundo nível. Isso retarda o progresso da disrupção e transformação.

Ao mesmo tempo, realizar workshops de um dia ou pequenos cursos tampouco é eficaz. Embora esses cursos de formato curto sejam um ótimo meio de empolgar as pessoas e abrir suas mentes, eles não mudam o comportamento.

> Use uma abordagem de "aprender fazendo" sempre que sua equipe adquirir conhecimentos sobre as diferentes metodologias e executar o processo de transformação, com o apoio de um facilitador ou coach externo (como este livro funcionando como manual de estratégia).

> Realize um processo que não seja nem curto, nem longo demais. A meta é obter a mudança comportamental e o engajamento de longo prazo, e, ao mesmo tempo, conservar energia suficiente para ver o processo chegar ao fim.

Abordagem ExO Sprint

O ExO Sprint foi projetado para abordar todos os desafios descritos, e oferece soluções práticas e sugestões para atacar cada um.

Os processos discutidos neste livro são uma culminação das experiências dos autores gerindo projetos de inovação e transformação nos últimos 15 anos, iniciativas que envolveram mais de 200 consultores em inovação que forneceram feedback valioso.

Além disso, o ExO Sprint foi aplicado com sucesso em uma variedade de setores e em muitas empresas no mundo inteiro, incluindo Procter & Gamble, Stanley Black & Decker, HP Inc. e Visa.

Realizando um ExO Sprint, as organizações descobrirão o modelo de negócios certo, que então lhes permitirá se conectarem à abundância. Também estarão aptas para enfrentar a compulsão do sistema imunológico corporativo em bloquear a inovação e a mudança, aprender como implementar as metodologias certas voltadas à inovação, e usar uma abordagem de aprender fazendo para desenvolver capacidades internas na organização.

Tudo em apenas 10 semanas!

DESCUBRA O MODELO DE NEGÓCIOS CERTO BASEADO NA ABUNDÂNCIA

O resultado de um ExO Sprint é um conjunto de iniciativas ExO que melhorarão o modelo de negócios existente para torná-lo mais adaptável à disrupção externa do setor e também gerarão organizações da próxima geração com o potencial de liderar seus setores.

NEUTRALIZE O SISTEMA IMUNOLÓGICO CORPORATIVO

Para impedir um ataque do sistema imunológico corporativo, faça com que funcionários projetem e executem o processo de transformação, em vez de buscar consultores externos. Permitir que funcionários proponham as próprias ideias assegurará a implementação das iniciativas resultantes, reduzindo assim a reação do sistema imunológico.

Outro meio de mitigar a reação imunológica é implementar inovações graduais (iniciativas que mantenham o modelo de negócios existente) dentro da empresa e desenvolver todas as iniciativas disruptivas (aquelas que envolvem um modelo de negócios novo) fora da empresa.

APOIE AS PESSOAS EM SUA EXPERIÊNCIA DE TRANSFORMAÇÃO

Um ExO Sprint é uma experiência intensiva e geralmente implica pedir às pessoas que trabalhem de forma completamente diferente daquela com que estão acostumadas a atuar. No decorrer de um ExO Sprint, os participantes precisarão se envolver com novas ferramentas e disciplinas. Também precisarão validar ideias imperfeitas com clientes, desenvolver aquelas ideias em face de informações limitadas e um alto nível de incerteza sobre as próximas etapas, e preparar protótipos em poucos dias.

A nossa experiência mostrou que participantes de ExO Sprint acabam aceitando a experiência. Mas podem levar um processo inteiro para chegarem lá. Como resultado, é importante estar consciente de que os participantes passarão por um processo intensivo, que — embora venha a mudar sua mentalidade para sempre, e para melhor — exigirá apoio psicológico, tanto da equipe de liderança da empresa como da equipe conduzindo o ExO Sprint.

USE METODOLOGIAS DE INOVAÇÃO VOLTADAS PARA A PESQUISA

O ExO Sprint suporta o uso de metodologias de inovação voltadas para a pesquisa — Estratégia do Oceano Azul, Desenvolvimento de Clientes, Startup Enxuta e Design Thinking — em combinação com metodologias de gestão tradicionais.

APOIE A APRENDIZAGEM PELA PRÁTICA

Realizar um ExO Sprint é uma experiência de aprendizado. Os participantes aprenderão sobre os princípios, o processo e o mundo exterior ao realizarem as atribuições semanais. Sua mentalidade mudará à medida que praticarem e refinarem novos métodos de trabalhar, se comunicar e formar ideias. Como resultado da experiência, os membros de um ExO Sprint completado servirão de embaixadores na implementação dos princípios ExO por toda a organização.

ALAVANQUE O TALENTO EXTERNO

Embora usar os funcionários da organização seja crucial para contornar a resposta imunológica corporativa (além de muitos outros benefícios), envolver coaches e conselheiros externos no ExO Sprint maximiza o valor do resultado ao aproveitar informações e conhecimentos externos.

TERMINE EM 10 SEMANAS

Para reforçar os hábitos novos entre os participantes, o intervalo de tempo ideal para o ExO Sprint é de 10 semanas.

Estrutura ExO Sprint

O ExO Sprint é realizado em três fases principais, cada uma com subcomponentes.

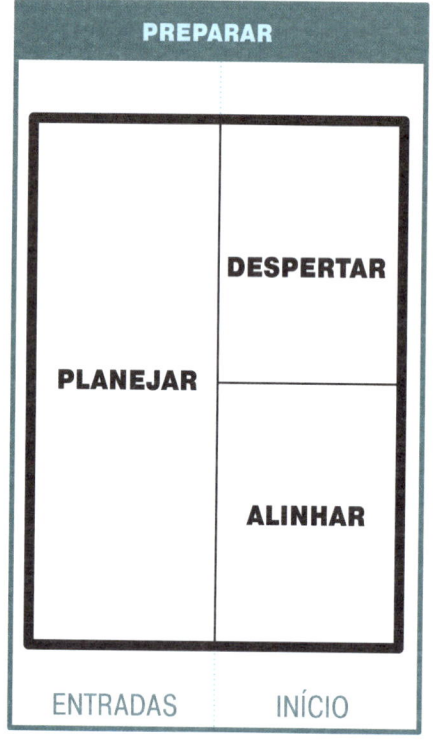

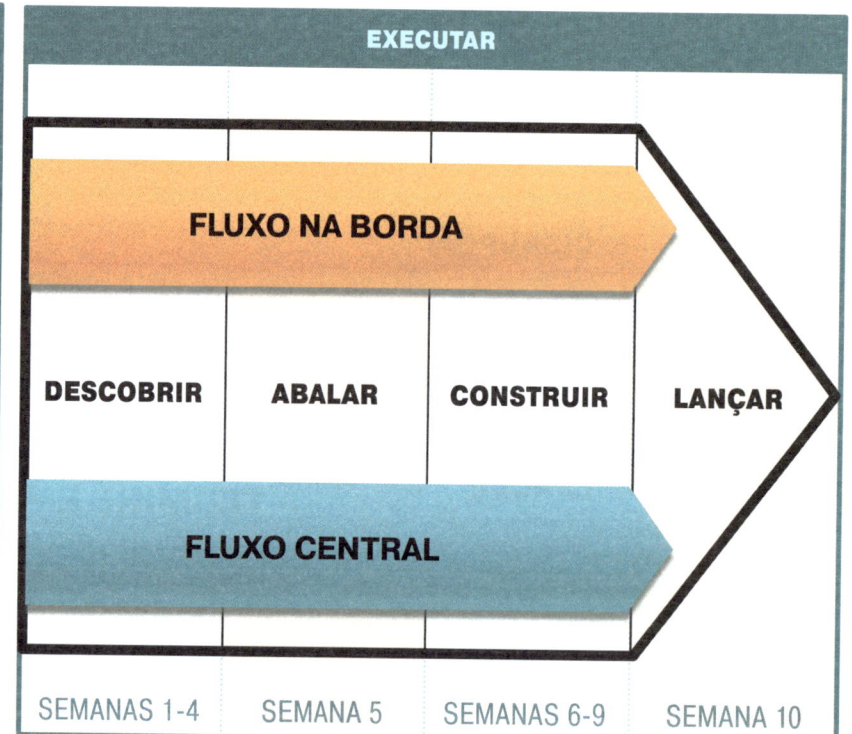

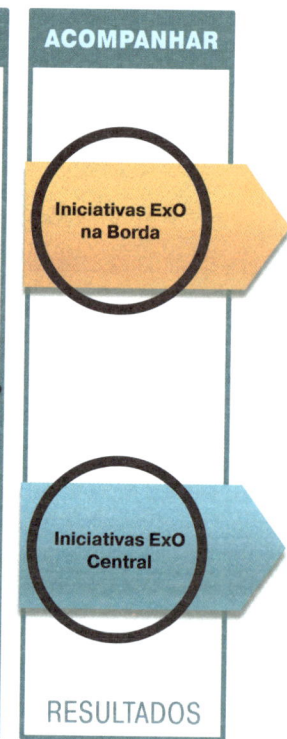

PREPARAR		EXECUTAR				ACOMPANHAR
PLANEJAR	DESPERTAR	**FLUXO NA BORDA**			LANÇAR	Iniciativas ExO na Borda
	ALINHAR	DESCOBRIR	ABALAR	CONSTRUIR		
		FLUXO CENTRAL				Iniciativas ExO Central
ENTRADAS	INÍCIO	SEMANAS 1-4	SEMANA 5	SEMANAS 6-9	SEMANA 10	RESULTADOS

FASE DE PREPARAÇÃO

Concentre-se em assegurar que todos os elementos necessários existem antes de iniciar o processo de 10 semanas.

PLANEJAR

A organização define o escopo do ExO Sprint e decide sobre os participantes-chave.

DESPERTAR

A organização entende a diferença entre pensamento linear e exponencial, e assegura que os participantes entendam a importância de realizar um ExO Sprint.

ALINHAR

Os participantes do ExO Sprint recebem treinamento sobre as metodologias e ferramentas de que precisarão para executar o ExO Sprint, inclusive o modelo ExO.

FASE DE EXECUÇÃO

O ExO Sprint é um processo de 10 semanas. Durante essa fase, os participantes geram ideias e desenvolvem um conjunto de iniciativas ExO visando transformar a organização — ou até mesmo o setor. Dois fluxos ocorrem em conjunto durante esse estágio: o Fluxo Central enfoca a inovação — adaptação à disrupção setorial externa, sem mudar o modelo de negócios (evitando desencadear a reação do sistema imunológico); o Fluxo na Borda enfoca a disrupção , — criação da próxima geração de organizações (novos negócios fora da organização existente), que acabará liderando o setor. Ambos os fluxos são coordenados para um resultado coerente e abrangente.

DESCOBRIR

Durante as cinco primeiras semanas, os participantes propõem ideias para o processo de transformação, avaliando-as a fim de identificar as melhores opções.

DISRUPÇÃO

As melhores ideias são apresentadas na metade do ExO Sprint, uma sessão que visa obter feedback, aperfeiçoar as iniciativas e selecionar as melhores, para desenvolvimento posterior.

CONSTRUIR

Na segunda metade do processo, os participantes constroem protótipos em torno das iniciativas mais bem avaliadas.

LANÇAR

No encerramento da semana final, os participantes apresentam as principais iniciativas à equipe de liderança da empresa e asseguram recursos àquelas enfim aprovadas.

Observe que as 10 semanas que compõem o núcleo do ExO Sprint são projetadas de tal forma que a equipe gere o máximo de ideias possíveis durante a primeira metade do ExO Sprint, com a segunda metade dedicada às iniciativas mais promissoras, seguindo assim a melhor prática da inovação de geração/síntese.

GERAÇÃO | SÍNTESE

FASE DE ACOMPANHAMENTO

A iniciativas ExO resultantes são implementadas. Algumas serão criadas dentro da organização; outras, na borda (ou seja, fora da organização).

INICIATIVAS ExO NA BORDA

INICIATIVAS ExO CENTRAL

Iniciativas ExO Sprint (Central vs. Na Borda)

O resultado do ExO Sprint será um conjunto de iniciativas ExO que transformarão a empresa em uma Organização Exponencial, ou mesmo em um conjunto delas.

Como já citado, o ExO Sprint abrange dois fluxos de trabalho diferentes: o Fluxo ExO Central gera iniciativas para adaptar a organização à disrupção externa do setor, enquanto o Fluxo ExO na Borda gera iniciativas que abalarão o mercado lançando novas Organizações Exponenciais.

Durante o processo de 10 semanas, os participantes do ExO Sprint apresentarão muitas ideias diferentes, algumas das quais resultarão em iniciativas. Nesta seção, explicamos como diferenciar entre iniciativas ExO Central e iniciativas ExO na Borda. Também descreveremos alguns dos subtipos para ajudar os participantes do ExO Sprint a entenderem melhor as implicações de cada tipo de iniciativa, a fim de obter os melhores resultados possíveis.

Você pode diferenciar entre os dois tipos de iniciativas ExO — Central e na Borda — respondendo a uma pergunta. Você será então capaz de diferenciar entre os diferentes subtipos de iniciativas ExO Central/na Borda respondendo a uma segunda pergunta.

sim → O novo modelo de negócios é **disruptivo e escalonável** → Ele alavanca os **ativos da organização atual?**
- → **não** — A organização é plenamente independente
- → **sim** — Mantém relacionamento com a organização atual

não → Adapta & melhora o modelo de negócios **atual** → A **iniciativa é replicável e vendável?**
- → **sim** — A iniciativa poderia depois beneficiar outras organizações?
- O produto novo volta-se para mercados novos (Oceanos Azuis)
- → **não** — **Específico** à organização atual

ExO Sprint

airbnb

Hotels.com

aws

Wii

Transformação digital

ExO Sprint

A primeira pergunta que você deve formular a fim de diferenciar entre Iniciativas ExO Central e ExO na Borda:

A iniciativa ExO é um novo modelo de negócios?

Se a resposta é sim, e este novo modelo de negócios é disruptivo (ou seja, desafia o funcionamento do setor ou organização atual) e escalonável (passível de alcançar uma escala global rapidamente), o projeto será uma Iniciativa ExO na Borda. Observe que, se o modelo de negócios é diferente, mas não disruptivo/escalonável, ainda que a iniciativa não resulte em uma Organização Exponencial, você pode mesmo assim desenvolvê-la como uma Iniciativa ExO na Borda. O importante é não construir nada dentro da organização atual que use um modelo de negócios diferente. Isso, é claro, desencadeará o ataque do sistema imunológico corporativo.

Se a resposta é não, e a iniciativa está alinhada a seu modelo de negócios existente, o projeto será uma Iniciativa ExO Central. Existem várias maneiras de melhorar o modelo de negócios existente, inclusive lançando um produto ou serviço novo (com o mesmo modelo de negócios/receita), ou melhorando o serviço ou operações atuais da empresa pela aplicação de tecnologias exponenciais e/ou atributos ExO.

A segunda pergunta que você deve fazer para diferenciar entre os diferentes tipos de Iniciativas ExO na Borda:

Ela alavanca os ativos da organização atual?

Se a resposta é não, a iniciativa é uma **Iniciativa na Borda Pura**, significando que se tornará uma Organização Exponencial independente cujo crescimento não será limitado pelos ativos ou tamanho da organização original (ou de outras organizações semelhantes). Um exemplo de uma Iniciativa ExO na Borda Pura seria um negócio tipo Airbnb lançado por uma rede de hotéis existente, já que essa nova plataforma não alavancaria ativos existentes, dependendo daqueles de outros (ou seja, casas e quartos de proprietários privados).

Se a resposta é sim, a iniciativa é uma **Iniciativa na Borda Vinculada** e manterá um relacionamento com a organização principal (e talvez com outras organizações semelhantes), alavancando alguns dos ativos daquela organização, como clientes, instalações, ativos físicos e dados existentes. Um exemplo de uma Iniciativa ExO na Borda Vinculada poderia ser uma rede de hotéis que lança um portal online semelhante a Hotels.com, oferecendo quartos disponíveis a usuários da internet. A empresa nova, operando na borda de sua organização controladora, poderia então usar sua plataforma para se unir aos concorrentes e oferecer os quartos deles, também.

Quando se trata de Iniciativas ExO Central, a pergunta a ser feita para diferenciar entre os diferentes tipos é:

A iniciativa é replicável e vendável a outras organizações?

Se a resposta é sim — significando que você poderia implementar a iniciativa ExO dentro de sua organização e, no final, vendê-la para outras organizações —, você tem uma **Iniciativa Central na Borda**. Por exemplo, o Amazon Web Services (AWS), atualmente usado por empresas do mundo inteiro, surgiu de um projeto interno iniciado pela empresa para desenvolver um conjunto de serviços de rede para melhorar a própria infraestrutura de TI. A Amazon depois lançou o AWS como um negócio novo para atender à mesma necessidade em outras organizações. A conclusão? Iniciativas ExO Central desenvolvidas, a princípio, dentro de uma empresa podem se transformar em empreendimentos ExO na Borda, que podem continuar sendo desenvolvidas além da organização controladora.

Se a resposta é não, porque a iniciativa ExO é específica à sua organização atual e implementá-la em outros lugares não resultaria em um modelo de negócios escalonável, você tem uma **Iniciativa Central Pura**. Um exemplo: realizar um projeto de transformação digital para digitalizar todos os arquivos em papel. Outro exemplo: usar algoritmos baseados em IA para automatizar os diferentes processos de uma organização.

Iniciativas ExO também podem ser produtos ou serviços novos desenvolvidos sob o modelo de negócios existente de uma organização. Geralmente, esses produtos ou serviços novos, chamados de **Iniciativas Centrais Azuis**, exploram mercados novos. De fato, lançar um produto ou serviço novo representa uma oportunidade para uma organização seguir uma Estratégia do Oceano Azul (definida em mais detalhes adiante neste livro) e criar mercados novos em que a concorrência é limitada ou sequer existe. Um ótimo exemplo é o Nintendo Wii, que foi além do foco em imagens gráficas complexas em videogames e achou um segmento de clientes novo e altamente rentável na população mais idosa, atraída pela capacidade de interagir fisicamente com golfe, tênis, beisebol e outros jogos na tela.

Finalmente, observe que estas não passam de diretrizes para ajudar os participantes do ExO Sprint a classificarem e definirem suas iniciativas ExO de acordo com os fluxos individuais do ExO Sprint.

> Pense nos Fluxos na Borda e Central como ExO Ousada e ExO Moderada, respectivamente. Você estará deixando o pensamento convencional bem para trás ao criar suas Iniciativas ExO na Borda. As Iniciativas ExO Central, por outro lado, têm limitações, já que precisam respeitar o modelo de negócios atual e preservar os ativos existentes da organização.

Papéis do ExO Sprint

Durante um ExO Sprint, papéis-chave são preenchidos de dentro e fora da organização.

Como já observamos, as pessoas dentro da organização são fundamentais para conservar o DNA da empresa. A presença delas ajudará a suprimir a reação imunológica corporativa. Lembre-se: a transformação organizacional resume-se a transformar as pessoas que trabalham para a organização.

Ao mesmo tempo, você também precisará recrutar pessoas de fora da organização, se quiser acessar os conhecimentos e a expertise requeridos para realizar seu ExO Sprint. Como já dito, é impossível que todas as pessoas mais inteligentes e talentosas do mundo já trabalhem para você. Como resultado, você precisará conectar seu projeto à comunidade externa.

Liderança e coordenação

Patrocinador do ExO Sprint
NOME
Dept:

O principal defensor do ExO Sprint e do processo de transformação. O ideal é que o CEO da organização preencha este papel.

O apoio do nível mais alto possível dentro da organização é fundamental ao sucesso de um ExO Sprint.

O Patrocinador do ExO Sprint deveria ter a autoridade para financiar e aprovar as iniciativas ExO depois de terminado o ExO Sprint.

Coordenador do ExO Sprint
NOME
Dept:

Um por ExO Sprint. O cargo é opcional. Dependendo do número de equipes ExO sendo formadas, talvez você ache este papel útil em auxiliar nos detalhes administrativos e logísticos.

Observadores do ExO Sprint
NOME
Dept:

Talvez você queira envolver líderes e membros da gerência média que possam fornecer feedback constante sobre o progresso do ExO Sprint. Neste caso, é imperativo que essas pessoas participem da Sessão de Despertar e sejam apropriadamente treinadas em Organizações Exponenciais e na metodologia ExO Sprint. Sem o envolvimento delas, você provavelmente as verá agindo como sistema imunológico!

Membros da equipe

Participante ExO na Borda
NOME
Dept:

Um membro de uma equipe ExO na Borda, composta de quatro a seis membros.

Participante ExO Central
NOME
Dept:

Um membro de uma equipe ExO Central, também composta de quatro a seis membros.

Apoio externo

A equipe realizando o ExO Sprint se beneficiará do apoio complementar de recursos externos e acesso a esses recursos.

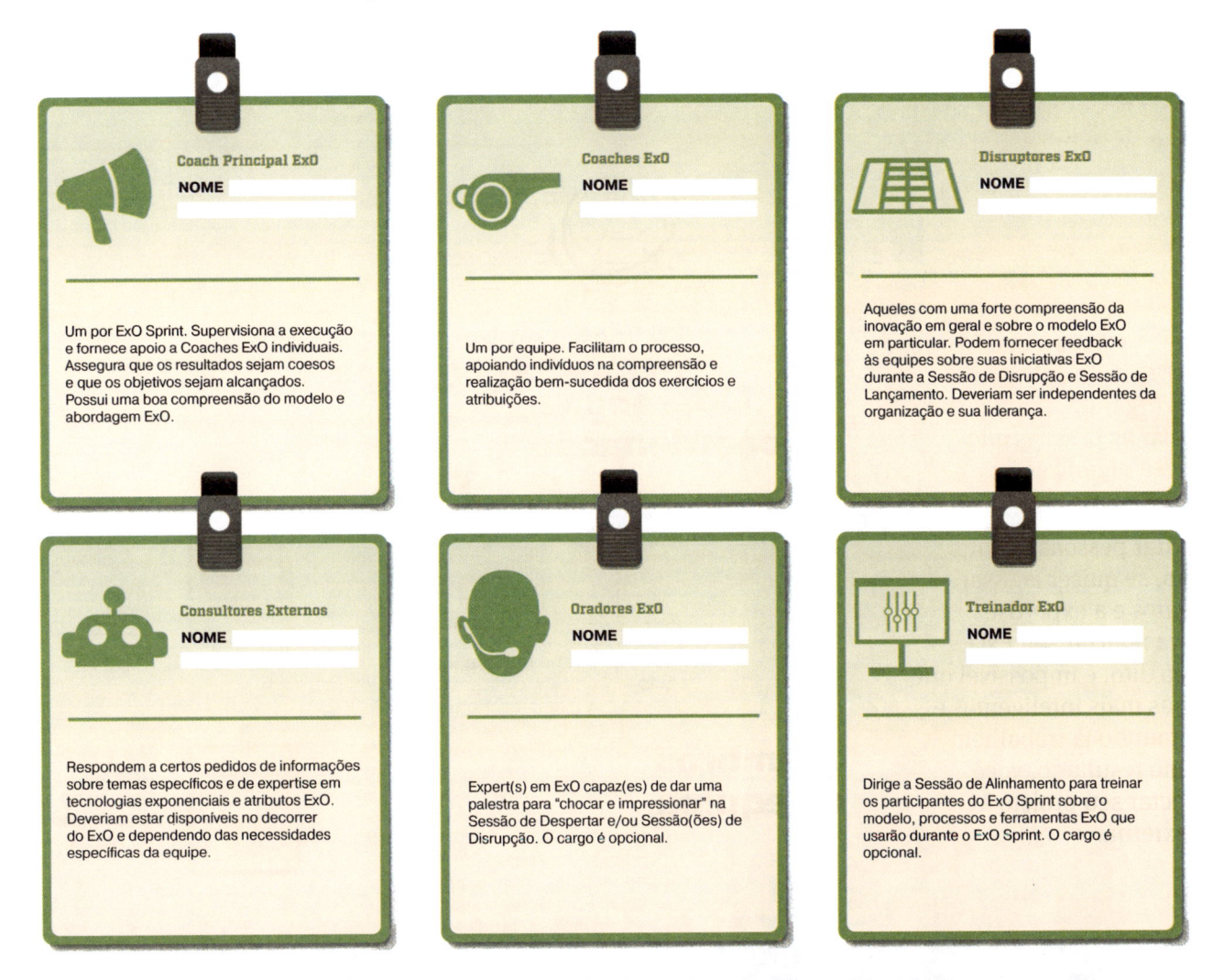

Coach Principal ExO
NOME

Um por ExO Sprint. Supervisiona a execução e fornece apoio a Coaches ExO individuais. Assegura que os resultados sejam coesos e que os objetivos sejam alcançados. Possui uma boa compreensão do modelo e abordagem ExO.

Coaches ExO
NOME

Um por equipe. Facilitam o processo, apoiando indivíduos na compreensão e realização bem-sucedida dos exercícios e atribuições.

Disruptores ExO
NOME

Aqueles com uma forte compreensão da inovação em geral e sobre o modelo ExO em particular. Podem fornecer feedback às equipes sobre suas iniciativas ExO durante a Sessão de Disrupção e Sessão de Lançamento. Deveriam ser independentes da organização e sua liderança.

Consultores Externos
NOME

Respondem a certos pedidos de informações sobre temas específicos e de expertise em tecnologias exponenciais e atributos ExO. Deveriam estar disponíveis no decorrer do ExO e dependendo das necessidades específicas da equipe.

Oradores ExO
NOME

Expert(s) em ExO capaz(es) de dar uma palestra para "chocar e impressionar" na Sessão de Despertar e/ou Sessão(ões) de Disrupção. O cargo é opcional.

Treinador ExO
NOME

Dirige a Sessão de Alinhamento para treinar os participantes do ExO Sprint sobre o modelo, processos e ferramentas ExO que usarão durante o ExO Sprint. O cargo é opcional.

Criação de Suas Equipes de ExO Sprint

De quais recursos **internos** você precisa para estruturar suas equipes de ExO Sprint?

De quais recursos **externos** você precisa para apoiar suas equipes de ExO Sprint?

Para cada equipe de ExO Sprint, você precisa de um **Coach ExO** para apoio diário e semanal.

Se você é uma ORGANIZAÇÃO LÍDER

que quer não apenas se transformar, mas também transformar seu setor (e talvez até criar setores novos), você precisará de:

Duas equipes na Borda e duas equipes Centrais, cada uma com entre quatro e seis membros. Note que você pode realizar um ExO Sprint com mais ou menos equipes (por exemplo, uma equipe na Borda e uma equipe Central), ou com um equilíbrio diferente de equipes na Borda/Central (por exemplo, uma equipe na Borda e três equipes Centrais), dependendo das suas metas. Porém, a experiência nos ensinou que criar duas equipes na Borda e duas equipes Centrais é a melhor abordagem.

Um patrocinador do projeto representando o maior nível da organização afetada. O patrocinador deveria ter a autoridade para tomar decisões de financiamento no final do ExO Sprint.

Um coordenador do projeto para garantir a coesão do projeto e gerir detalhes administrativos e logísticos.

Você precisa de um **Coach Principal ExO** que deve supervisionar, coordenar e apoiar todos os Coaches ExO.

Você precisa de um conjunto de **Disruptores ExO** para a Sessão de Disrupção e Sessão de Lançamento.

Também recomendamos dotar suas equipes de ExO Sprint de acesso a Consultores ExO externos, especialistas, oferecendo expertise em diferentes tecnologias, setores e metodologias de inovação.

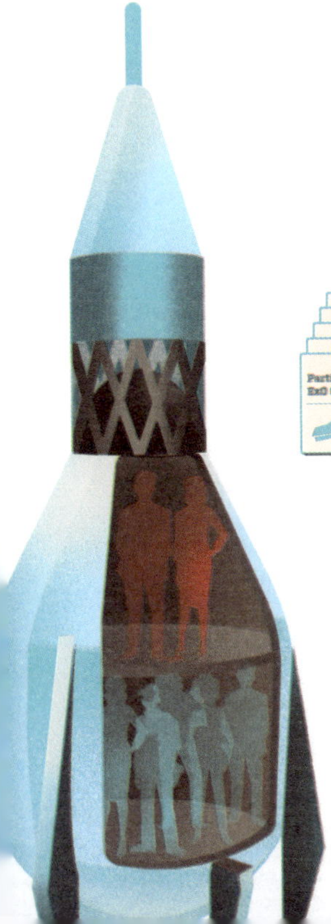

Se você é uma ORGANIZAÇÃO ESTABELECIDA

que quer manter seu negócio seguro transformando-o para se adaptar à disrupção externa do setor, precisará de:

Duas equipes Centrais, cada uma com entre quatro e seis membros. Note que você pode realizar o ExO Sprint com mais ou menos equipes (uma ou mesmo quatro equipes Centrais), dependendo das suas metas. Porém, a experiência nos ensinou que criar duas equipes Centrais costuma ser a melhor abordagem.

Um patrocinador do projeto representando o maior nível da organização afetada. O patrocinador deveria ter a autoridade para tomar decisões de financiamento no final do ExO Sprint.

Um coordenador do projeto para garantir a coesão do projeto e gerir detalhes administrativos e logísticos.

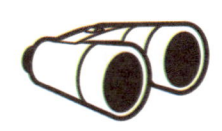

Se você é EMPREENDEDOR

que quer abalar um setor lançando uma empresa nova com uma meta de se tornar uma Organização Exponencial, precisará de:

Uma equipe na Borda (constituída de entre quatro e seis membros) focada em um só PTM.

Ferramentas de TI para Apoiar Seu Sprint

Um dos objetivos básicos do modelo ExO é aumentar a agilidade organizacional, implementando tecnologias novas. O ExO Sprint é uma oportunidade perfeita para equipes testarem Tecnologias Sociais e descobrirem seus benefícios em primeira mão.

Dado o ritmo e intensidade das tarefas do ExO Sprint, as equipes precisam ser capazes de compartilhar arquivos e colaborar em tempo real. Se as equipes de ExO Sprint estiverem geograficamente dispersas, ferramentas para a comunicação e colaboração virtuais são essenciais.

A experiência e os resultados de um ExO Sprint atingem níveis inteiramente novos com o acesso aos recursos relevantes e uso das ferramentas certas em apoio ao processo.

Eis algumas ferramentas que podem ajudá-lo a realizar seu ExO Sprint com mais êxito e que permitem às equipes se organizar e conectar.

slack

www.slack.com

O Slack é uma ferramenta para mensagens e outros recursos, que ajudam seus membros da equipe de ExO Sprint a compartilharem recursos e facilmente se comunicarem.

Principal recurso para o ExO Sprint:

Comunicação

Google Drive

www.google.com/drive

O Google Drive é um serviço de armazenamento e sincronização de arquivos. Permite aos usuários armazenar arquivos em seus servidores, sincronizar arquivos através de dispositivos e compartilhar arquivos. Google Docs, Google Sheets e Google Slides permitem aos membros da equipe colaborar simultaneamente em atribuições de Sprint.

Principais recursos para o ExO Sprint:

Gestão de documentos e colaboração

zoom

www.zoom.us

Um sistema de comunicações empresariais em vídeo, Zoom oferece uma plataforma de fácil uso e confiável, baseada na nuvem, para vídeo e audioconferências, bate-papo e seminários na internet em sistemas móveis, de desktop e de sala de reuniões.

Principais recursos para o ExO Sprint:

Comunicação por videoconferência programada e eventual

openexo

www.openexo.com

OpenExO é um ecossistema de transformação global que fornece equipes sob demanda ExO certificadas (Coaches ExO, Consultores ExO etc.) e outros recursos para a realização de um ExO Sprint. Sua plataforma também oferece ferramentas projetadas para incentivar a colaboração na equipe.

Principais recursos para o ExO Sprint:

Acesso à equipe sob demanda ExO certificada

Recursos ExO

Ferramentas ExO

Processos ExO

Comunicação

Gestão de arquivos

> Tenha em mente que esses são apenas alguns poucos exemplos das muitas ferramentas que podem ajudá-lo a realizar um ExO Sprint. Sinta-se à vontade para usar outras também.

Fase de Preparação

É hora de pensar grande — de sair da sua zona de conforto, para onde a magia acontece.

Inovadores, particularmente jovens, estão desenvolvendo produtos e serviços novos capazes de abalar setores inteiros, ou mesmo criar setores novos. Os exemplos incluem Danit Peleg, que projetou a primeira coleção de moda impressa em 3D aos 25 anos, e Jack Andraka, que aos 15 anos realizou um trabalho premiado em um método potencial para detectar os estágios iniciais do câncer pancreático e outros cânceres.

Agora é sua vez. Comece a sonhar... É a única forma de conseguir algo!

Realizar um bom ExO Sprint depende de criar a base certa. Use a fase de preparação para definir as metas para o ExO Sprint e certificar-se da existência de todos os elementos e logística para atingi-los.

A fase de preparação tipicamente leva entre duas e oito semanas, dependendo do escopo do ExO Sprint e do tamanho de sua organização.

ExO Sprint

Planejar

108

Fase de Preparação

Planejar

DEFINIÇÃO DO ESCOPO

O que queremos realizar?

Reinventar o setor e transformar nossa organização de modo que seja capaz de se adaptar à disrupção externa do setor. A criação de ExOs nos permitirá desenvolver um ecossistema global novo.

Nesse caso, realize o ExO Sprint completo com equipes na Borda e equipes Centrais.

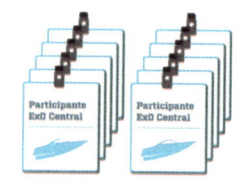

Transformar nossa organização para que seja capaz de se adaptar à disrupção externa do setor, o que nos ajudará a adaptarmos nossa organização a ecossistemas existentes.

Nesse caso, realize o ExO Sprint com duas equipes Centrais.

O que estamos tentando transformar?

A organização como um todo, incluindo todos os mercados e setores nos quais ela está posicionada.

Uma unidade de negócios específica voltada para um setor específico.

Lançar uma ou várias ExOs a fim de transformar o setor.

Nesse caso, realize o ExO Sprint com uma equipe na Borda concentrada na(s) ExO(s) que você quer desenvolver e lançar.

Definir e comunicar o escopo do ExO Sprint para os Coaches ExO e participantes do ExO Sprint é crucial para obter o resultado certo. Para isso, você precisará responder às seguintes perguntas. (As respostas deveriam ser compartilhadas com todas as equipes de ExO Sprint.)

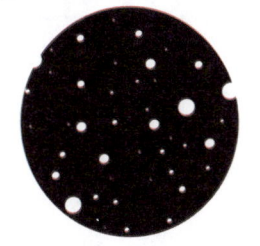

Qual é o nosso campo de jogo?

Qualquer setor. A meta é construir uma ExO (ou várias ExOs) em qualquer setor, quer esse setor já exista ou precise ainda ser criado.

Note que essa abordagem fornecerá resultados (novas Iniciativas ExO na Borda) bem além daqueles viáveis com sua empresa existente.

Setores adjacentes, de modo a podermos criar uma ou várias ExOs em qualquer setor relacionado ao nosso atual.

Essa opção lhe dá a oportunidade de alavancar ativos ou relacionamentos existentes que ajudarão sua incursão em setores adjacentes.

Nosso setor atual, com uma meta de criar uma ExO.

Se você está tentando reinventar um setor, quaisquer ExOs que lançar como resultado do ExO Sprint poderão perfeitamente causar ruptura na sua própria organização. Mesmo assim, isso ainda representaria um resultado de sucesso, porque, se você não fizer, outra pessoa com certeza o fará. De fato, a melhor coisa que você pode fazer é causar ruptura na sua própria organização, criando assim a próxima empresa líder dentro do seu setor.

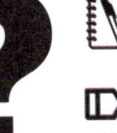

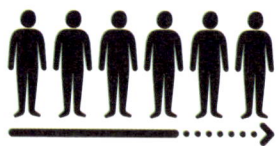

O tamanho ideal da equipe é quatro a seis participantes por equipe.

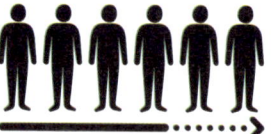

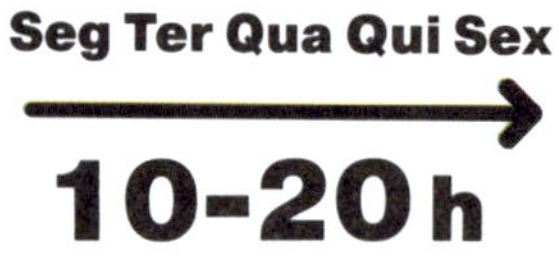

Todos os participantes da equipe deveriam estar disponíveis para passar no mínimo 10 horas por semana no ExO Sprint (recomendamos umas 20 horas semanais). A carga horária deveria estar distribuída através da semana.

Cada equipe deveria selecionar um coordenador para representar o grupo e assegurar que as atribuições estejam progredindo no cronograma. Algumas equipes podem optar pelo rodízio semanal desse papel, dando a cada membro a oportunidade de assumi-lo uma ou duas vezes durante o processo de 10 semanas.

Dispor de duas equipes na Borda e duas equipes Centrais não apenas cria uma competição amigável, mas também aumenta o alcance das iniciativas resultantes.

ESCOLHA DOS PARTICIPANTES

Escolher as pessoas certas para as equipes de ExO Sprint é metade do caminho andado para um bom resultado.

Forme tantas equipes quantas você achar viável para sua organização. Algo entre duas a seis equipes costuma ser um bom número, embora a experiência tenha mostrado que quatro equipes (duas na Borda e duas Centrais) parecem ser o ideal. Lembre que cada equipe consiste de algo entre quatro e seis pessoas e está concentrada no Fluxo na Borda ou no Fluxo Central.

Quando você estava analisando o número de funcionários para alocar ao ExO Sprint, o que veio à sua cabeça? Sua impressão foi a de que estava desviando muitos funcionários veteranos de suas atribuições diárias por tempo demais? O que isso lhe informa sobre as prioridades atuais em gerir as operações existentes, em oposição a abrir espaço para um projeto que visa impedir a disrupção?

Cada equipe requererá diferentes tipos de pessoal e talentos:

EQUIPES DE FLUXO DO ExO CENTRAL EXIGEM:

Membros da alta liderança e da gerência de nível médio que possam liderar as iniciativas resultantes após a conclusão do ExO Sprint.

EQUIPES DE FLUXO ExO NA BORDA EXIGEM:

Líderes jovens, pensadores criativos e intraempreendedores que sejam entusiasmados com a inovação. Em geral, quanto mais jovens, melhor, embora não esqueça que ótimos candidatos também podem estar entre os funcionários veteranos.

Pessoas com experiência empreendedora anterior. Se você está dirigindo o ExO Sprint para uma organização existente, inclua empreendedores de fora da organização que possam fornecer pontos de vista diferentes e facilitar o pensamento disruptivo.

Membros de diferentes áreas da organização.

Pessoal com diferentes áreas de expertise.

Pessoas que possam assumir a gerência das Iniciativas ExO na Borda que surgirem do ExO Sprint. Lembre que essas iniciativas resultarão em empresas novas operando à margem da organização principal.

Opcional: um ou mais empreendedores de fora da organização. Contribuições de fora dos muros da empresa resultam em mais ideias disruptivas.

DEFINIÇÃO DE UM CRONOGRAMA

Crie um cronograma de datas e fluxo diário antes de lançar seu ExO Sprint. Assegurar que todos os participantes estejam comprometidos com o cronograma é crucial à sua execução tranquila.

Eventos-chave a programar:

Sessão de Despertar
O início do ExO Sprint. Recomendamos fortemente realizá-la como uma sessão presencial. O evento leva entre uma hora e um dia inteiro.

Sessão de Alinhamento
Opcional como reunião presencial. A sessão pode ser um conjunto de sessões de treinamento presenciais, para instruir os participantes sobre os processos e ferramentas a serem usados durante o ExO Sprint, ou uma série de atividades de aprendizado (pesquisa online, leitura de livros e/ou assistir a vídeos).

Sessão de Disrupção
O ponto intermediário do ExO Sprint. As equipes compartilham suas iniciativas com outros participantes do ExO Sprint, com a equipe de liderança da empresa e um painel de Disruptores ExO para receber feedback valioso e sugestões de melhoria.

Sessão de Lançamento
As equipes apresentam a versão final de suas iniciativas ExO à equipe de liderança da empresa. As iniciativas são então selecionadas e financiadas para seu desenvolvimento subsequente.

Dicas para o cronograma

Mantenha o foco e ritmo programando o ExO Sprint de 10 semanas fora dos feriadões e períodos tradicionais de férias.

Evite programar o ExO Sprint de 10 semanas durante uma temporada movimentada da organização.

Se o ExO Sprint coincidir com feriadões ou férias, interrompa-o quando necessário até que todos estejam de volta ao trabalho. É melhor parar o ExO Sprint por uma semana para acomodar um feriadão, pois a carga horária semanal pode ser pesada demais para semanas curtas, quando muitos funcionários estão ausentes.

Embora não obrigatório, é uma boa ideia encaixar o ExO Sprint dentro de um trimestre específico.

Reuniões semanais

Comunicação das atribuições semanais:
Cada equipe recebe uma atribuição semanal. Recomendamos anunciar as atribuições todas as segundas-feiras de manhã.

Reuniões das equipes:
Cada equipe deveria programar um conjunto de reuniões para conferir o progresso e designar os trabalhos. Recomendamos ao menos 30 minutos para reuniões ou encontros no início de cada dia de trabalho para acompanhar o progresso e definir os próximos passos para o dia.

Entrega da atribuição:
Cada equipe entregará sua atribuição a seu Coach ExO, que a examinará e fornecerá feedback. O feedback deveria enfocar o processo, não o conteúdo, e pode incluir próximos passos para melhorar a entrega para a semana seguinte. Recomendamos que o Coach ExO receba atualizações toda terça-feira. O Coach ExO deveria então ter um encontro de uma hora com a equipe na sexta--feira para examinar os resultados e fornecer feedback.

CRIANDO ESPAÇO

É melhor que os participantes do ExO Sprint trabalhem fora de seus hábitos e padrões usuais. Você também quer encorajá-los a se reunirem como um grupo novo com a missão de forjar o futuro da organização. Apoie essa coesão e missão criando um espaço de trabalho funcional, dedicado e atraente — com o andamento do trabalho afixado nas suas paredes —, que encoraje a criatividade. Pode ser tão simples como fornecer uma sala de reuniões para uso privado da equipe ou tão elaborado como criar um espaço de trabalho fora da empresa.

Um espaço dedicado dá aos participantes do ExO Sprint um local para se reunirem e promove a interação entre os membros das diferentes equipes. Também tende a provocar conversas com funcionários fora do ExO Sprint, atraindo o interesse e dando aos membros da equipe uma chance de compartilharem, discutirem e testarem as ideias em que estão trabalhando.

Além do espaço físico, estabelecer um espaço virtual também é fundamental. O espaço virtual cria uma base para o trabalho produtivo e colaborativo. Assegure que os participantes do ExO Sprint disponham de fácil acesso à videoconferência, transmissão de mensagens e compartilhamento de documentos, com colaboração em tempo real nos documentos. O uso dessas Tecnologias Sociais é essencial ao processo ExO Sprint e é padrão das ExOs em geral.

Nem todas as equipes estarão localizadas juntas em um mesmo espaço. Para equipes geograficamente distribuídas, o espaço e as ferramentas virtuais são ainda mais importantes. Para criar e consolidar conexões pessoais, porém, é importante que as equipes ExO se reúnam presencialmente para a Sessão de Despertar e a Sessão de Alinhamento. Também é bom que sejam capazes de despender tempo juntas antes das apresentações da Sessão de Disrupção e Sessão de Lançamento.

ADOÇÃO DE PRINCÍPIOS DE ORIENTAÇÃO

1 Inspirar a criatividade e ousadia

2 Pensar além da organização existente

3 Trabalhar em colaboração através da hierarquia e funções

4 Adotar velocidade, feedback, experimentação, aprendizado constante e métodos novos

5 Respeitar as ideias de todos. Toda ideia é uma boa ideia!

6 Usar ferramentas novas para se comunicar e estar aberto a novos padrões de trabalho em conjunto

Um ExO Sprint introduz um processo diferente, que provavelmente será novo para sua organização. Criar uma mentalidade que prospere em meio à mudança requer o compromisso com os seguintes princípios:

7 Compreender que o "fracasso" contém um aprendizado valioso

8 Concordar em compartilhar e ver protótipos e MVPs — por definição, são falhos e grosseiros!

9 Desafiar limites pessoais

10 Permitir-se a sensação de desconforto

11 Entender que fracasso e frustração fazem parte do processo

CHECKLIST DE PREPARAÇÃO

Você está pronto? Antes de começar um ExO Sprint, certifique-se de que consegue responder a todas as perguntas da fase de planejamento.

1 Qual é seu campo de jogo? É seu próprio setor? Qualquer setor? Setores adjacentes?

_____
_____
_____
_____

2 O que estamos tentando transformar? A organização inteira? Uma unidade de negócios específica?

_____
_____
_____
_____

3 O que queremos realizar? Queremos reinventar o setor e nossa organização? Transformar nossa organização? Lançar uma ExO nova? Lançar várias ExOs?

_____
_____
_____
_____

4 Dispomos de uma lista de participantes para todas as equipes?

☐ Sim   ☐ Não

5 Todos os participantes entendem o processo? Estão engajados? O que estamos tentando transformar? A organização inteira? Uma unidade de negócios específica?

_____
_____
_____

6 Todos os participantes têm liberdade e o apoio necessário da liderança para dedicar entre 25% e 50% do seu tempo ao ExO Sprint? Dispomos de uma lista de participantes para todas as equipes?

☐ Sim   ☐ Não

7 Todos os participantes têm as datas principais listadas em seus calendários?

Sessão de Despertar   Sessão de Disrupção
_____   _____

Sessão(ões) de Alinhamento   Sessão de Lançamento
_____   _____

8 Temos o compromisso da equipe de liderança da empresa em selecionar e financiar as principais iniciativas ExO que surgirem do ExO Sprint?

_____
_____
_____

ExO Sprint

Despertar

122

Fase de Preparação

Despertar

ExO Sprint

Despertar

123

Fase de Preparação

DESPERTAR

Um dos elementos-chave do ExO Sprint é conscientizar sua organização do que está acontecendo no mundo e como reagir. Hora de despertar a organização!

A meta é assegurar que os membros de sua organização entendam por que é tão importante transformar a empresa. Todos envolvidos no processo deveriam entender como a disrupção externa do setor poderia afetá-lo, a diferença entre pensamento linear e exponencial, as tremendas oportunidades trazidas pelas tecnologias exponenciais na forma de abundância e como tirar vantagem dessa abundância construindo Organizações Exponenciais.

O formato dessa sessão deveria ser um evento presencial, com foco nas Organizações Exponenciais, tecnologias emergentes e disrupção setorial. Pode também incluir exercícios práticos para facilitar a compreensão.

Quem deveria comparecer? Os envolvidos em uma organização, a alta liderança, gerentes de nível médio e todos os participantes do ExO Sprint. Qualquer outro interessado deveria ser convidado também. Quanto mais pessoas na organização receberem a mensagem, maior será o despertar como um todo.

Conteúdo recomendado para a sessão:

- Uma mensagem de boas-vindas do CEO da organização ou do líder da unidade de negócios que está realizando o ExO Sprint. A palestra deveria explicitar claramente por que o processo é tão importante à organização, o(s) resultado(s) esperado(s) e seu escopo.

- Uma apresentação (ou palestra) sobre disrupção por alguém que consiga efetivamente "chocar e impressionar" o público e conscientizá-lo do fato de que todo o setor será abalado mais cedo ou mais tarde. A apresentação deveria também inspirar os ouvintes a adotarem o processo de transformação, de modo a estarem em condições de alavancar as oportunidades geradas pelas tecnologias exponenciais como resultado da implementação do modelo ExO.

- Um exercício prático (sugestões citadas adiante neste livro) que ilustre as oportunidades e riscos gerados pelas tecnologias exponenciais ao setor da organização.

Também recomendado como complemento ou alternativa à Sessão de Despertar presencial:

Solicite que a equipe de liderança e os participantes do ExO Sprint leiam o livro *Organizações Exponenciais*, de Salim Ismail.

Solicite que a equipe de liderança e os participantes do ExO Sprint assistam a uma das palestras online de Salim Ismail sobre Organizações Exponenciais.

Solicite que a equipe de liderança e os participantes do ExO Sprint realizem o exercício "Pensamento Linear versus Exponencial", descrito na página seguinte.

A Sessão de Despertar desempenha um papel importante em suprimir o sistema imunológico corporativo, permitindo assim que se alcance o resultado do ExO Sprint mais facilmente.

EXERCÍCIO: Pensamento Linear vs. Exponencial

A meta deste exercício é assegurar que a equipe de liderança da organização e os participantes do ExO Sprint compreendam o pensamento exponencial e suas implicações.

Descrição

De acordo com a Lei de Moore, o desempenho de qualquer coisa acionada por tecnologias da informação dobra, em média, a cada dois anos. De um ponto de vista teórico, é fácil entender que as tecnologias evoluem de forma exponencial, significando, por exemplo, que o poder computacional de nossos celulares pode dobrar a cada poucos anos.

No entanto, como nossos cérebros funcionam de forma linear, pode ser difícil para os seres humanos compreenderem os exponenciais. Por exemplo, se você quer saber quantos metros percorrerá dando 30 passos lineares (um metro por passo), a resposta é fácil: 30 metros (um passo, um metro; dois passos, dois metros; três passos, três metros; e assim por diante). Mas se você quer saber quantos metros avançará dando 30 passos exponenciais, a resposta não é fácil de calcular: um passo, um metro; dois passos, dois metros; três passos, quatro metros; quatro passos, oito metros; e assim por diante, para um total de 1.073.741.824 metros. Quem sabe aonde você vai parar depois de dar esses 30 passos exponenciais... (Você vai precisar de uma calculadora para descobrir que equivalem a mais de 26 viagens ao redor do mundo!)

Supondo 1 passo de 1 metro, 30 passos lineares...

Supondo 1 passo de 1 metro, 30 passos exponenciais levarão você ao redor do mundo mais de 36 vezes.

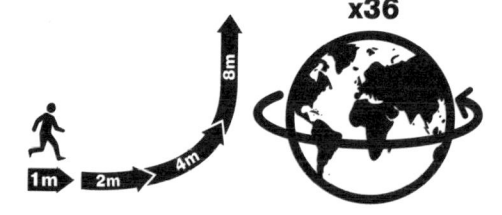

O ponto principal sobre as tecnologias exponenciais é entender as implicações que podem ter para sua organização e setor. O resultado é, muitas vezes, impossível de prever, mas você deveria ao menos ter a mentalidade certa para entender as implicações dos exponenciais.

Os especialistas, com frequência, falham ao prever o futuro de seus campos. Por quê? Eles fazem uma correlação linear do passado para o futuro e supõem erroneamente que o crescimento em linha reta, e não o crescimento exponencial, prosseguirá.

■ Exercício

Aplique o pensamento linear aos exemplos abaixo e use o pensamento exponencial para avaliar as implicações.
Depois, adote uma visão exponencial ao avaliar as implicações.

Exemplo	Pensamento Linear	Pensamento Exponencial	Implicações
Quantos metros você avançará se der 30 passos lineares de 1 metro cada? E se os passos forem exponenciais?	Se você der 30 passos lineares, avançará 30 metros em relação ao ponto de partida.	Se você der 30 passos exponenciais, avançará 1.073.741.824 metros em relação ao ponto de partida.	Trinta passos exponenciais o levarão ao redor do mundo mais de 26 vezes, o que significa que é quase impossível descobrir exatamente aonde você vai parar.
No início de 2018, os drones da Boeing conseguiam carregar 200kg de carga. Em 2017, carregavam apenas 100kg. Quanto poderiam carregar decorridos mais 8 anos?			
O primeiro genoma completo foi sequenciado em 2001 por US$100 milhões. Esse sequenciamento poderia ser feito por menos de US$1.000 em 2017. Quanto poderia custar decorridos mais 10 anos?			
O custo por quarto para um hotel de tarifa econômica novo é em média US$90 mil. Quanto poderia custar ao Airbnb (uma Organização Exponencial) acrescentar um quarto novo à sua plataforma?			

Levando em conta uma evolução exponencial, os drones poderiam ser capazes de carregar até 50.000kg daqui a oito anos. Considere também que as baterias deveriam evoluir a uma taxa exponencial, o que significa que em poucos anos provavelmente veremos drones capazes de carregar contêineres pesando uns 30.000kg.

Em poucos anos, a capacidade de sequenciar o DNA será barata (e rápida) o suficiente para permitir o acesso à medicina baseada no DNA, também conhecida como medicina personalizada. Tais avanços tecnológicos tornarão obsoletos os métodos de diagnóstico médico e tratamentos atuais.

Ao aplicar a abordagem ExO – e o atributo Ativos Alavancados, em particular – o Airbnb consegue reduzir o custo de suprimento para quase zero. As implicações de usar tecnologias exponenciais para causar ruptura no setor hoteleiro são enormes (razão pela qual o Airbnb tornou-se a maior rede de hotéis do mundo).

ExO Sprint

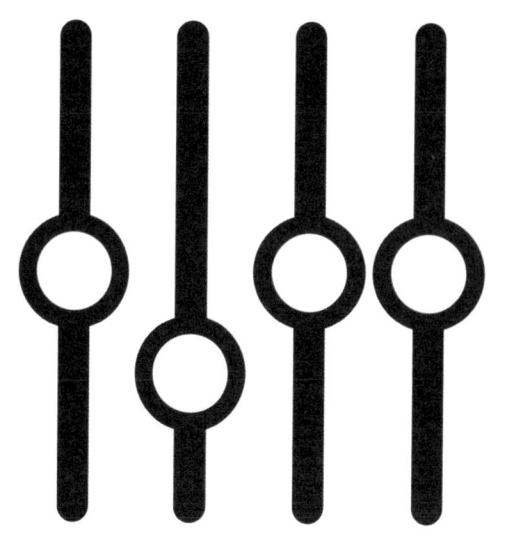

Alinhar

128

Fase de Preparação

Alinhar

Fase de Preparação — Alinhar — **ExO Sprint**

ALINHAR

Antes de começar sua jornada transformadora, você precisa dominar as ferramentas e processos que garantirão seu sucesso.

A meta da Sessão de Alinhamento é fornecer aos participantes da equipe de ExO Sprint os conhecimentos e confiança necessários para definirem e desenvolverem iniciativas ExO no decorrer do processo de 10 semanas. Igualmente importante é fornecer à equipe de liderança da empresa o conhecimento e o treinamento para gerirem a inovação disruptiva e as novas Organizações Exponenciais.

O formato ideal envolve sessões de treinamento presenciais. O treinamento consiste em uma mescla de sessões teóricas e exercícios práticos para ajudar os participantes a aprenderem fazendo. Outra opção é fazer com que os participantes do ExO Sprint e membros da liderança aprendam via pesquisas online, documentos, livros e vídeos.

Quem deveria participar? No mínimo, todos os participantes do ExO Sprint deveriam receber treinamento da Sessão de Alinhamento. Também se recomenda que a equipe de liderança da empresa receba o mesmo treinamento (ou ao menos uma versão reduzida).

Conteúdo recomendado:

Os participantes do ExO Sprint deveriam estar familiarizados com o seguinte:

CONCEITOS

- Organizações Exponenciais
- Atributos ExO
- Iniciativas ExO Central versus Iniciativas ExO na Borda

FERRAMENTAS:

- ExO Canvas
- Canvas de Modelo de Negócios
- Canvas de Estratégia de Oceano Azul

PROCESSOS:

- Ciclo Construir-Medir-Aprender
- Processo de Desenvolvimento de Clientes

LEITURAS RECOMENDADAS:

- *Organizações Exponenciais: Por que elas são 10 vezes melhores, mais rápidas e mais baratas que a sua (e o que fazer a respeito),* de Salim Ismail
- *Abundância: O futuro é melhor do que você imagina,* de Peter Diamandis
- *A Startup Enxuta: Como os empreendedores atuais utilizam a inovação contínua para criar empresas extremamente bem-sucedidas,* de Eric Ries
- *Business Model Generation: Inovação em Modelos de Negócios,* de Alex Osterwalder
- *Startup: Manual do empreendedor: O guia passo a passo para construir uma grande empresa,* de Steve Blank

---

A equipe gerencial precisará cultivar uma mentalidade exponencial e entender o modelo ExO. Deve, portanto, estar familiarizada com:

CONCEITOS

- Liderança exponencial (mentalidade linear versus exponencial)
- Gestão de Organização Exponencial (pesquisa versus execução)
- Equilibrar inovação/risco: Processos ExO Central e na Borda

---

LEITURAS RECOMENDADAS:

- *Organizações Exponenciais: Por que elas são 10 vezes melhores, mais rápidas e mais baratas que a sua (e o que fazer a respeito),* de Salim Ismail
- *Abundância: O futuro é melhor do que você imagina,* de Peter Diamandis

---

Como uma alternativa ao treinamento presencial — indicada como um complemento a ele —, os participantes do ExO Sprint podem realizar os exercícios a seguir, que exploram os conceitos, processos e ferramentas recomendados para executar um ExO.

EXERCÍCIO: Concepção de Iniciativas ExO Central/na Borda

A meta deste exercício é ajudar os participantes do ExO Sprint a entenderem a diferença entre Iniciativas ExO na Borda e Iniciativas ExO Central.

Descrição

Tanto Iniciativas ExO na Borda como Iniciativas ExO Central serão geradas no decorrer do ExO Sprint. Enquanto a meta das Iniciativas ExO na Borda é criar empresas novas e escalonáveis com o potencial de abalar um setor alavancando tecnologias exponenciais, as Iniciativas ExO Central ajudam uma organização existente a se adaptar à disrupção externa do setor e a se tornar mais ágil.

■Exercício

Escolha um exemplo de organização (não a sua) para os seguintes exercícios. É melhor escolher uma empresa que ofereça um produto ou serviço, como um banco ou empresa varejista. Modelos de empresa para consumidor (B2C) são relativamente fáceis de analisar de fora.

A intenção é gerar ideias para iniciativas ExO que ajudarão a organização a se adaptar à disrupção externa do setor (Iniciativas ExO Central) e criar modelos de negócios escalonáveis capazes de abalar um setor alavancando tecnologias exponenciais (Iniciativas ExO na Borda).

Nome da Iniciativa ExO	Breve Descrição	Tipo de Iniciativa ExO	Impacto

Alinhar

Fase de Preparação

EXERCÍCIO: Projeto do ExO Canvas

A meta deste exercício é fazer os participantes do ExO Sprint aplicarem o ExO Canvas a um caso de uso real.

Descrição

Como já descrito, o ExO Canvas é uma ferramenta para ajudar visionários, inovadores, altos executivos e empreendedores a projetarem novas Organizações Exponenciais em uma só página. O ExO Canvas requer um PTM e faz uso dos 10 atributos ExO.

■ Exercício

Usando uma das iniciativas ExO definidas no exercício anterior, preencha o ExO Canvas, levando em consideração os atributos ExO aplicáveis.

Recomendamos usar uma Iniciativa ExO na Borda para que você possa pensar sobre como conectar essa organização nova com a abundância (usando os atributos SCALE). Depois, avalie como geri-la (aplicando os atributos IDEAS).

PROPÓSITO TRANSFORMADOR MASSIVO (PTM)

INFORMAÇÕES	EQUIPE SOB DEMANDA	INTERFACES	IMPLEMENTAÇÃO
	COMUNIDADE & MULTIDÃO	DASHBOARDS	
	ALGORITMOS	EXPERIMENTAÇÃO	
	ATIVOS ALAVANCADOS	AUTONOMIA	
	ENGAJAMENTO	TECNOLOGIAS SOCIAIS	

EXERCÍCIO: Projeto do Canvas de Modelo de Negócios

A meta deste exercício é fornecer aos participantes do ExO Sprint uma compreensão básica do que é um modelo de negócios e como projetá-lo usando o Canvas de Modelo de Negócios.

Descrição

Por definição, um modelo de negócios descreve como uma organização cria, entrega e capta valor para que seja uma entidade rentável (ou ao menos sustentável).

O Canvas de Modelo de Negócios, criado pelo teórico dos negócios e empreendedor Alex Osterwalder, é uma ferramenta para desenvolver novos modelos de negócios – ou documentar modelos existentes – em uma só página. Consiste em nove elementos, ou blocos:

Segmentos de clientes: Os diferentes grupos de pessoas ou organizações que uma empresa visa atingir e servir.

Proposição de valor: O grupo de produtos e serviços que criam valor para um Segmento de Clientes específico.

Canal: Como se comunicar com, e atingir, cada Segmento de Clientes para entregar uma Proposição de Valor.

Relacionamento com os clientes: Os tipos de relacionamentos que uma empresa estabelece com Segmentos de Clientes específicos.

Fluxos de receitas: O dinheiro que a empresa gera de cada Segmento de Clientes.

Recursos-chave: Os ativos mais importantes necessários para fazer funcionar um modelo de negócios.

Atividades-chave: As coisas mais importantes que uma empresa precisa fazer para que o modelo de negócios funcione.

Parceiros-chave: A rede de fornecedores e parceiros que faz o modelo de negócios funcionar.

Estrutura de custos: Todos os custos contraídos para operar um modelo de negócios.

Para mais informações, consulte o livro *Business Model Generation: Inovação em Modelo de Negócios,* de Alex Osterwalder.

■ Exercício

Usando uma das Iniciativas ExO na Borda já definidas, preencha o Canvas de Modelo de Negócios. Defina mais detalhadamente a iniciativa pensando em como os diferentes atributos ExO podem ser aplicados.

Parceiros-chave	Atividades-chave	Proposição de valor	Relacionamento com os clientes	Segmentos de clientes
	Recursos-chave		**Canais**	

Estrutura de custos	Fluxos de receitas

EXERCÍCIO: Projeto do Canvas da Estratégia do Oceano Azul

A meta deste exercício é fornecer aos participantes do ExO Sprint uma compreensão básica da Estratégia do Oceano Azul e de como usar o Canvas da Estratégia do Oceano Azul.

Descrição

A Estratégia do Oceano Azul é uma teoria de marketing voltada para a inovação de produtos. Resulta da ideia de que todo setor oferece oportunidades de evoluir das batalhas ultracompetitivas em torno de preços e recursos (Oceano Vermelho) para uma nova realidade de mercado em que a competição inexiste ou é muito limitada (Oceano Azul).

O Canvas da Estratégia do Oceano Azul é um gráfico X/Y projetado para lhe dar um retrato imediato de como sua empresa, produto ou serviço está se saindo em relação à concorrência. O eixo horizontal X lista os atributos de produtos ou fatores da concorrência. O eixo vertical Y avalia esses atributos.

A ideia básica do Canvas da Estratégia do Oceano Azul é agrupar atributos de produtos/serviços do eixo X em quatro categorias. Convém organizar o eixo Y assim:

- **Aumentar:** Os fatores do produto ou serviço dos seus concorrentes que você quer elevar, em relação ao padrão atual do setor, com seu próprio produto ou serviço (por exemplo, "Preço" no gráfico do Nintendo Wii).

- **Eliminar:** Atributos da concorrência que você quer eliminar do seu produto/serviço (por exemplo, "Disco Rígido", "Dolby 5.1", "DVD" e "Conectividade" no gráfico do Nintendo Wii).

- **Reduzir:** Os atributos existentes do produto/serviço de seus concorrentes que você quer reduzir no seu (por exemplo, "Velocidade do Processador" no gráfico do Nintendo Wii).

- **Criar:** Os atributos ainda não existentes que você quer criar para seu produto/serviço (por exemplo, "Controlador de Movimento" e "Público Grande" no gráfico do Nintendo Wii).

Para ilustrar: o Nintendo Wii achou um mercado novo entre consumidores mais velhos (ou seja, um Oceano Azul) após simplificar seus dispositivos de videogame e acrescentar sensores de movimento.

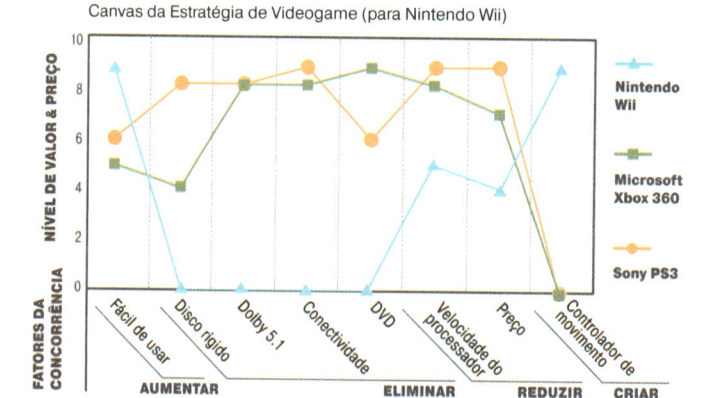

Para mais informações, consulte o livro *Estratégia do Oceano Azul*, de Renée Mauborgne e W. Chan Kim.

■ Exercício

Usando o Canvas da Estratégia do Oceano Azul para seu estudo de caso, encontre um mercado incontestável para um novo produto ou serviço hipotético. Compare-o com ao menos dois concorrentes.

Canvas da Estratégia do Oceano Azul

NOTA

5

4

3

2

1

0

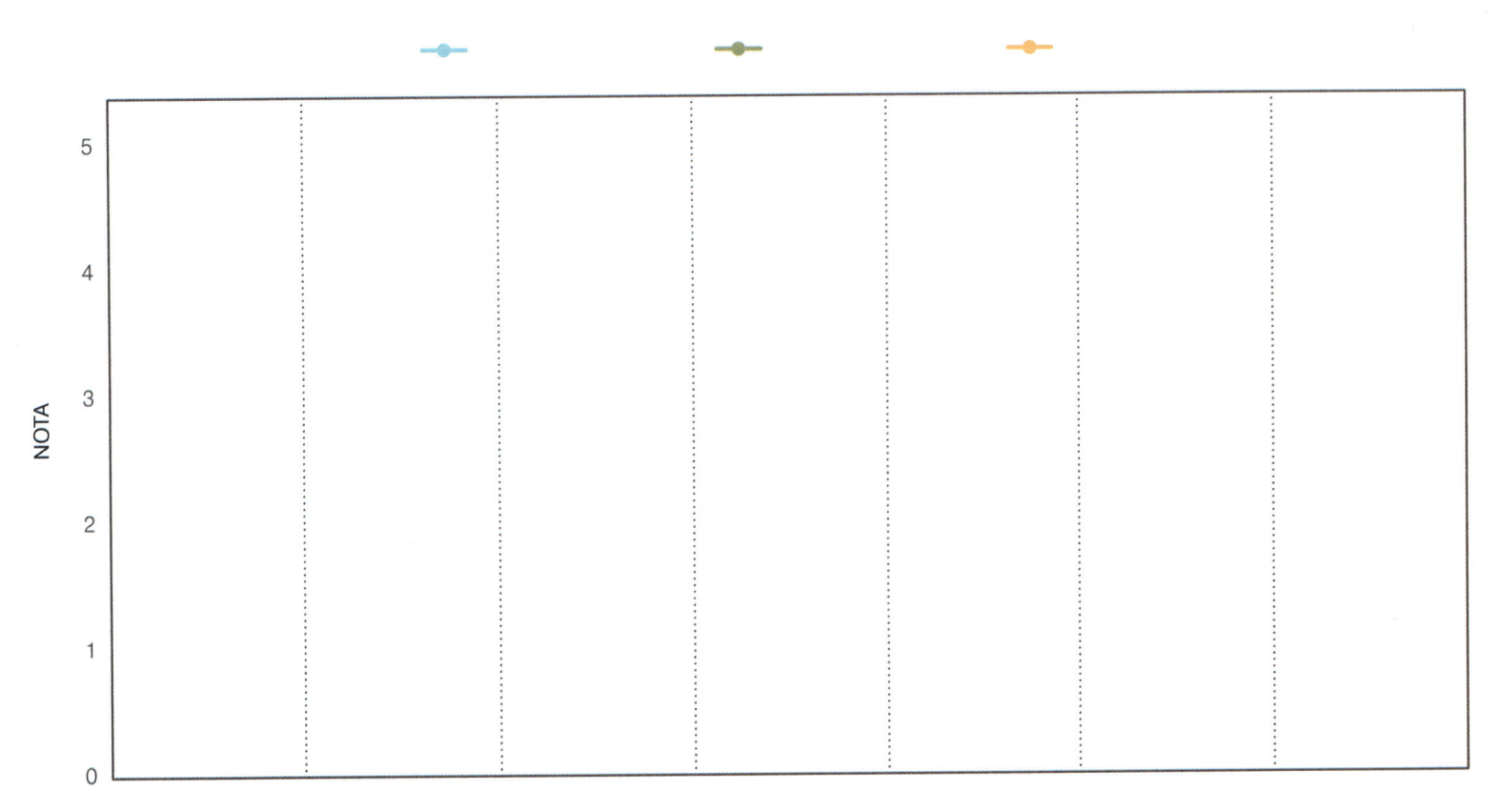

FATORES DE CONCORRÊNCIA

EXERCÍCIO: Projeto e Execução do Experimento

A meta deste exercício é apresentar o atributo Experimentação e fornecer aos participantes do ExO Sprint conhecimentos básicos e experiência necessários para projetarem e executarem experimentos que os ajudarão a avaliar suas iniciativas ExO.

Descrição

Por definição, qualquer ideia inovadora (como uma iniciativa ExO) é composta por um conjunto de hipóteses. Ao projetar um Canvas de Modelo de Negócios ou um ExO Canvas, é importante lembrar que cada elemento talvez não passe de uma hipótese. É assim crucial testar as hipóteses-chave mais relevantes a um resultado de sucesso. Por exemplo, ao pensar em uma empresa nova, comece testando as hipóteses relacionadas aos Segmentos de Clientes e Proposições de Valor.

Uma ótima forma de identificar hipóteses-chave e projetar experimentos de avaliação é seguir o modelo de Desenvolvimento de Clientes criado por Steve Blank. O processo é bem abrangente, mas em suma: escolha um Segmento de Clientes como uma hipótese e projete uma entrevista para ele.

- Indague potenciais clientes sobre suas necessidades e dificuldades, para avaliar se você está ou não no caminho certo.

- Consulte potenciais clientes sobre o que veem como solução perfeita para suas necessidades. Eles podem oferecer ideias que você nunca cogitou.

- Descreva sua Proposição de Valor para descobrir se potenciais clientes gostam ou não de sua solução proposta.

- Após a entrevista, valide ou invalide as hipóteses sobre o Segmento de Clientes conforme a existência do problema que você pensa que os entrevistados possuem. Você também validará ou invalidará as hipóteses sobre a Proposição de Valor baseado na adesão dos entrevistados à sua solução.

- Para mais informações, consulte o livro *Do Sonho à Realização em 4 Passos,* de Steve Blank.

Outra maneira boa (e complementar) de avaliar e desenvolver ideias inovadoras é usar o Ciclo Construir-Medir-Aprender da Startup Enxuta, que deveria ser constantemente executado nos diferentes estágios de um projeto. A meta aqui não é validar se suas ideias estão certas (lembre: remova todo o ego da equação), mas descobrir a verdade.

Construir: A primeira ordem de negócios é definir suas ideias (hipóteses) e construir experimentos para testá-las. Nos estágios iniciais, os experimentos podem consistir de pouco mais que entrevistas com potenciais clientes ou interessados. Experimentos posteriores resultarão em um protótipo – ou mesmo um produto final.

Medir: Uma vez que você tenha construído ou projetado algo, é hora de testá-lo. Você entrevistará potenciais clientes e depois medirá a porcentagem que gostou de suas ideias (hipóteses). Em execuções posteriores do ciclo, você construirá um Produto Viável Mínimo (MVP) e medirá seu desempenho.

Aprender: Uma vez coletadas todas as informações, você precisará tomar decisões baseadas em dados sobre se suas ideias (hipóteses) foram validadas. Seja qual for o resultado, qualquer aprendizado já é um bom progresso. Lembre-se de que a meta não é validar ideias específicas, mas aprender o máximo possível em um período de tempo relativamente curto. Após completar essa etapa, você revisitará o estágio construir, iterando com base nos seus aprendizados e continuando a construir seu projeto.

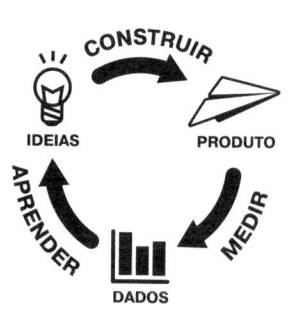

Para mais informações, consulte o livro *A Startup Enxuta,* de Eric Ries.

■ Exercício

Usando o Canvas de Modelo de Negócios e uma das Iniciativas ExO na Borda já definidas:

- Escolha um par das hipóteses de Segmento de Clientes/Proposição de Valor.
- Projete uma entrevista (um experimento) para testar as hipóteses selecionadas. A entrevista deveria incluir uma lista de perguntas e critérios de avaliação – geralmente uma porcentagem do Segmento de Clientes e Proposição de Valor que indicará se a hipótese pode ser validada.
- Realize o experimento para testar a hipótese.

CONSTRUIR		MEDIR		APRENDER
Hipótese	Descrição do experimento	Critérios de avaliação	Resultados do experimento	Aprendizados principais

Fase de Execução

Esta próxima seção explicita um processo semana a semana que guiará você pelo ExO Sprint. Lembre que existem dois fluxos no ExO Sprint — na Borda e Central — e que realizar um deles ou ambos depende de seus objetivos.

Você é uma organização líder querendo não apenas transformar a si mesma, mas também o(s) setor(es) em que opera? Talvez até criar setores novos? Nesse caso, as atribuições de ambos os fluxos, na Borda e Central, se aplicam.

Você é uma organização estabelecida querendo manter seguro seu negócio atual adaptando-se à disrupção externa do setor? Nesse caso, salte para as atribuições do Fluxo Central.

Você é um empreendedor querendo abalar um setor, criando uma Organização Exponencial do zero? Uma empresa local visando uma escala global? Nesses casos, somente as atribuições do Fluxo na Borda se aplicam.

Qualquer que seja seu caminho, ao final das 10 semanas, você terá criado um conjunto validado de iniciativas ExO, e/ou ExOs novas, bem como uma clara compreensão de como implementá-las.

Quando você selecionar os participantes do ExO Sprint, também decidirá quantas equipes Centrais e na Borda formará. O número de equipes determina o número de iniciativas resultantes. Cada equipe realizará atribuições semanais individuais e se reunirá como um grupo no início, meio e final do ExO Sprint.

Como você verá, as atribuições de cada semana incluem uma lista de tarefas e um guia de recursos que ajudarão nessas tarefas.

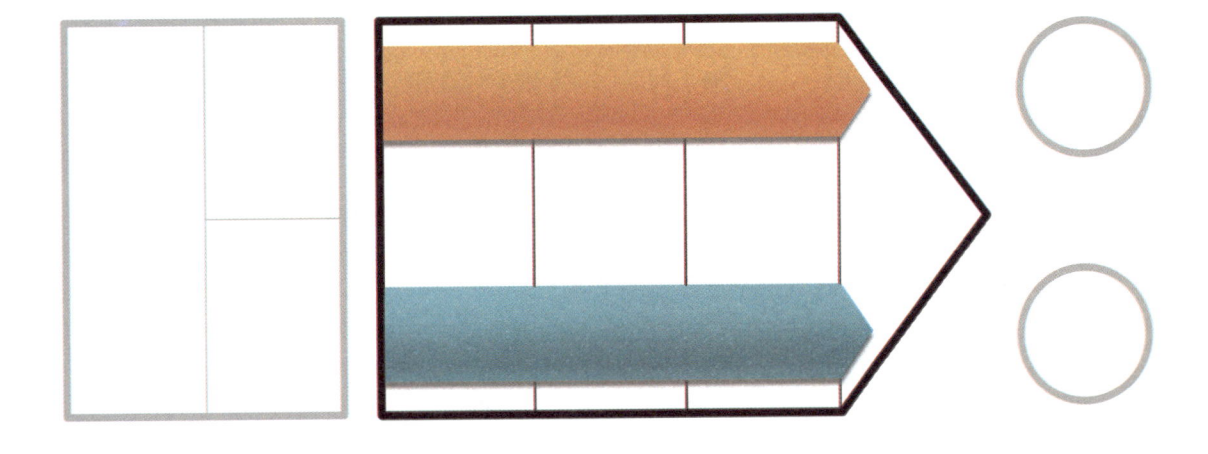

ExO Sprint

143

Fase de Execução

EXEMPLO DE ESTUDO DE CASO

Para ajudar a ilustrar como executar um ExO Sprint, criamos um estudo de caso fictício. Embora as tarefas citadas sejam uma simplificação daquelas que você precisará realizar para seu próprio ExO Sprint, o desenvolvimento da ExO do estudo de caso visa ajudar na compreensão das atribuições semanais.

ORGANIZAÇÃO:

Eco Places

📍 110 países   ⧗ 10 semanas

Uma rede internacional de hotéis ecológicos, a Eco Places administra mais de 500 hotéis ao redor do mundo.

Setor: Hoteleiro

Modelo de negócios: Alugar quartos de hotéis de propriedade da empresa

Tamanho: Mais de 25 mil quartos

Locais: 110 países

O ExO SPRINT:

A meta da empresa é alcançar uma posição de liderança no setor hoteleiro. Após realizar a fase de Preparação, a equipe de liderança definiu a seguinte abordagem para seu ExO Sprint:

ESCOPO

O que a Eco Places deseja alcançar?

Transformar a empresa em uma organização capaz de acompanhar a disrupção externa do setor e reinventar o setor hoteleiro. A empresa realizará um ExO Sprint completo abrangendo tanto o Fluxo na Borda como o Fluxo Central.

O que a Eco Places está tentando transformar?

A organização como um todo, bem como o setor hoteleiro.

Qual é o campo de jogo?

O setor hoteleiro, com uma meta de criar ExOs nesse setor.

PARTICIPANTES E EQUIPES ExO

O Patrocinador do ExO Sprint:
CEO da Eco Places

24 participantes do ExO Sprint, organizados em 4 equipes:
2 equipes ExO na Borda
6 membros por equipe

2 equipes ExO Central
6 membros por equipe

1 Coach Principal ExO
supervisionando a execução do ExO Sprint e ajudando os Coaches ExO

4 Coaches ExO
um por equipe

4 Disruptores ExO
que fornecerão feedback na Sessão de Disrupção e Sessão de Lançamento

Nota: Esse estudo de caso poderia ser aplicado a qualquer outro tipo de rede de hotéis (tradicionais, boutique, pousadas etc.). Você não precisa escolher um projeto do tipo ecológico para exercer um impacto exponencial e mudar o mundo para melhor. Qualquer organização pode realizar um ExO Sprint!

ExO Sprint

ID: 146

Fase de Execução (Fluxo na Borda)

EXECUÇÃO
FLUXO NA BORDA

Execução (Fluxo na Borda)

O Fluxo na Borda cria organizações globais da próxima geração aptas a liderar um setor existente ou novo.

CARACTERÍSTICAS

O Fluxo na Borda requer a adoção de uma mentalidade diferente. Enquanto uma corporação estabelecida requer controle sobre a execução e está predominantemente concentrada em melhorar a eficiência, criar uma organização inovadora requer metodologias baseadas na pesquisa, orientadas para achar a proposição de valor e modelo de negócios certos capazes de abalar um setor específico.

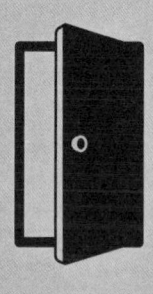

OPORTUNIDADES

- Criar uma presença global em um setor existente, no qual você antes só tinha um impacto local.
- Abalar um setor existente, ultrapassando os concorrentes atuais ao longo do caminho.
- Reinventar um setor existente.
- Criar um setor novo.

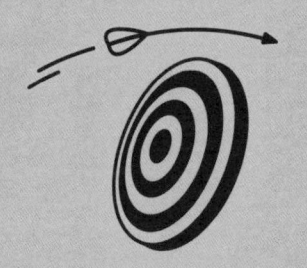

DESAFIOS

- Forçar as pessoas a pensarem fora da caixa. Recomendamos captar empreendedores de fora do setor.
- Aceitar o fracasso como parte inevitável do processo e continuar experimentando e iterando ideias até achar a combinação certa para o mercado.

INPUTS

- Um setor ou conjunto de setores em que as ExOs novas se concentrarão. Também é possível executar um Fluxo na Borda sem qualquer modelo, permitindo que as equipes proponham ExOs novas para qualquer setor.
- Uma equipe de pessoas dispostas e ávidas por passar as próximas 10 semanas criando iniciativas, visando construir o futuro de um setor.

OUTPUTS

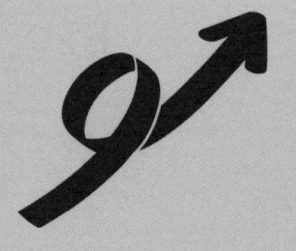

Uma ExO — ou conjunto de ExOs — em estágio inicial que acabará abalando e liderando um setor. As iniciativas ExO na Borda incluirão:

- Uma descrição de alto nível e detalhada da ExO nova.
- Um conjunto de experimentos e lições aprendidas.
- Um roteiro de desenvolvimento.
- Um protótipo.
- Primeiros potenciais clientes (primeiros adeptos).

ExO Sprint

Fase de Execução (Fluxo na Borda)

150

SEMANA 1
Explorar

POR QUE ESTA SEMANA?

O mundo muda diariamente. Explorá-lo pode ser uma experiência de aprendizado empolgante — que pode surpreender até você!

Muitos executivos passam grande parte do seu tempo lidando com questões internas e nunca olham para o que vem ocorrendo além da organização. Não seja um deles!

As maiores oportunidades podem ser encontradas na interseção dos desafios globais (problemas que precisam ser resolvidos), tecnologias exponenciais (que podem resolver esses problemas) e modelos de negócios (que monetizam e ampliam sua organização).

A atribuição desta semana prepara a base para o Fluxo na Borda. Ajuda você a capturar um panorama estratégico dos maiores desafios do mundo, junto com as tecnologias mais importantes que podem abalar seu setor, seja agora ou no futuro. Como seu setor já vem sendo reformulado? Ao olhar para "fora do prédio", você ganhará uma compreensão de modelos de negócios não tradicionais e disruptivos sendo adotados.

TAREFA 1 Explorar desafios globais

DESCRIÇÃO

Pense e pesquise sobre questões que o mundo vem enfrentando, bem como sobre as tendências globais relacionadas ao escopo do seu projeto (específicas a seu setor ou em geral).

Pesquise necessidades sociais e tendências.

Questões sociais
- Educação
- Pobreza
- Energia
- Meio ambiente
- Saúde
- Paz
- Direitos humanos
- Crianças
- Justiça

Tendências
- Mercado
- Comportamento dos consumidores
- Concorrentes
- Fornecedores
- Mudanças sociais
- Política

FERRAMENTAS

Use o modelo desta seção.

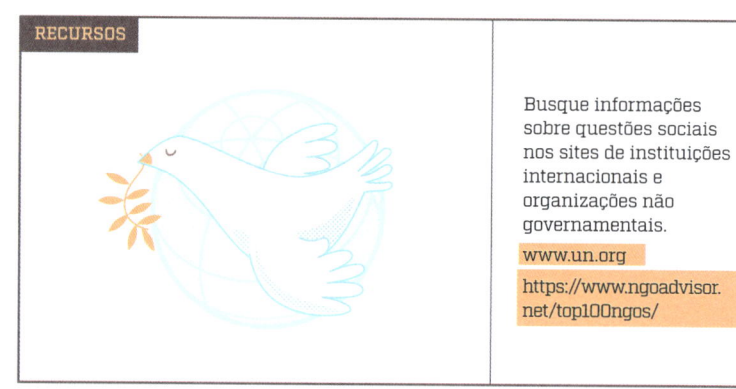

RECURSOS

Busque informações sobre questões sociais nos sites de instituições internacionais e organizações não governamentais.

www.un.org
https://www.ngoadvisor.net/top100ngos/

DICA

Preste atenção nas notícias! Elas realçarão algumas das principais tendências com que se defronta o mundo, em geral, e seu setor, em particular.

TAREFA 2 — Aprender sobre tecnologias exponenciais

DESCRIÇÃO

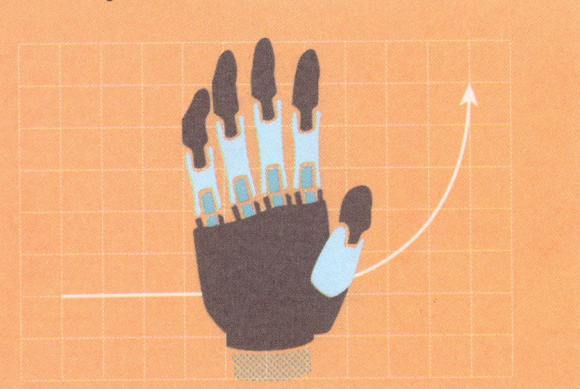

A maioria das tecnologias exponenciais impactará seu setor, seja direta ou indiretamente. Ao mesmo tempo, a disrupção trará oportunidades novas que você pode e deve alavancar.

Examine como algumas dessas tecnologias emergentes/exponenciais podem impactar (ou já impactaram) seu setor. Lembre que a lista não é conclusiva, já que tecnologias novas surgem a cada dia.

Pesquise na internet termos e expressões como "tecnologias disruptivas para o setor [X]", que deveriam fornecer muitos ótimos exemplos.

- Inteligência artificial
- Robótica
- Impressão 3D
- Realidade virtual e realidade aumentada
- Biotecnologia e bioinformática
- Blockchain e bitcoin
- Nanotecnologia
- Drones
- Internet das Coisas
- Computação quântica

FERRAMENTAS

Use o modelo desta seção.

RECURSOS

Procure artigos recentes em sites voltados para tecnologia. Ainda que os artigos não abordem especificamente seu setor, você pode encontrar conexões e potenciais aplicações. Dentre os sites a analisar, estão (sites em inglês):

MIT Technology Review:
www.technologyreview.com

Singularity University Hub:
www.singularityhub.com

Disruption Hub:
www.disruptionhub.com

Wired:
www.wired.com

TechCrunch:
www.techcrunch.com

TAREFA 2 Aprender sobre tecnologias exponenciais

DICA

Assine as newsletters semanais oferecidas por sites de tecnologia. Elas o manterão informado dos progressos mais recentes em tecnologias emergentes. Um rápido exame semanal mantém você informado e permite que pesquise mais detalhadamente caso um tema específico chame sua atenção.

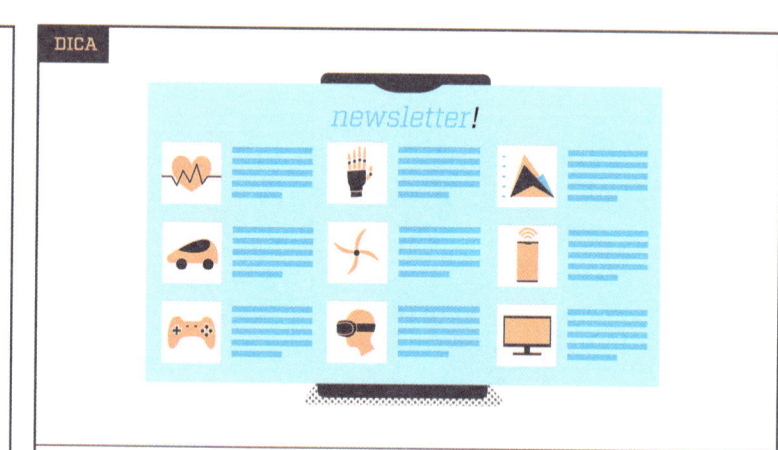

DICA

Evite informes oriundos do próprio setor — ou ao menos não se concentre neles exclusivamente. Eles geralmente são orientados para melhorar um setor existente, em vez de reinventá-lo, que é o que você está tentando fazer.

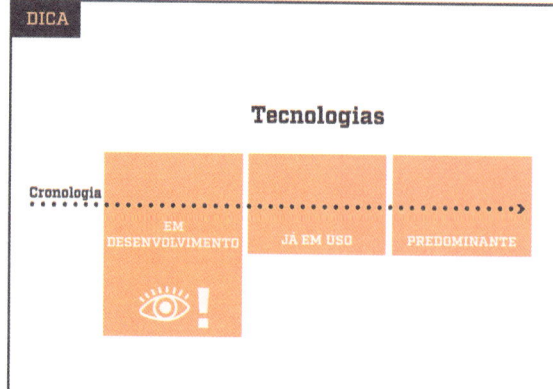

DICA

Crie Alertas do Google para receber notícias relacionadas a palavras-chave específicas.

DICA

As tecnologias que você pesquisar estarão em diferentes estágios de se tornarem predominantes. Algumas já estarão em uso ativo, enquanto outras, em desenvolvimento. Examine o tempo em termos do impacto sobre o mercado e lembre que "especialistas" costumam fazer previsões com base em projeções lineares. Não ignore os padrões de duplicação exponencial quando estão nos estágios iniciais, mas tenha em mente que podem ser enganosos, já que bem no início a curva exponencial pode estar achatada demais.

TAREFA 3 Aprender sobre startups disruptivas

DESCRIÇÃO

A tecnologia por si só não tem valor algum para os usuários. Para terem êxito, as organizações precisam implementar o modelo de negócios certo, que é a forma de criar, entregar e conservar valor.

Pesquise novas startups no seu e em outros setores que estão conseguindo executar modelos de negócios novos e disruptivos. A meta é descobrir novos meios de fazer negócios em seu setor-alvo.

Procure startups disruptivas e modelos de negócios novos, tanto dentro do seu setor como fora. A próxima grande novidade pode vir de qualquer parte.

Pesquise na internet termos e expressões como "tecnologias disruptivas para o setor (X)". Encontramos vários ótimos exemplos!

FERRAMENTAS

Use o modelo desta seção.

RECURSOS

Pesquise sites voltados para startups, nos quais você encontrará artigos sobre startups novas e diferentes. Lembre que você não está apenas buscando startups voltadas para seu setor. Pelo contrário, está buscando modelos de negócios novos que sejam aplicáveis a seu setor. Bons sites para conferir (em inglês):

TechCrunch:
https://techcrunch.com/
AngelList:
https://angel.co/
Gust:
http://www.gust.com
Entrepreneur:
https://www.entrepreneur.com

DICA

Existem inúmeras startups achando novos meios de abalar setores. Muitas dessas abordagens podem ser aplicadas a seu setor também. Use-as como inspiração para o próprio setor.

DICA

Faça a si mesmo as seguintes perguntas, ignorando as limitações de setores específicos:

- Quais formas novas e diferentes de fazer negócios estão abalando as coisas?
- Como as empresas tradicionais estão sendo contornadas, à medida que as startups cada vez mais se conectam diretamente com os consumidores?

MODELOS para entrega

Desafios globais	Riscos	Oportunidades	Tempo
Descrição aqui...	Como o setor seria impactado...	Qual seria o aspecto do mundo se este problema fosse resolvido...	Quando o impacto da tendência se manifestará...

Tecnologia exponencial	Riscos	Oportunidades	Tempo
Nome e/ou descrição aqui...	Como essa tecnologia exponencial pode causar disrupção em seu setor...	Como essa tecnologia exponencial pode gerar novas oportunidades de negócios...	Quando essa tecnologia exponencial pode impactar o setor...

Startups disruptivas e modelos de negócios	Riscos	Oportunidades	Tempo
Nome da empresa e descrição do modelo de negócios...	Como pode abalar seu setor...	Como implementar esse modelo de negócios no seu setor...	Quando esse novo modelo de negócios poderia abalar seu setor...

MODELOS para entrega (preenchidos com exemplos de anotações para o caso da Eco Places)

Desafios globais	Riscos	Oportunidades	Tempo
Descrição aqui...	Como o setor seria impactado...	Qual seria o aspecto do mundo se este problema fosse resolvido...	Quando o impacto da tendência se manifestará...
Muitas pessoas não têm dinheiro para viajar	Mercado limitado devido às restrições financeiras de muitos consumidores	Hotéis atingem abundância	Agora
Os consumidores querem serviços personalizados	Consumidores buscando opções de hotéis não tradicionais	Um mundo com um nível mais alto de personalização	Agora
Economia do compartilhamento	Proprietários alugam espaço disponível	Uso melhor dos recursos	Agora
Tendência ecológica	A tendência tem um tempo de vida limitado	As comunidades ecológicas existentes podem ser alavancadas	Agora
Muitos consumidores não estão familiarizados com produtos/serviços ecológicos	Alguns consumidores percebem o setor ecológico como de menor qualidade	Oferecer promoções para encorajar os consumidores a optarem pela ecoviagem	Agora

Tecnologia exponencial	Riscos	Oportunidades	Tempo
Nome e/ou descrição aqui...	Como essa tecnologia exponencial pode abalar seu setor...	Como essa tecnologia exponencial pode gerar novas oportunidades de negócios...	Quando essa tecnologia exponencial pode impactar o setor...
Internet	Permite a economia do compartilhamento e modelos de negócios P2P (pessoa a pessoa)	Permite que os hotéis alcancem mais clientes e desenvolvam modelos de negócios novos	Agora
Inteligência artificial & robótica	Automatiza a maioria das operações do hotel e aumenta a concorrência	Ajuda os hotéis a entenderem melhor os clientes e personalizarem os serviços	Nos próximos 2 anos
Drones	Reduz o mercado devido a novos tipos de hotéis	Fornece novas formas de viajar	Nos próximos 5 anos

MODELOS para entrega (preenchidos com exemplos de anotações para o caso da Eco Places)

Startups disruptivas e modelos de negócios	Riscos	Oportunidades	Tempo
Nome da empresa e descrição do modelo de negócios...	Como pode abalar seu setor...	Como implementar esse modelo de negócios no seu setor...	Quando esse novo modelo de negócios poderia abalar seu setor...
Airbnb (economia do compartilhamento com ativos alavancados)	O Airbnb (ou qualquer outra startup semelhante) poderia oferecer aos clientes acomodações tipo ecológicas	Lançar uma plataforma P2P de economia do compartilhamento	Agora
Uber (equipe sob demanda)	A equipe sob demanda poderia permitir que os concorrentes fossem mais responsivos às necessidades do mercado	Implementar o atributo Equipe sob Demanda	Agora
Cratejoy (modelo de negócios por assinatura)	Redução do mercado se outras redes de hotéis lançarem um modelo por assinatura	Lançar modelo de negócios por assinatura	Agora

Sugestões para a semana...

O fluxo perfeito para esta semana:

Passe os quatro primeiros dias pesquisando as atribuições.

| Dom | Seg | Ter | Qua | Qui | Sex | Sáb |

Revise suas descobertas com seu Coach ExO no quinto dia.

Saia de sua zona de conforto e conhecimento e explore áreas desconhecidas.

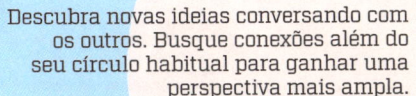

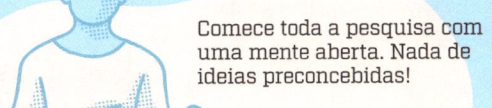

Comece toda a pesquisa com uma mente aberta. Nada de ideias preconcebidas!

Descubra novas ideias conversando com os outros. Busque conexões além do seu círculo habitual para ganhar uma perspectiva mais ampla.

Nunca pare de pesquisar e aprender, mesmo depois que o ExO Sprint tiver acabado.

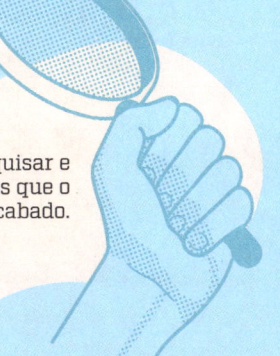

S1

ExO Sprint

SEMANA 1 · Explorar

Fase de Execução (Fluxo na Borda)

ExO Sprint

SEMANA 2 · Conceber

160

Fase de Execução (Fluxo na Borda)

SEMANA 2
Conceber

POR QUE ESTA SEMANA?

Você tem nas suas mãos a oportunidade de inventar o futuro e transformar o mundo em um lugar melhor.

As tecnologias exponenciais permitem gerarmos uma abundância de qualquer coisa. Ao mesmo tempo, existem inúmeros desafios globais que precisam ser enfrentados. Na verdade, as maiores oportunidades de negócios geralmente estão relacionadas aos maiores problemas enfrentados pelo mundo.

Como disse Thomas Edison: "Para ter uma ótima ideia, tenha um monte de ideias." Assim, nesta semana, você vai gerar o máximo de ideias de iniciativas ExO na Borda possível, a fim de assegurar o sucesso.

Imagine a próxima geração de Organizações Exponenciais liderando uma variedade de setores e transformando o mundo em um lugar melhor, tudo isso alavancando tecnologias exponenciais e implementando modelos de negócios disruptivos.

A atribuição desta semana permite que você libere sua criatividade. É hora de mergulhar no futuro e definir as ideias mais disruptivas para seu setor e organização. Deixe aquelas ideias bilionárias fluírem! Começar com uma lista extensa de ideias fornecerá inspiração e uma abundância de opções enquanto você avança.

TAREFA 1 — Definir vários Propósitos Transformadores Massivos (PTMs)

DESCRIÇÃO

O ponto de partida para definir uma Organização Exponencial é perguntar a si mesmo por que você deseja estar neste mundo. Depois, descreva qual seria o aspecto do mundo se seu projeto desse certo. Lembre que sua tarefa é definir um conjunto de PTMs — um só não basta!

Realize uma sessão de ideação, usando técnicas como brainstorming, perguntas "e se" e pensamento visual.

RECURSOS

Examine a seção sobre PTM para obter ideias de como implementar um bom PTM para sua organização.
↳ Pág. 40

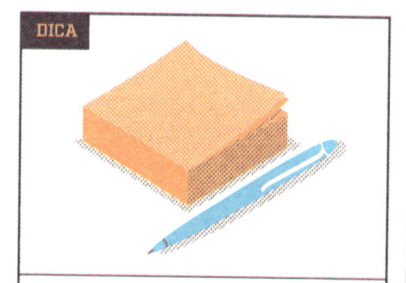

DICA
Um conjunto de notas adesivas e uma caneta são tudo de que você precisa para uma sessão de brainstorming.

DICA
Lembre que você está na fase de geração do ExO Sprint. Quanto mais ideias você gerar para seus PTMs, melhor.

DICA
O propósito subjacente aqui não é apenas transformar o setor, mas também ter um impacto positivo no mundo. Os PTMs refletem e comunicam esse propósito.

DICA
Lembre que o PTM deve ser algo que você possa compartilhar com clientes, funcionários, investidores e outros.

TAREFA 2: Definir pares de problemas/soluções para cada PTM

DESCRIÇÃO

Agora que você possui um conjunto de PTMs, o próximo passo é pensar sobre problemas e soluções específicos relacionados a esses PTMs. Sua tarefa é identificar ao menos 10 pares de problemas/soluções relacionados aos PTMs previamente definidos. Você pode ter um ou mais pares de problemas/soluções por PTM. Note que cada problema/solução está ligado a uma Iniciativa ExO na Borda.

Dependendo do relacionamento com a organização principal, você precisa escolher entre os diferentes tipos de Iniciativas ExO na Borda:

Borda vinculada: Mantém um relacionamento com a organização principal (e talvez com outras organizações semelhantes), alavancando alguns dos ativos da organização, como clientes, instalações, ativos físicos e dados existentes. Um exemplo de uma Iniciativa ExO na Borda Vinculada poderia ser uma rede de hotéis que lança um portal online semelhante a Hotels.com, oferecendo quartos disponíveis a usuários da internet. A empresa nova, operando à margem da organização controladora, poderia então usar sua plataforma para se associar a concorrentes e oferecer os quartos deles também.

Borda pura: Nenhum relacionamento com a organização principal, de modo que o crescimento não é restringido pelos ativos da organização original. Por exemplo, se uma rede de hotéis lançasse uma plataforma Airbnb, esta teria sido uma empresa nova que não alavancaria nenhum dos ativos do hotel existente, mas apenas os ativos de terceiros (as casas e quartos de proprietários de imóveis).

FERRAMENTAS
Use o modelo desta seção.

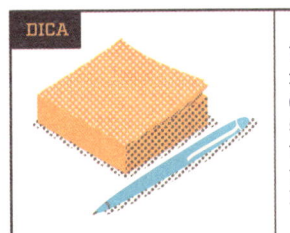

DICA
Um conjunto de notas adesivas e uma caneta são tudo de que você precisa para uma sessão de brainstorming.

RECURSOS
Para identificar problemas, reveja a lista de desafios globais compilada na Semana Nº 1. Depois, para inspirar soluções, revise a lista de tecnologias exponenciais (também encontrada na Semana Nº 1), bem como os 10 atributos ExO.

DICA
Use uma mentalidade exponencial ao avaliar ideias. Procure uma solução disruptiva e escalonável que alavanque tecnologias exponenciais.

TAREFA 2 Definir pares de problemas/soluções para cada PTM

DICA

Realize uma sessão de ideação, definindo o problema por brainstorming e contação de histórias, e usando perguntas "e se" para obter soluções.

DICA

A dinâmica da equipe logo se tornará evidente, nas primeiras semanas do ExO Sprint. Assegure que todos na equipe (independente da posição dentro da empresa) tenham a oportunidade de contribuir com ideias durante as sessões de brainstorming.

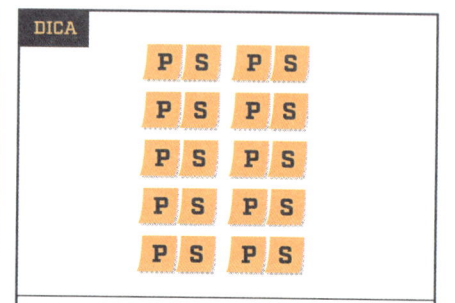

DICA

O número mínimo de pares de problemas/soluções que você deveria definir é 10, mas fique à vontade para propor mais. Além disso, perceba que um problema pode ter mais de uma solução, significando que você pode acabar tendo mais de um par com o mesmo problema.

DICA

Você deve evitar usar o ExO Sprint como veículo para defender projetos existentes, assim, use esta semana para verificar se quaisquer das ideias propostas por sua equipe já existiram antes em algum lugar na organização. E se você optar por defender uma ideia preexistente, a equipe de liderança da empresa precisa estar de acordo.

MODELO para entrega

PTM	Nome da Iniciativa ExO na Borda	Problema	Solução
Liberar a Ecologia	AirEco	Viajantes ecoamigáveis desejam uma variedade de experiências ecológicas. Além disso, muitas ecopropriedades particulares estão sem uso.	Construir uma plataforma para conectar donos de casas ecológicas com ecoviajantes. Alavancar ecopropriedades não usadas e seguir uma abordagem de economia compartilhada para alugá-las.
Democratizar a Ecologia	LocalEco	Muitas pessoas não têm dinheiro para se hospedar em hotéis quando viajam.	Desenvolver comunidades regionais para fornecerem experiências locais aos hóspedes de hotéis ecológicos. Em troca, oferecer noites de acomodação grátis a membros participantes da comunidade, aumentando a acessibilidade ao serviço.
Sempre Ecológico	Locais Ecológicos como um Serviço	Ecoviajantes apreciam sugestões de lugares novos onde se hospedar. Eles também querem descontos.	Serviço de assinatura mensal que oferece aos clientes uma estadia de duas noites em uma variedade de hotéis ecológicos a uma taxa reduzida.

ExO Sprint — SEMANA 2 · **Conceber** — Fase de Execução (Fluxo na Borda)

Sugestões para a semana...

O fluxo perfeito para esta semana:

Passe os dois primeiros dias da semana definindo PTMs.

Revise os resultados com seu Coach ExO no quinto dia.

| Dom | Seg | Ter | Qua | Qui | Sex | Sáb |

Nos dois dias seguintes, crie pares de problemas/soluções para os PTMs previamente definidos.

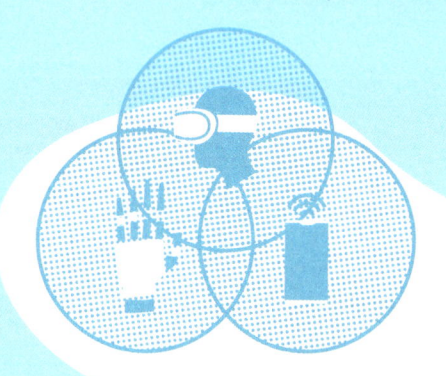

Considere as interseções de diferentes tecnologias e setores para criar ideias novas e originais.

Sinta-se livre para sugerir mais pares de problemas/sugestões. Vimos equipes gerarem mais de 60!

A meta do Fluxo na Borda é criar organizações da próxima geração, que, com o tempo, venham a liderar seus setores. Ideias que você gera nesse estágio podem visar o setor existente de sua organização, um setor adjacente ou um setor que ainda está por ser criado. Pense além de seu setor no brainstorming de ideias.

S2

ExO Sprint · Conceber · SEMANA 2

PTM

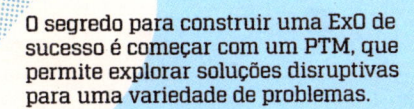

O segredo para construir uma ExO de sucesso é começar com um PTM, que permite explorar soluções disruptivas para uma variedade de problemas.

×4

Quanto mais Iniciativas ExO na Borda (que a essa altura incluem um PTM e um par de problema/sugestão) você gerar, melhor! Você precisará apresentar um mínimo de quatro iniciativas na Sessão de Disrupção, portanto, é melhor trabalhar no máximo possível agora, já que algumas podem não sobreviver ao estágio de experimentação.

Sabemos que pode ser difícil desenvolver e gerir tantas iniciativas ExO. Assim, se você precisar saltar certos elementos, tudo bem. Nesse estágio, é melhor gerar um monte de ideias, ainda que precisem ser completadas depois, do que ficar com apenas um número pequeno de iniciativas, ainda que meticulosamente detalhadas.

Fase de Execução (Fluxo na Borda)

SEMANA 3
Compartilhar

POR QUE ESTA SEMANA?

A experimentação é crucial para qualquer projeto inovador.

Steve Blank acertou quando disse: "Nenhum plano de negócios sobrevive ao primeiro contato com os clientes." Qualquer plano de negócios inovador não passa de um conjunto de hipóteses, assim, em vez de executá-lo imediatamente, você precisa primeiro avaliá-las. Planos de negócios inovadores começam definindo o problema que você quer solucionar e depois passam para a solução que pretende desenvolver para aquele problema. Desse modo, o primeiro conjunto de hipóteses a avaliar são os pares de problemas/sugestões definidos semana passada. É a chamada Adequação Problema/Solução.

Nesta semana, você se concentrará em realizar experimentos para avaliar suas hipóteses — o equivalente ExO ao "Saia do prédio!" de Steve Blank —, o que lhe permitirá ganhar experiência usando o atributo Experimentação.

Com base no que vocês descobrirem, sua equipe selecionará as quatro ideias mais promissoras para continuarem sendo desenvolvidas nas próximas semanas.

TAREFA 1 Definir hipóteses-chave e projetar experimentos

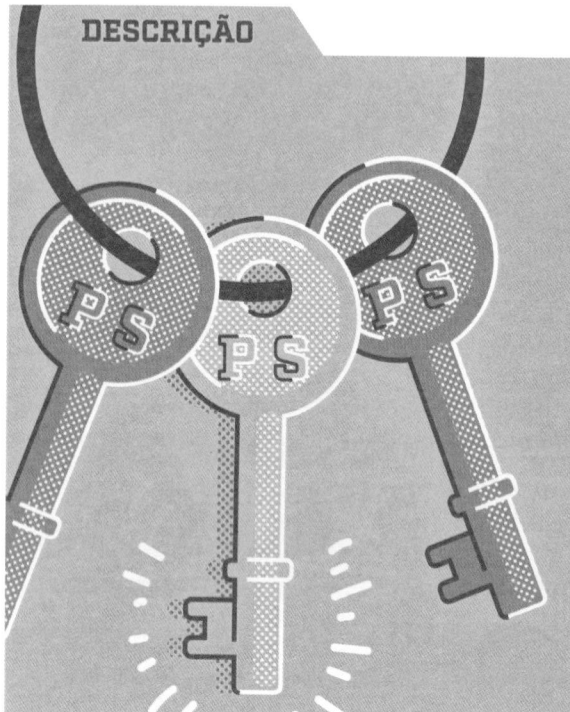

DESCRIÇÃO

Os problemas e soluções que você definiu previamente são um conjunto de hipóteses, que agora precisam ser avaliadas. Porém, você não terá tempo para avaliar todas elas, portanto, concentre-se apenas naquelas hipóteses-chave que viabilizarão o sucesso de sua iniciativa ExO.

Como você sabe, sua meta é construir uma organização que alavanque tecnologias de ponta e os atributos ExO para se tornar exponencial. O primeiro passo é achar um problema real para solucionar, razão pela qual você fará experimentos voltados à geração de valor. Fases posteriores enfocarão o escalonamento da organização.

Neste estágio inicial do projeto, a melhor coisa que você pode fazer é aplicar uma versão da técnica de Desenvolvimento de Clientes de Steve Blank, que recomenda perguntar às pessoas se têm ou não um problema específico e se gostam ou não da sua solução (Adequação Problema/Solução).

- **Identifique as hipóteses-chave a serem avaliadas neste estágio:** A maioria se centrará na possibilidade de os clientes/usuários terem o problema que acha que têm, e se gostam ou não da solução proposta. Mas você pode ter outros tipos de hipóteses também, como se seu mercado-alvo é grande o suficiente ou se é tecnicamente viável desenvolver a solução em pauta.
- **Projete um experimento para avaliar as hipóteses-chave.** É uma boa ideia projetar uma entrevista voltada para coletar dados reais sobre as hipóteses previamente definidas e os critérios de avaliação que você usará para validar ou invalidar cada hipótese.

FERRAMENTAS

Use o modelo desta seção.

RECURSOS

Vá para a seção Alinhar e confira o exercício de projeto de experimento. ⇨ **Pág. 128**

TAREFA 1 Definir hipóteses-chave e projetar experimentos

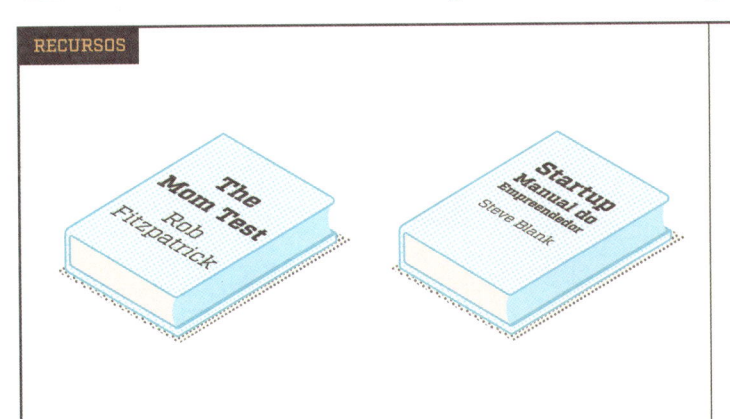

RECURSOS

Dois livros úteis que explicam como realizar entrevistas com potenciais clientes são *The Mom Test: How to talk to customers*, de Rob Fitzpatrick, e *Startup: Manual do empreendedor*, de Steve Blank. Em suma, você irá entrevistar as pessoas sobre um problema específico (sem mencionar a solução) e, depois, para obter feedback, explicar sua solução. Recomendamos concentrar-se em particular na seção do livro de Blank que discute a fase de Descoberta de Clientes.

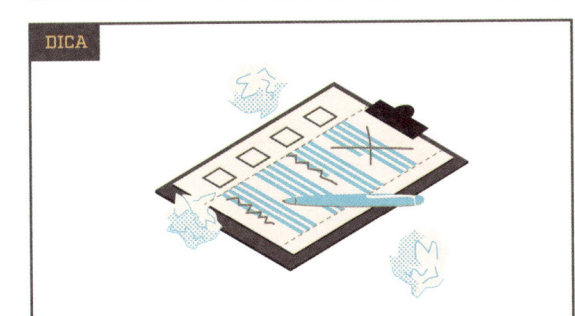

DICA

Analise o projeto de seus experimentos antes de iniciá-los. Os resultados devem permitir que você descubra necessidades reais, não apenas respostas à pergunta: "Esta é uma boa ideia?" Como você formula as perguntas da entrevista também é importante. Como os resultados permitirão que você melhore a iniciativa? Defina claramente o que determinará o sucesso de um experimento, incluindo quais limites precisam ser transpostos.

DICA

Priorizar experimentos é fundamental, já que você pode ter tantas hipóteses por avaliar que não terá tempo de fazer experimentos sobre todas. Em geral, convém se concentrar na avaliação das hipóteses-chave que são críticas ao sucesso de sua empresa, como a viabilidade da tecnologia, segmentos de clientes, proposição de valor e fontes de recursos.

TAREFA 2
Realizar experimentos para avaliar as iniciativas ExO

DESCRIÇÃO

O próximo passo é realizar os experimentos que você definiu. Nesse estágio, a maioria dos experimentos consistirá em entrevistar potenciais clientes (para avaliar problemas/soluções) e/ou pessoal técnico (para avaliar a viabilidade do produto), portanto, programe telefonemas ou reuniões. Sua meta nessas entrevistas é coletar dados reais.

Após realizar os experimentos, é importante passar algum tempo analisando os resultados. Você avaliará todas as hipóteses, refinará as iniciativas ExO com base no que aprendeu e fará uma avaliação final das iniciativas ExO melhoradas.

O Ciclo Construir-Medir-Aprender, que complementa o processo de Desenvolvimento de Clientes, fornece um conjunto de diretrizes úteis que ajudarão a avaliar suas hipóteses, o que é sua principal meta a essa altura.

FERRAMENTAS
Use o modelo desta seção.

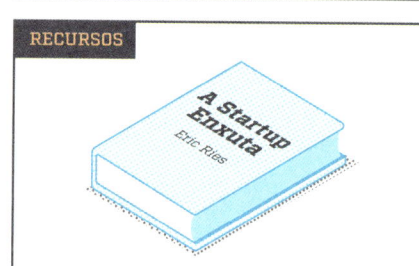

RECURSOS
A *Startup Enxuta*, de Eric Ries, apresenta o ciclo Construir-Medir-Aprender e é uma ótima referência de como realizar esses processos.

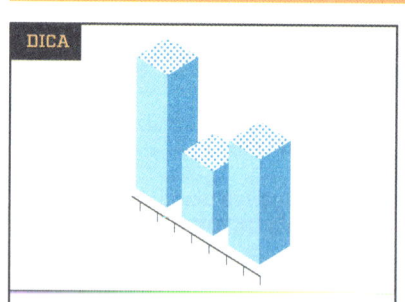

DICA
Seu ativo número um nesse ponto são dados reais, já que a meta do ciclo Construir-Medir-Aprender é basear todas suas decisões em dados sólidos, e não em opiniões ou intuição.

DICA
Peça feedback honesto. Invalidar uma hipótese não é ruim. Faz parte do processo de inovação. Lembre que a meta principal é aprender!

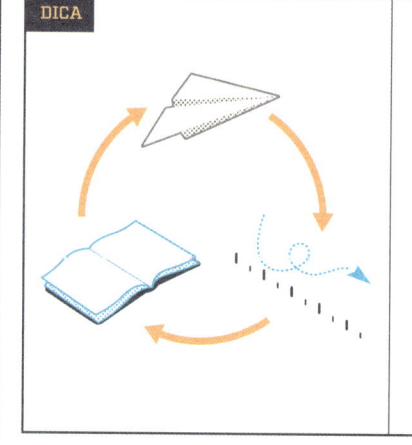

DICA
Não esqueça que a maioria das ExOs (se não todas) implementa o atributo ExO Experimentação. Seguir os princípios da Startup Enxuta e o ciclo Construir-Medir-Aprender assegurará que sua organização esteja sempre concentrada em aprender.

MODELO para entrega
Definir e realizar experimentos (Adequação Problema/Solução)

Nome da iniciativa ExO	CONSTRUIR			MEDIR		APRENDER
	Hipóteses-chave	Descrição do experimento	Critérios de avaliação	Resultado do experimento		Aprendizados-chave
AirEco	Ecoviajantes desejam uma variedade de destinos e experiências.	Entrevistar 10 potenciais clientes, usando um modelo de entrevista baseado no Desenvolvimento de Clientes.	Ao menos 60% dos potenciais clientes deveriam validar nossas hipóteses.	80% dos potenciais clientes validaram nossas hipóteses.		**Hipótese validada** A maioria dos potenciais clientes validou as hipóteses. Também descobrimos que a maioria dos entrevistados são ecoviajantes jovens. Conclusão: ecoviajantes jovens são nosso segmento de clientes.
	Donos de ecopropriedades estão dispostos a alugar para ecoviajantes.	Entrevistar 10 donos de propriedades alugáveis, usando um modelo de entrevista baseado no Desenvolvimento de Clientes.	As respostas de ao menos 60% dos donos de propriedades alugáveis deveriam validar nossas hipóteses.	Somente 30% dos donos de propriedades alugáveis validaram nossas hipóteses.		**Hipótese invalidada** Ainda que a hipótese tenha sido invalidada, mais de 70% dos entrevistados estão dispostos a alugar suas propriedades se fornecermos pessoal para cuidar do processo de locação.

SEMANA 3 · Compartilhar   ExO Sprint

Fase de Execução (Fluxo na Borda)

Sugestões para a semana...

O fluxo perfeito para esta semana:

Use o primeiro dia da semana para identificar hipóteses-chave, projetar experimentos, marcar entrevistas e desenvolver pesquisas.

Use o quarto dia para coletar resultados e identificar aprendizados-chave.

| Dom | Seg | Ter | Qua | Qui | Sex | Sáb |

Nos próximos três dias, realize experimentos (conduza entrevistas, envie pesquisas etc.).

Passe o quinto dia revisando resultados com seu Coach ExO.

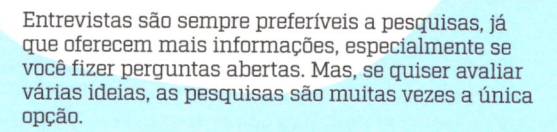

Entrevistas são sempre preferíveis a pesquisas, já que oferecem mais informações, especialmente se você fizer perguntas abertas. Mas, se quiser avaliar várias ideias, as pesquisas são muitas vezes a única opção.

A ideia é realizar experimentos para todos os pares de problemas/sugestões que você definiu. Se tiver um ou dois pares de problemas/sugestões por membro da equipe, recomendamos designar uma ou duas iniciativas por integrante. Se tiver mais de duas iniciativas, cogite realizar um experimento bem maior, mas mais superficial, enviando pesquisas a potenciais clientes, em vez de fazer entrevistas diretas.

S3

SEMANA 3 · Compartilhar   ExO Sprint

Fase de Execução (Fluxo na Borda)

A fim de avaliar diferentes tipos de hipóteses, talvez você precise recorrer a consultores externos que sejam especialistas em seu setor ou em uma tecnologia ou metodologia específica.

Você pode ter diferentes Iniciativas ExO na Borda que compartilham o mesmo Segmento de Clientes. Nesse caso, questione os diferentes grupos de pessoas sobre as diferentes Iniciativas ExO na Borda ao mesmo tempo.

Sempre lembre que sair do prédio e conversar com clientes reais é a melhor forma de transformar suas hipóteses em fatos.

ExO Sprint

SEMANA 4 · Selecionar

176

Fase de Execução (Fluxo na Borda)

SEMANA 4
Selecionar

POR QUE ESTA SEMANA?

Até agora, você vem trabalhando em diversas Iniciativas ExO na Borda a fim de explorar o máximo de oportunidades possível. Agora, chegou a hora de começar a selecionar as melhores, com base nos experimentos que realizou e no que aprendeu com eles.

Leve em conta que na próxima semana você vai apresentar suas melhores ideias a um painel que vai incluir Disruptores ExO (pessoas de fora da organização com experiência no seu setor ou em inovação em geral) para receber feedback sobre o trabalho realizado até agora.

A principal atribuição desta semana é preparar as apresentações para a Sessão de Disrupção que está por vir, e que envolve uma apresentação de cinco minutos para cada uma das quatro iniciativas. Você apresentará seu projeto à equipe de liderança de sua empresa, aos outros membros do ExO Sprint e a um painel selecionado de Disruptores ExO, que fornecerão feedback.

TAREFA 1 Selecione as quatro ideias mais promissoras

DESCRIÇÃO

Sua primeira tarefa é escolher as quatro melhores ideias para apresentar na Sessão de Disrupção. Para isso, você as avaliará de acordo com os resultados da semana anterior (com base nos experimentos e aprendizados-chave) e os seguintes critérios:

- **O PTM:** É realmente massivo? Inspira as pessoas? Você aprendeu algo sobre ele durante os experimentos?
- **O problema que você está tentando solucionar:** É global? Foi validado por seus experimentos?
- **A solução que você está pensando em desenvolver:** É escalonável? É disruptiva? É viável, ou será no futuro devido aos exponenciais? Foi validada por seus experimentos?

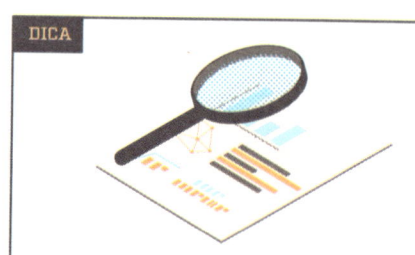

DICA
Todas as decisões deveriam se basear em dados, portanto, selecione projetos respaldados por fortes indicadores.

DICA
Todas as iniciativas ExO não selecionadas devem ser arquivadas para possível desenvolvimento futuro. Ainda que algumas não sejam consideradas Iniciativas ExO na Borda reais, outras áreas de sua organização poderiam valorizar sua pesquisa e assumir sua implementação (o que é benéfico para estancar o sistema imunológico).

DICA
Para testar quão disruptiva é sua iniciativa, pergunte a si mesmo: se outra pessoa estivesse aplicando essa Iniciativa ExO na Borda agora, como nossa organização seria impactada?

DICA
Dê a cada iniciativa um título chamativo que a torne mais fácil de entender. Você deveria incluir também uma descrição de uma linha.

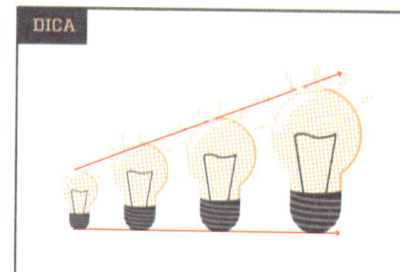

DICA
Para testar quão escalonável é sua iniciativa, pergunte a si mesmo: em um cenário favorável, seria possível escalonar essa empresa nova para atingir uma avaliação de US$1 bilhão nos próximos cinco anos?

TAREFA 2 Preencher o ExO Canvas

DESCRIÇÃO

Para assegurar que sua organização se tornará exponencial, alcançando e gerindo a abundância, preencha um ExO Canvas, que fará você pensar sobre como alavancar cada um dos 10 atributos ExO. Você preencherá um ExO Canvas para cada um dos pares de problemas/sugestões definidos no passo anterior. Cada um é uma potencial ExO!

Faça uma sessão de brainstorming usando os blocos no ExO Canvas como passos para o processo de ideação.

FERRAMENTAS

Use o modelo de ExO Canvas. ➡ Pg. 78

RECURSOS

Revise a seção ExO Canvas para refrescar a memória sobre como definir cada um dos diferentes atributos ExO.
➡ Pg. 76

DICA

Lembre-se de incluir o PTM em seu ExO Canvas. Cada um dos pares de problemas/sugestões que você definiu no segundo passo deveria estar associado a um dos PTMs gerados no primeiro passo.

DICA

Lembre-se de usar os atributos SCALE para alcançar a abundância, e os atributos IDEAS para geri-la.

TAREFA 3 Definir seu modelo de negócios (opcional)

DESCRIÇÃO

Um modelo de negócios é a forma como uma organização cria, entrega e conserva valor. Se você tem tempo suficiente, é uma boa ideia começar a pensar no modelo de negócios e projetá-lo para suas Iniciativas ExO na Borda. (Se não puder fazer isso agora, haverá tempo para esse projeto daqui a poucas semanas.)

Como você está trabalhando em iniciativas ExO em estágio inicial, que mudarão rapidamente conforme você aprender mais sobre elas, use o Canvas de Modelo de Negócios para definir seu modelo de negócios.

FERRAMENTAS

Use o modelo de Canvas de Modelo de Negócios desta seção.

RECURSOS

Vá para a seção Alinhar e reveja o exercício sobre projeto de modelo de negócios. ➡ Pg. 136

RECURSOS

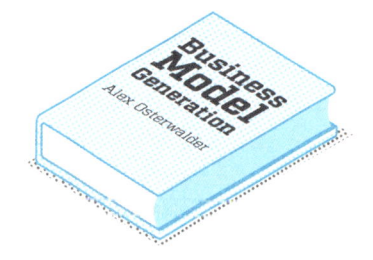

O livro *Business Model Generation*, de Alex Osterwalder, ajudará você em seu Canvas de Modelo de Negócios.

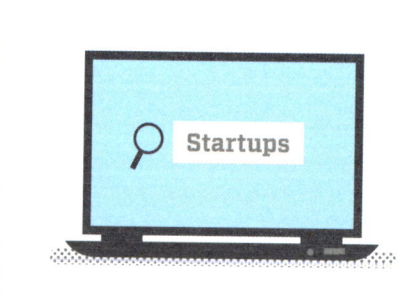

DICA

Lembra-se daqueles modelos de empresas disruptivas que você pesquisou na primeira semana? Reveja-os para se inspirar!

TAREFA 3 Definir seu modelo de negócios (opcional)

DICA

Comece definindo seus segmentos de clientes com notas adesivas, usando uma cor diferente para cada segmento. Em seguida, defina a proposição de valor para cada um, prosseguindo com a mesma codificação colorida. Finalmente, defina e codifique com cores seu modelo de receitas, não deixando de incluir uma forma clara de ganhar dinheiro. Continue o processo para os blocos restantes do canvas. Use uma cor separada para itens genéricos (relacionados à empresa como um todo e todos os segmentos de clientes).

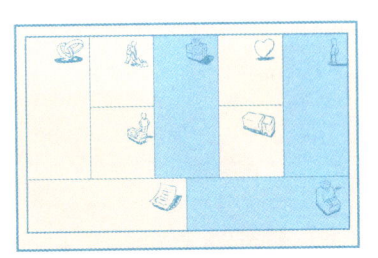

DICA

Definir o modelo de negócios é opcional nesse estágio, portanto, não se sinta pressionado se o tempo for escasso. Mas, se você conseguir, recomendamos definir os três blocos principais do Canvas de Modelo de Negócios: Segmentos de Clientes, Proposição de Valor e Modelo de Receitas.

DICA

Tanto organizações lucrativas como aquelas sem fins lucrativos precisam de um modelo de negócios.

DICA

Lembre que tudo incluído no Canvas de Modelo de Negócios deveria ser considerado uma hipótese que pode mudar em qualquer ponto no futuro.

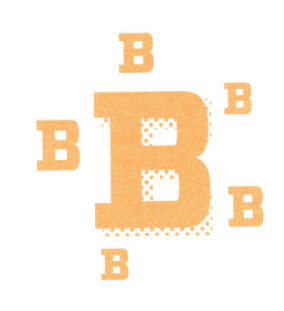

DICA

Para uma Iniciativa ExO na Borda Vinculada, lembre que talvez você precise incluir sua organização (ou mesmo outras, semelhantes) como um Parceiro-chave.

TAREFA 4

Criar um "pitch de elevador" prolongado para cada Iniciativa ExO na Borda

DESCRIÇÃO

Você vai criar discurso de cinco minutos para cada uma das iniciativas ExO a serem apresentadas. Você também desenvolverá uma apresentação em apoio a cada discurso.

Nesse estágio do processo (iniciativas no estágio de ideias), recomendamos compor um "pitch de elevador" — um sumário de sua ideia, que pudesse ser apresentado durante uma viagem de elevador. Um "pitch de elevador" costuma ser apresentado em 60 a 90 segundos; mas, nesse caso, você vai escrever uma versão de cinco minutos.

O "pitch de elevador" deve incluir estes itens:

1 PTM
Explique por que sua organização existe.

2 Problema
Descreva o problema que você quer solucionar.

3 Solução
Apresente os fatores diferenciadores da solução e discuta como sua solução abalará o setor e será escalonável.

4 Atributos ExO
Discuta os atributos ExO que você mais usará, identificando aqueles que ajudarão a organização a alcançar a abundância e aqueles que ajudarão a geri-la.

5 Modelo de negócios (opcional)
Se você teve a chance de pensar a respeito, explique como pretende gerar, entregar e conservar valor. Em outras palavras, como você vai ganhar dinheiro.

TAREFA 4

Criar um "pitch de elevador" prolongado para cada Iniciativa ExO na Borda

---

FERRAMENTAS

Use o Roteiro de Pitch de Elevador desta seção.

RECURSOS

Existem inúmeros sites dedicados a descrever como preparar e proferir discursos de elevador.

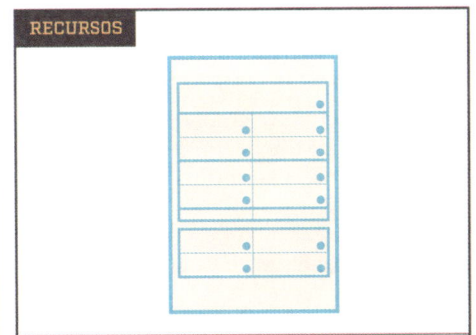

RECURSOS

Examine o Pitch Canvas, uma ferramenta de brainstorming online que ajuda empreendedores a visualizarem o discurso inteiro em uma só página.

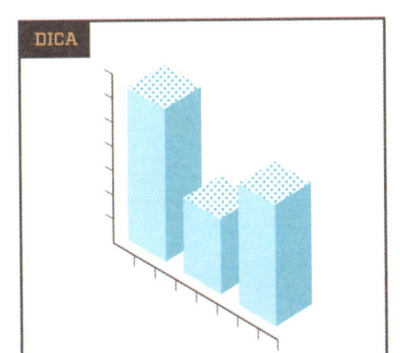

DICA

Inclua dados reais dos experimentos em seu discurso. Ótimas ideias são valiosas, mas ideias validadas são ainda melhores.

DICA

Contação de histórias é um ótimo meio de apresentar um "pitch de elevador".

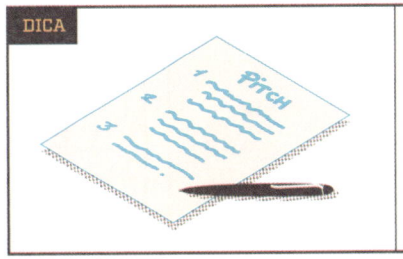

DICA

Anote seu discurso no papel para poder ensaiá-lo repetidamente.

DICA

A gestão do tempo é importante, portanto, crie um discurso que você possa proferir em cinco minutos sem ter de correr.

SEMANA 4 · Selecionar — ExO Sprint
Fase de Execução (Fluxo na Borda)

TAREFA 5 Criar uma apresentação em apoio ao discurso

DESCRIÇÃO

Pense na possibilidade de criar slides para acompanhar seu "pitch de elevador" prolongado.

Se você optar por uma apresentação visual, mantenha-a simples, usando poucas imagens e gráficos inspiradores e informativos.

FERRAMENTAS

Use o modelo de apresentação desta seção.

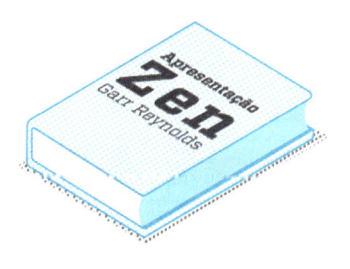

DICA

Um bom livro para ajudá-lo a preparar é *Apresentação Zen: Ideias simples de como criar e executar apresentações vencedoras*, de Garr Reynolds, que descreve o uso da simplicidade e contação de histórias para alcançar um público.

DICA

Na medida do possível, use figuras, em vez de texto, para seus slides. Você quer que as pessoas ouçam o que você tem a dizer, em vez de se distraírem lendo seus slides.

DICA

Usar o ExO Canvas e o Canvas de Modelo de Negócios para planejar suas iniciativas ExO é útil. Porém, você não precisa desses canvas para descrever as partes individuais durante sua apresentação. Em vez disso, explique-as de outras formas, mais visuais e criativas.

TAREFA 6 Pratique seu discurso!

DESCRIÇÃO

Você estará apresentando um grande número de ideias, portanto, sua apresentação precisa ser concisa e objetiva. Quanto mais você praticar, melhor se sairá.

Pratique, pratique, pratique!

RECURSOS
Seu discurso, sua voz e sua paixão.

RECURSOS
Feedback externo é ótimo nesse ponto, portanto, compartilhe a apresentação com sua equipe e qualquer outra pessoa sempre que possível.

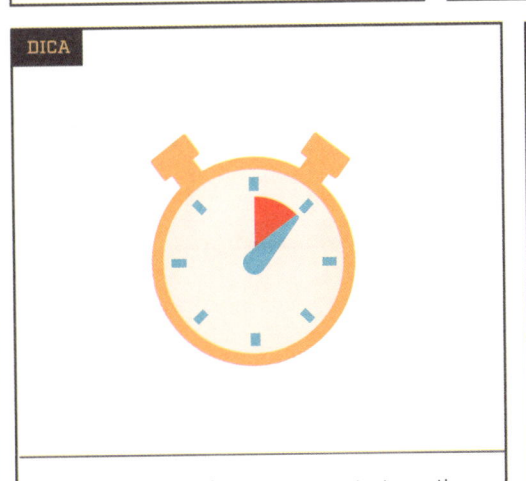

DICA
A gestão do tempo é importante, portanto, pratique o máximo possível.

DICA
Uma apresentação relaxada e natural é fundamental, portanto, de novo: pratique o máximo possível.

ExO Sprint · SEMANA 4 · Selecionar · Fase de Execução (Fluxo na Borda)

185

MODELO

ExO Canvas para AirEco

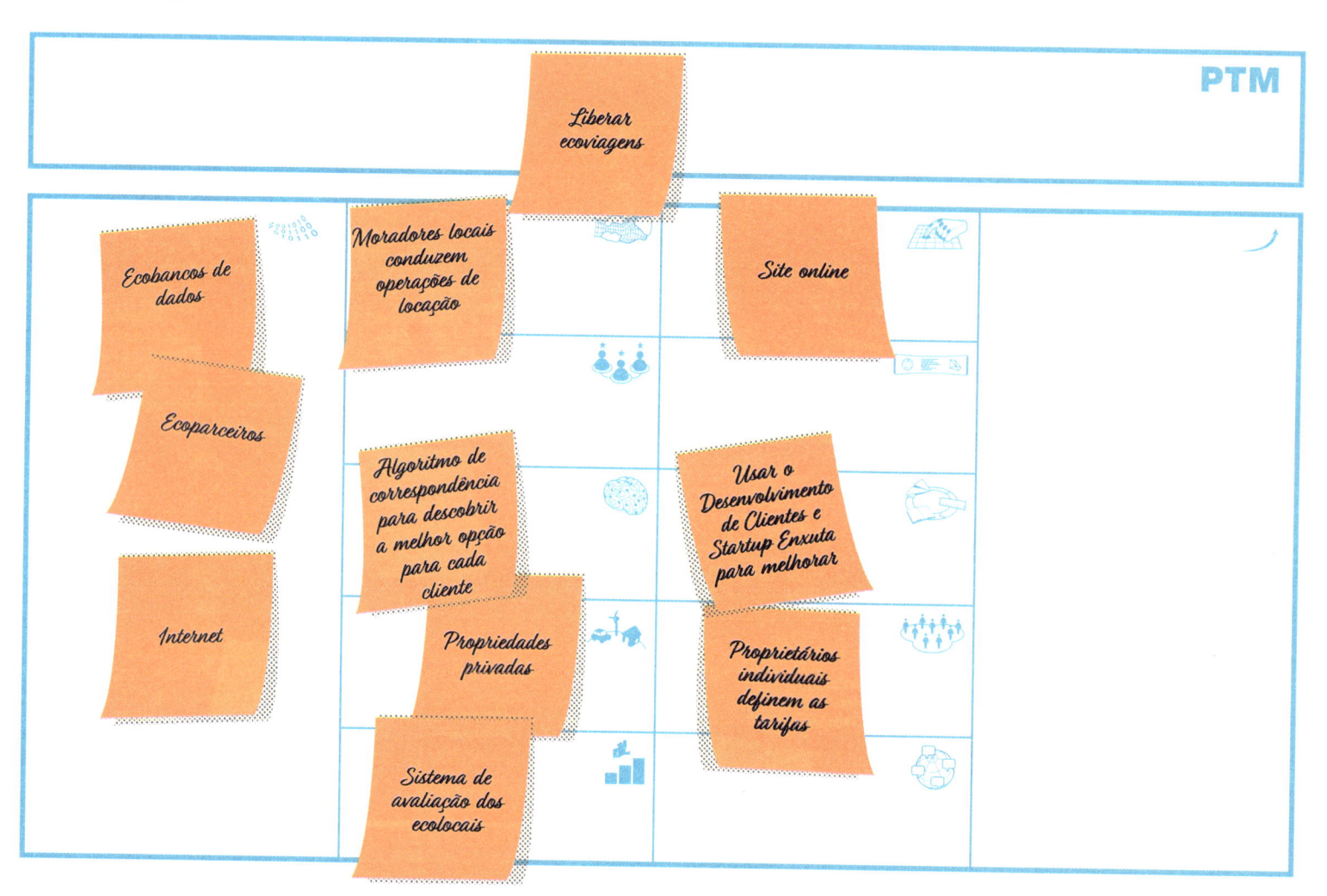

Eco Places

ExO Sprint · SEMANA 4 · Selecionar
Fase de Execução (Fluxo na Borda)
186

PTM

- Liberar ecoviagens
- Ecobancos de dados
- Moradores locais conduzem operações de locação
- Site online
- Ecoparceiros
- Algoritmo de correspondência para descobrir a melhor opção para cada cliente
- Usar o Desenvolvimento de Clientes e Startup Enxuta para melhorar
- Internet
- Propriedades privadas
- Proprietários individuais definem as tarifas
- Sistema de avaliação dos ecolocais

MODELO

Canvas de Modelo de Negócios para AirEco

Parceiros-chave

Atividades-chave
- Identificar propriedades e potenciais proprietários
- Marketing
- Manutenção da plataforma
- Contratar equipe sob demanda para manusear as operações

Recursos-chave
- Plataforma

Proposições de valor
- Alavancar ecopropriedades para receita extra
- Acesso a propriedades ecoamigáveis no mundo inteiro

Relacionamentos com clientes
- Assistência pessoal
- Serviço automatizado (web/app)
- Assistência pessoal
- Serviço automatizado (web/app)

Canais
- Site online

Segmentos de clientes
- Donos de ecopropriedades
- Viajantes jovens, de mentalidade ecológica

Estrutura de custos
- Equipe sob demanda para lidar com operações
- Proprietários definem taxas de locação
- Manutenção da plataforma
- Marketing

Fluxos de receita
- Anúncios premium
- Taxa de locação noturna

Eco Places

ExO Sprint · SEMANA 4 · Selecionar

Fase de Execução (Fluxo na Borda)

APRESENTAÇÃO

Seu modelo deveria incluir os seguintes slides ou seções:

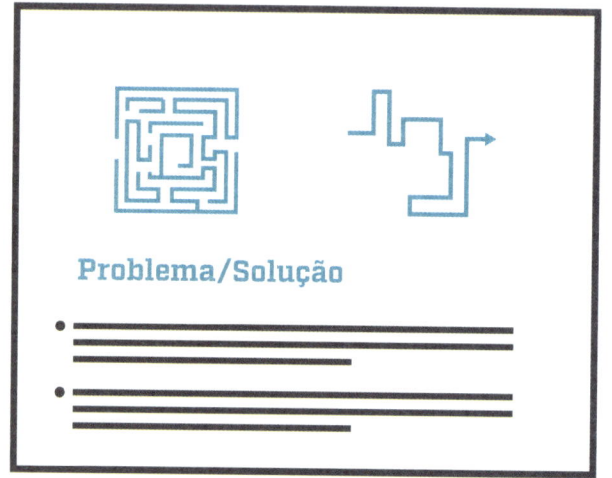

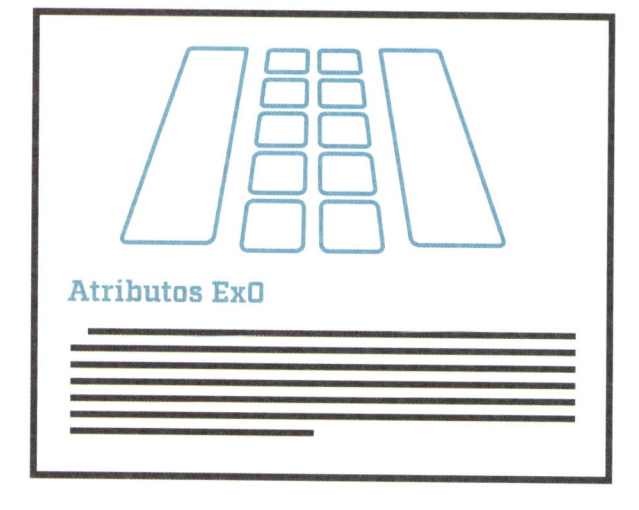

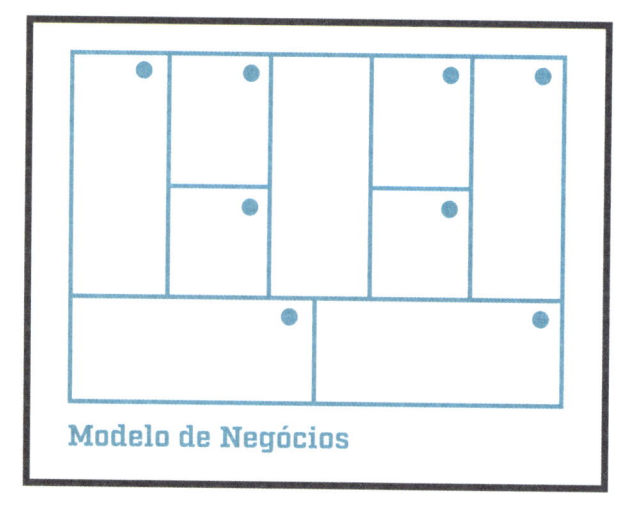

Meu PTM

PTM

Problema/Solução

Atributos ExO

Modelo de Negócios

PTM

Toda Iniciativa ExO na Borda precisa começar com uma apresentação do PTM.

Note que você pode ter diversas Iniciativas ExO na Borda compartilhando o mesmo PTM. Nesse caso, explique o PTM primeiro, seguido de cada uma das iniciativas.

Use apenas um slide para apresentar o PTM.

Problema/Solução

Apresente o problema antes da solução.

Uma vez definido o problema, apresente a solução de uma forma inovadora. Um exemplo de uso pode ser um meio eficaz de ilustrar a solução.

Utilize um slide para o problema e a solução, ou um slide diferente para cada.

Atributos ExO

Como você está construindo ExOs novas, precisa mostrar como planeja atingir a abundância (usando os atributos SCALE) e como os irá gerenciar (usando os atributos IDEAS).

Talvez você também queira apresentar o ExO Canvas e explicar algo sobre cada um dos atributos, conforme aplicados à Iniciativa ExO na Borda.

Modelo de Negócios

Você precisa mostrar não apenas como criará valor para os usuários (embora isso possa já estar claro das seções anteriores), mas também como planeja conservar esse valor.

Inclua o Canvas de Modelo de Negócios em um slide ou (talvez ainda melhor) use alguns slides para explicar a base do modelo de negócios.

Sugestões para a semana...

O fluxo perfeito para esta semana:

Passe o primeiro dia priorizando e selecionando as ideias que você apresentará e designando pessoas (ou grupos) para desenvolver cada uma das apresentações.

No quinto dia, apresente o discurso a seu Coach ExO para receber feedback. Continue iterando e ensaiando a apresentação antes da Sessão de Disrupção.

| Dom | Seg | Ter | Qua | Qui | Sex | Sáb |

Os próximos dois dias deveriam ser dedicados ao desenvolvimento das apresentações.

Passe o quarto dia praticando as apresentações com a equipe, usando o feedback interno para aperfeiçoá-las. Recomendamos já dar uma olhada na atribuição da próxima semana, em que você achará técnicas de discurso.

Inclua dados reais dos seus experimentos realizados. Um ótimo desempenho é sempre uma vantagem, mas no final é apenas algo bonito. Existe sempre mais valor em fornecer dados e informações (por exemplo, testemunhos) de clientes ou usuários reais para ilustrar o que você aprendeu.

Realizar experimentos adicionais é uma boa ideia, se você tiver tempo. Quanto mais dados tiver, melhor — especialmente no caso de quaisquer iniciativas ExO que foram iteradas depois que algumas de suas hipóteses foram invalidadas. Você tem agora a oportunidade de realizar mais experimentos sobre quaisquer iniciativas ExO novas (que são realmente hipóteses novas).

ExO Sprint

SEMANA 5 · Abalar

190

Fase de Execução (Fluxo na Borda)

SEMANA 5
Disrupção

POR QUE ESTA SEMANA?

É hora de abalar o setor antes que outra pessoa chegue na frente!

A atribuição desta semana fornece uma oportunidade de apresentar suas iniciativas ExO mais promissoras a um grupo de disruptores, que fornecerão, então, feedback de como aperfeiçoá-las.

Lembre: o fracasso faz parte do processo. Se algumas iniciativas ExO forem rejeitadas após a apresentação, não leve para o lado pessoal. Melhor falhar rápido e gastando pouco agora do que falhar mais tarde, após ter investido um montão de tempo e dinheiro.

Baseado no feedback que recebe, você pode acabar abortando algumas de suas Iniciativas ExO na Borda. No outro extremo, pode perfeitamente criar iniciativas que complementarão seu portfólio. Sempre mantenha seus olhos e ouvidos abertos para oportunidades novas!

TAREFA 1 Preparar o cenário e logística

DESCRIÇÃO

Crie o ambiente certo para as apresentações.

Você pode fazer as apresentações pessoalmente ou online, dependendo dos locais de todos e dos parâmetros de seu orçamento. Se a Sessão de Disrupção for realizada presencialmente, pense na possibilidade de decorar o espaço para criar uma atmosfera única. Se você a realizar online, teste o sistema de videoconferência antes. Note também que, se o ExO Sprint estiver realizando um Fluxo ExO na Borda e um Fluxo ExO Central, a Sessão de Disrupção incluirá equipes dos dois fluxos.

DICA

Siga uma agenda estabelecida para cada apresentação, reservando 60 minutos para cada equipe apresentar todas as suas quatro iniciativas ExO, com um curto intervalo entre elas. Apresente cada uma das quatro iniciativas ExO em cinco minutos, seguidas por cinco minutos de feedback.

DICA

A gestão do tempo é fundamental para uma apresentação eficaz. Comunique sua agenda com antecedência, inclusive a ordem das apresentações.

TAREFA 2 Apresentar

DESCRIÇÃO

O grande momento chegou! É hora de apresentar suas Iniciativas ExO na Borda para receber feedback.

Cada equipe terá 60 minutos para apresentar suas iniciativas ExO e receber feedback.

O público para as apresentações: a equipe de liderança da empresa, as outras equipes ExO e um grupo de experts em disrupção, constituído de três a cinco pessoas de fora da organização, com experiência específica em seu setor ou em inovação em geral.

DICA

Após cada apresentação, o público fornecerá um total de cinco minutos de feedback. Recomendamos limitar essa parte da sessão a feedback somente, sem permitir perguntas. Nesse estágio, a meta não é vender as iniciativas, mas aprendê-las.

DICA

Grave todas as apresentações para exame posterior.

TAREFA 3 Colete feedback

DESCRIÇÃO

Anote todo o feedback recebido dos seus colegas e dos experts em disrupção. Tudo que você ouvir é valioso. Não esqueça que este conjunto de apresentações, combinado com o feedback que você receber, constitui mais um aspecto dos experimentos que você veio realizando, e é incluído para melhorar suas iniciativas ExO.

Classifique o feedback em diferentes categorias, uma das quais pode incluir hipóteses novas. Também lembre-se de coletar feedback sobre iniciativas ExO potenciais.

FERRAMENTAS

Use o modelo de feedback desta seção.

DICA

Você provavelmente receberá dois tipos de feedback:

- **Um foco no modelo ExO:** Disruptores ExO conhecedores da abordagem ExO estão bem preparados para oferecer conselhos sobre avançar de modo a obter o máximo benefício do processo ExO.

- **Um foco no conteúdo:** O feedback relaciona-se às próprias ideias e às vezes inclui opiniões sobre o problema que você está tentando solucionar ou a solução que está tentando criar. Tal feedback não afeta necessariamente sua abordagem. Pode apenas fornecer pontos de dados adicionais para a avaliação de sua hipótese.

TAREFA 4
Reunião de debriefing com a equipe de liderança

DESCRIÇÃO

Você terá uma reunião de debriefing com a equipe gerencial para definir quais das Iniciativas ExO na Borda estão alinhadas ao rumo geral que a liderança da empresa deseja seguir.

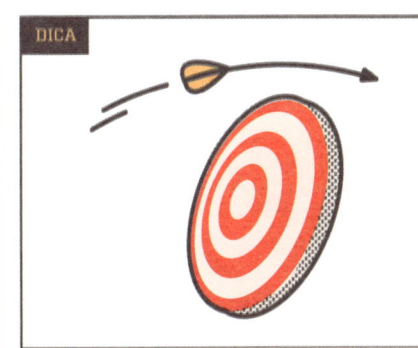

DICA

Lembre que embora você possa ter sugerido iniciativas incríveis, algumas podem acabar ficando de fora do escopo do que a equipe de liderança da empresa definiu para o ExO Sprint.

DICA

Recomendamos que o Coach Principal ExO se reúna com a equipe de liderança separadamente para facilitar o processo de tomada de decisões.

DICA

A equipe de liderança pode estar inclinada a selecionar as iniciativas ExO que quer ver indo em frente, mas sugerimos que esse grupo se limite a recomendações (evitando agir como o sistema imunológico corporativo) e deixe que as equipes de ExO Sprint tomem as próprias decisões. Dito isso, esteja preparado para a possibilidade de a equipe de liderança dar a palavra final.

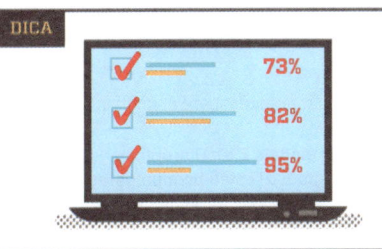

DICA

Forneça à equipe de liderança dados reais quando se tratar do feedback. Por exemplo, fornecer aos disruptores uma pesquisa online para responder durante as apresentações assegura que os comentários e feedback sejam captados para análise posterior na reunião de debriefing da liderança.

TAREFA 5 — Reduzir o número de iniciativas para três

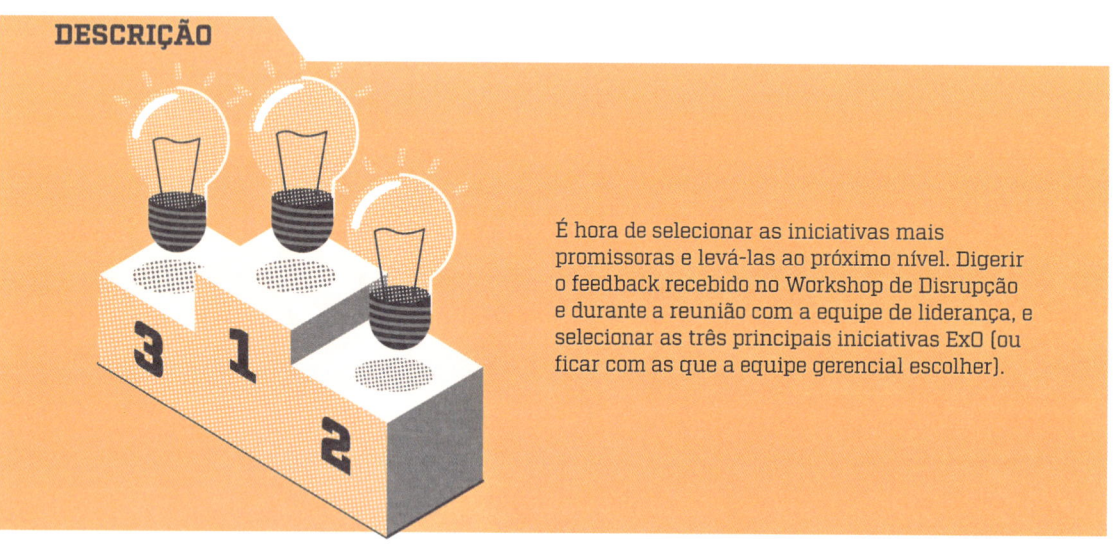

DESCRIÇÃO

É hora de selecionar as iniciativas mais promissoras e levá-las ao próximo nível. Digerir o feedback recebido no Workshop de Disrupção e durante a reunião com a equipe de liderança, e selecionar as três principais iniciativas ExO (ou ficar com as que a equipe gerencial escolher).

DICA

A equipe de liderança pode já ter tomado uma decisão sobre quais iniciativas apoiar ou abortar. Nesse caso, aceite a decisão e tente não se desapontar demais se mais iniciativas ExO do que o previsto foram removidas da lista. Rejeição e fracasso fazem parte do processo, portanto, não leve para o lado pessoal. Continue sendo impressionante!

DICA

Selecionar as três iniciativas principais não é apenas questão de escolher aquelas que receberam o melhor feedback. Pode haver outras razões: algo estratégico, talvez, ou uma intuição.

DICA

Lembre que você pode criar novas Iniciativas ExO na Borda com base no feedback recebido durante a Sessão de Disrupção. A meta é simplesmente dispor de três iniciativas ExO na Borda ao final da semana.

TAREFA 6 — Melhorar as iniciativas selecionadas com base no feedback recebido

DESCRIÇÃO

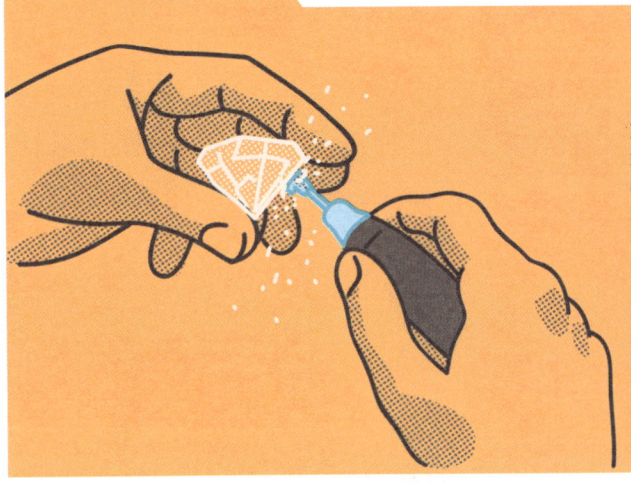

Revise o trabalho realizado até agora nas Iniciativas ExO na Borda e as refine, após levar em conta todo o feedback. Se tiver quaisquer iniciativas novas, defina o máximo possível dos elementos principais (PTM, pares de problemas/sugestões e o ExO Canvas) e aproveite as próximas semanas para pôr tudo em dia.

DICA

Siga as descrições das atribuições das semanas anteriores para refinar suas iniciativas.

DICA

Você está pensando grande o suficiente? A meta do Fluxo na Borda é criar um setor de próxima geração. Suas ideias estão à altura?

DICA

A Sessão de Disrupção pode realçar aquilo em que os participantes precisam trabalhar mais para entenderem plenamente o modelo e os conceitos ExO. Dedique tempo dessa semana para preencher quaisquer lacunas no entendimento. Por exemplo, todos na equipe possuem uma boa noção dos atributos ExO? Eles entendem o que significa uma iniciativa ser escalonável? Eles veem em que seus PTMs podem ser melhorados? Revisitar alguns dos conceitos iniciais poderia ter um maior impacto agora, que a equipe tem experiência em aplicá-los.

DICA

A essa altura do ExO Sprint, recomendamos dividir a equipe em subgrupos e designar a cada subgrupo uma ou duas iniciativas. Por exemplo, se a equipe é composta por seis membros, você pode dividi-la em três grupos de dois membros e atribuir uma Iniciativa ExO na Borda para cada. Não importa como você organiza os grupos, é importante que todos os membros da equipe ofereçam feedback sobre todas as iniciativas, independente do nível de envolvimento.

AGENDA DAS APRESENTAÇÕES

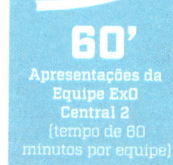

Bem-vindo → 1. 60' Apresentações da Equipe ExO na Borda 1 (tempo de 60 minutos por equipe) → Breve intervalo → 2. 60' Apresentações da Equipe ExO na Borda 2 (tempo de 60 minutos por equipe) → Intervalo → 1. 60' Apresentações da Equipe ExO Central 1 (tempo de 60 minutos por equipe) → Breve intervalo → 2. 60' Apresentações da Equipe ExO Central 2 (tempo de 60 minutos por equipe) → ENCERRAR: Encerramento e próximos passos → Líder do ExO Sprint reúne-se com equipe de liderança da organização

Formulário de Feedback

	Feedback geral	Alinhamento com objetivos da liderança?
AirEco	Iniciativa bem recebida; sugestões oferecidas.	Sim
PTM	As pessoas adoram!	
Problema	Disruptores e equipe de liderança concordam que as taxas são altas demais para certos viajantes.	
Solução	Disruptores sugerem aumentar o mercado criando um meio de acesso para aqueles que normalmente não têm dinheiro para pagar os quartos.	
Atributos ExO	Disruptores sugerem alavancar o atributo Comunidade.	
Modelo de negócios	Acordo universal de que a solução é viável; dada a sugestão de aumentar o alcance do mercado (Parceiros-chave).	
(Nome da iniciativa aqui)		
PTM		
Problema		
Solução		
Atributos ExO		
Modelo de negócios		
Outro feedback (geral, outros projetos etc.)	A liderança não gostou de todas as iniciativas; algumas foram abortadas.	

Sugestões para a semana...
DICAS FINAIS

Os requisitos para escolher a Iniciativa ExO na Borda certa:

Global
Entenda que você está construindo uma Organização Exponencial (ou várias organizações) com um Propósito Transformador Massivo, assim, todas as iniciativas precisam ter o potencial de atingir um mercado global.

Disruptivo
Sem que o setor existente seja abalado de alguma forma, será impossível superar o desempenho dos protagonistas dos mercados atuais e tornar-se uma organização global.

Se possível, programe as apresentações durante a última metade da semana, de modo que as equipes tenham tempo suficiente para melhorar seus discursos com base no feedback recebido na semana anterior.

Designe um membro da equipe encarregado de anotar todo feedback. Sinta-se à vontade para designar um membro diferente para cada iniciativa. Só garanta que todo feedback seja captado.

Após as apresentações, discuta suas iniciativas com os participantes (a equipe de gestão, membros de outras equipes e os Disruptores ExO) e solicite feedback adicional.

Como sempre, lembre que o fracasso faz parte do processo, assim, tente não se contrariar com qualquer feedback negativo. Melhor saber mais cedo do que mais tarde que você talvez precise mudar, adiar ou mesmo abortar uma ou mais de suas iniciativas.

Se algumas de suas iniciativas ExO (ou mesmo todas) forem rejeitadas após a Sessão de Disrupção, não leve para o lado pessoal! Faz parte do processo. Já trabalhamos com equipes cujas iniciativas ExO foram todas abortadas durante a Sessão de Disrupção, mas no final do ExO Sprint suas iniciativas novas ou melhoradas foram as mais bem avaliadas. Considere essa sessão um exercício de aprendizado e uma oportunidade de melhorar suas iniciativas e processo.

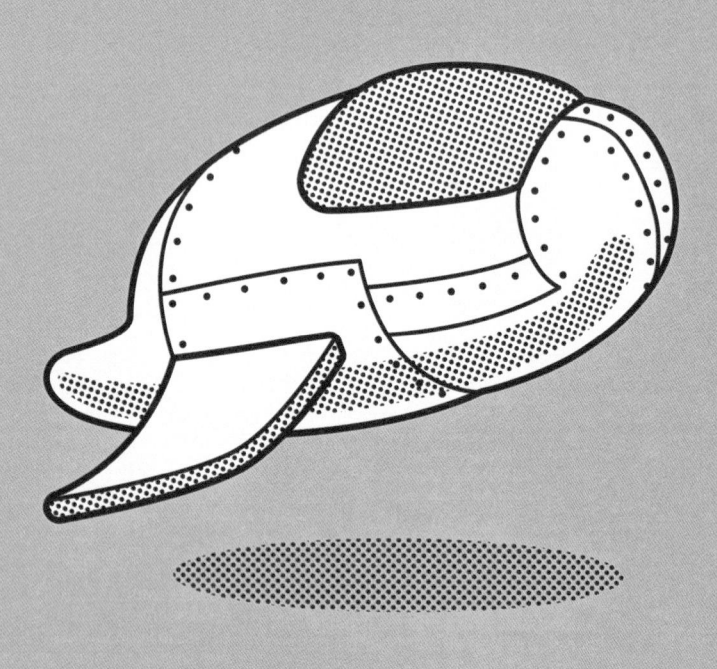

SEMANA 6
Protótipo

POR QUE ESTA SEMANA?

É hora de levar suas iniciativas ExO ao próximo nível!

A atribuição desta semana é definir formalmente os pressupostos subjacentes às suas ideias e preparar-se para testá-las ainda mais.

Se você ainda não possui um, comece definindo o modelo de negócios de sua Iniciativa ExO na Borda, para que possa desenvolver algo que gere valor e o conserve.

O ponto seguinte na agenda é começar a desenvolver um Produto Viável Mínimo (MVP), que vai facilitar aprender mais sobre sua proposição de valor.

Está com medo de não conseguir realizar tudo isso em apenas uma semana? Você consegue!

TAREFA 1 Definir seu modelo de negócios

DESCRIÇÃO

Um modelo de negócios é a forma como uma organização cria, entrega e conserva valor. Se você ainda não definiu um modelo de negócios para suas Iniciativas ExO na Borda, está na hora de fazê-lo. Se você já tem um modelo de negócios preparado, este exercício permitirá que o melhore com base no que aprendeu.

Como você está trabalhando em iniciativas ExO em estágio inicial que mudarão com frequência conforme você aprender mais sobre elas, use a técnica de Geração de Modelo de Negócios para definir seu modelo de negócios.

Comece definindo seus segmentos de clientes com notas adesivas, usando uma cor diferente para cada. Depois, defina a proposição de valor para cada segmento de clientes, continuando com a mesma codificação colorida. Terceiro, defina seu modelo de receitas, mantendo a codificação colorida intacta e garantindo que você estabeleça uma forma clara de ganhar dinheiro. Faça o mesmo para o restante dos blocos do Canvas de Modelo de Negócios. Use notas adesivas de cores diferentes para itens genéricos (relacionados à empresa como um todo e todos os segmentos de clientes).

FERRAMENTAS

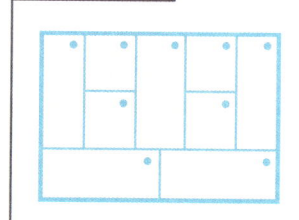

O modelo de Canvas de Modelo de Negócios desta seção.

RECURSOS

Vá para a seção Alinhar deste livro e confira o exercício de projeto de modelo de negócios. Pg. 136

RECURSOS

O livro *Business Model Generation*, de Alex Osterwalder, ajudará você em seu Canvas de Modelo de Negócios.

RECURSOS

Outro ótimo livro é *Value Proposition Design*, também de Alex Osterwalder, que inclui o Canvas de Proposição de Valor. Embora não seja leitura obrigatória para esta semana, acreditamos que você vai achá-lo útil.

TAREFA 1 Definir seu modelo de negócios

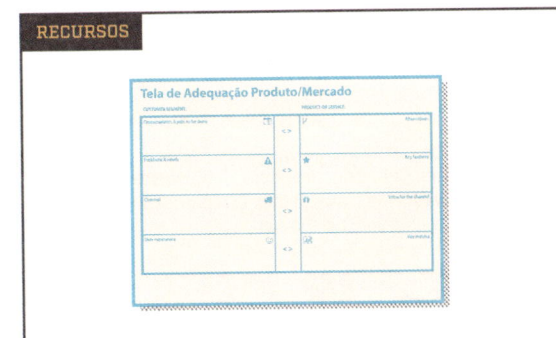

RECURSOS

Ainda outro recurso para continuar definindo um produto é o Canvas de Adequação Produto/Mercado, criado conjuntamente por mais de 150 inovadores ao redor do mundo: www.productmarketfitcanvas.com [conteúdo em inglês]. De novo, não é obrigatório para esta semana, mas complementará seus esforços.

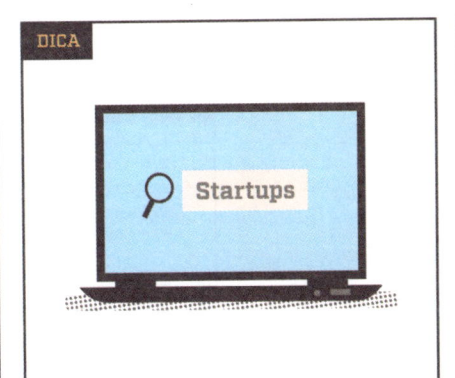

DICA

Para ter inspiração, reveja os modelos de negócios disruptivos que você pesquisou na primeira semana.

DICA

Quer você seja uma organização lucrativa ou sem fins lucrativos, precisará de um modelo de negócios.

DICA

Lembre que tudo incluído no Canvas de Modelo de Negócios é uma hipótese sujeita a mudança.

DICA

Para Iniciativas ExO na Borda Vinculadas, não esqueça que talvez você precise incluir sua organização como um Parceiro-chave. Cogite incluir outras organizações semelhantes também.

DICA

Recomendamos revisar e melhorar seu ExO Canvas com base no progresso recente de suas iniciativas ExO.

TAREFA 2 — Identificar as hipóteses-chave que você quer avaliar com seu MVP

DESCRIÇÃO

Eric Ries, que lançou o movimento da Startup Enxuta, define um MVP como "uma versão de um novo produto que permite a uma equipe coletar o máximo de aprendizado validado sobre clientes com o mínimo de esforço". Em termos de um projeto de ExO, a ideia é usar o conceito de MVP para construir algo que vai ajudá-lo a aprender sobre suas iniciativas. Antes de projetar e construir seu MVP, considere o resultado — ou seja, pense no que você quer aprender como resultado de construir e testar seu MVP.

O próximo passo é identificar as hipóteses-chave a serem avaliadas — aquelas que são críticas ao sucesso e para escalonar o negócio. Nesse estágio, a maioria das hipóteses serão encontradas em seu ExO Canvas e Canvas de Modelo de Negócios.

- **Atributos ExO:** Se os diferentes atributos ExO que você definiu são os certos, ou mesmo se é realista implementá-los.
- **Viabilidade do produto:** Se seu produto ou serviço vai realmente funcionar do jeito que você imagina (especialmente se for baseado em tecnologias novas).
- **Proposição de Valor:** Se os clientes gostam de sua proposição de valor.
- **Modelo de Receitas:** Se os clientes estão ou não dispostos a pagar por ele.

FERRAMENTAS

Use o modelo desta seção para identificar e avaliar as hipóteses. Nesse estágio, você só precisa preencher a(s) coluna(s) Construir, incluindo as hipóteses-chave que está avaliando e os detalhes do projeto do experimento. As colunas Medir e Aprender da tabela serão detalhadas nas semanas seguintes.

DICA

Cada ExO é diferente, assim, pense nos fatores críticos que tornarão seu negócio um sucesso ou não. Essas são as hipóteses básicas por avaliar.

DICA

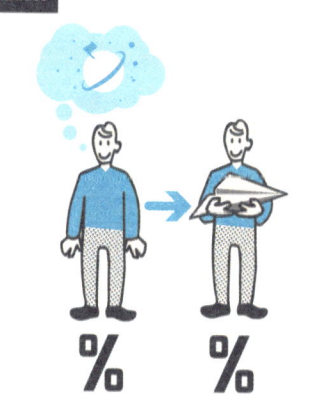

Para definir os critérios de sucesso do experimento de vendas, defina indicadores significativos para o processo. Os indicadores certos costumam ser expressos como uma porcentagem que reflete a taxa de conversão de potenciais clientes de uma fase para outra. Exemplo: porcentagem de visitantes que compram o produto. Isso é conhecido como Contabilidade da Inovação. Nós o incentivamos a pesquisar mais sobre esse conceito na internet, já que poderia ser útil no desenvolvimento de suas Iniciativas ExO na Borda.

TAREFA 3 — Definir seu Produto Viável Mínimo (MVP)

DESCRIÇÃO

Você não precisa desenvolver um produto ou serviço completo para começar a aprender e vender. Não há necessidade de desperdiçar tempo e dinheiro desenvolvendo algo que ninguém vai querer usar ou pagar. Em vez disso, experimente um Produto Viável Mínimo (MVP).

Antes de desenvolver esse MVP, especifique o número mínimo de características requeridas para lançar uma versão de teste de seu produto ou serviço.

1 Defina a experiência do consumidor/usuário de seu produto ou serviço com base nos problemas que detectar, bem como em sua proposição de valor definida.

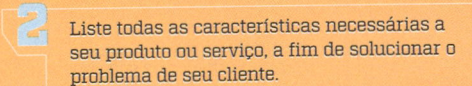

2 Liste todas as características necessárias a seu produto ou serviço, a fim de solucionar o problema de seu cliente.

3 Avalie cada característica usando a abordagem ICE. Trata-se de um acrônimo para os três fatores básicos a considerar na fixação de prioridades: Impacto (em termos de valor para o usuário), Custo (em termos de dinheiro) e Esforço (em termos de tempo). Conceda a cada fator um valor entre 0 e 2, com 2 representando o valor máximo (maior impacto, menor custo e menos esforço) e 0, o valor mais baixo (menor impacto, maior custo e mais esforço).

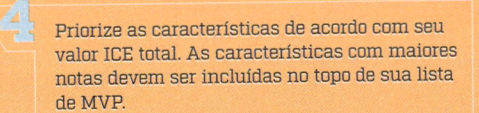

4 Priorize as características de acordo com seu valor ICE total. As características com maiores notas devem ser incluídas no topo de sua lista de MVP.

5 Analise os resultados e defina qual aspecto poderia ter a primeira versão do MVP de acordo com:

- As hipóteses-chave que você precisa avaliar. Lembre que a meta básica do MVP é aprender, portanto, leve essas hipóteses em conta antes de definir seu próximo experimento, que é construir seu MVP.
- A priorização ICE e as hipóteses-chave que você precisa avaliar.
- Para essa primeira versão do MVP, você provavelmente precisará acrescentar ou excluir características. Algumas podem ser necessárias por razões técnicas, enquanto outras poderiam levar tempo demais para ser desenvolvidas e, assim, deveriam ser removidas por ora.

RECURSOS

O livro *A Startup Enxuta*, de Eric Ries, é uma boa fonte para aprender sobre MVPs e as bases subjacentes ao conceito.

DICA

Lembre que sua meta aqui não é ter o melhor produto — ou mesmo um produto que os clientes adorem —, mas desenvolver um produto que lhe permita aprender. Para isso, inclua características e complementos voltados para o aprendizado, que resultarão em mais feedback.

TAREFA 4 Construir seu MVP!

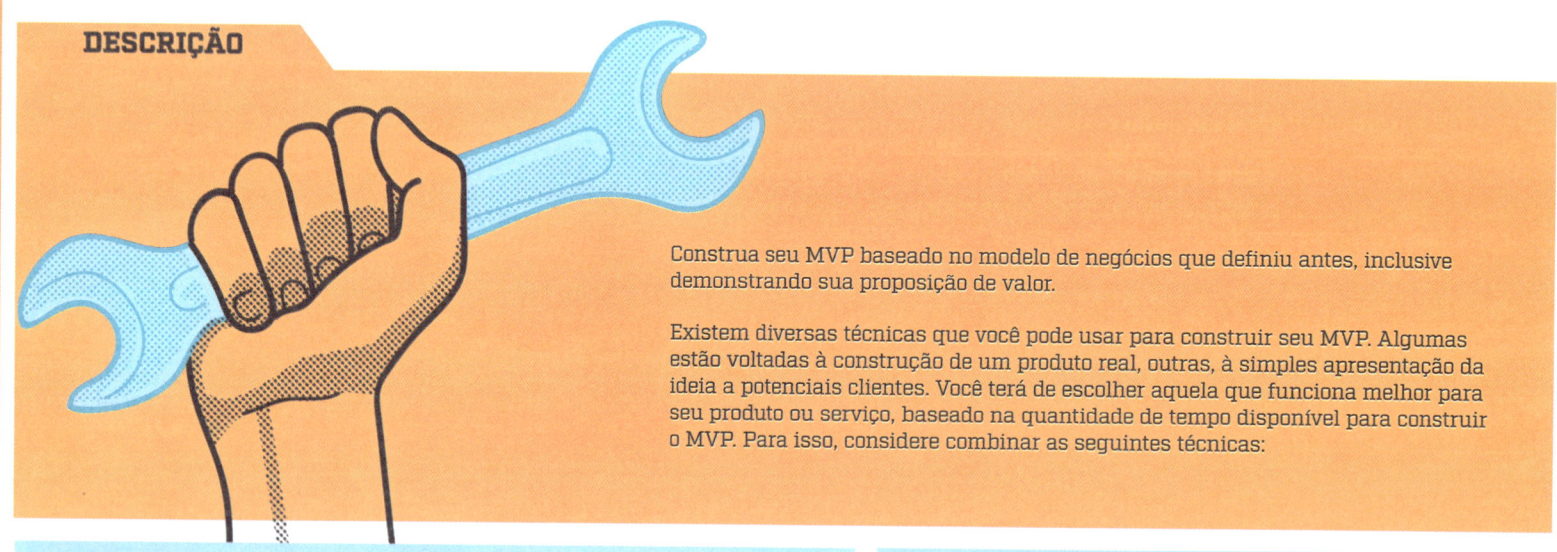

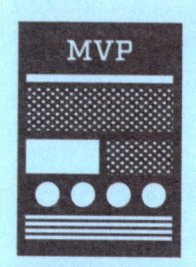

DESCRIÇÃO

Construa seu MVP baseado no modelo de negócios que definiu antes, inclusive demonstrando sua proposição de valor.

Existem diversas técnicas que você pode usar para construir seu MVP. Algumas estão voltadas à construção de um produto real, outras, à simples apresentação da ideia a potenciais clientes. Você terá de escolher aquela que funciona melhor para seu produto ou serviço, baseado na quantidade de tempo disponível para construir o MVP. Para isso, considere combinar as seguintes técnicas:

Página de destino

Desenvolva uma página de destino que mostre e descreva seu MVP. (Você também pode descrever a versão completa do produto ou serviço, embora recomendemos concentrar a página de destino nas características-chave do MVP.) Além de descrever seu produto ou serviço — seja o MVP ou uma versão completa —, motive os clientes a pré-encomendarem. Outra opção é realizar um teste A/B, que consiste em desenvolver duas versões diferentes da página de destino, cada uma com uma proposição de valor diferente, e ver qual delas os visitantes preferem.

RECURSOS

Visite www.launchrock.com e www.landerapp.co. [sites em inglês] para obter ajuda na criação de uma página de destino.

QUANTO VOCÊ APRENDERÁ

Um pouco: quantos clientes gostam da proposição de valor de seu produto/serviço e seu preço com base no número de pré-encomendas recebidas pelo site e nos dados reais que você coletar da analítica do acesso ao site.

Vídeo

Crie um vídeo que mostre e promova seu MVP.

RECURSOS

Use um serviço de criação de vídeos profissional ou ferramentas online como www.animoto.com ou www.goanimate.com [em inglês].

QUANTO VOCÊ APRENDERÁ

Um pouco mais: quanto os clientes gostam da proposição de valor de seu produto/serviço com base em suas reações após assistirem ao vídeo. Fazer com que os clientes pré-encomendem resulta em dados sobre o preço e modelo de receitas.

TAREFA 4 Construir seu MVP!

Wireframes

Desenvolva um conjunto de wireframes ou desenhos digitais que ajudarão a ilustrar o aspecto que seu produto terá.

RECURSOS

Use qualquer ferramenta de prototipagem rápida como www.invisionapp.com, www.justinmind.com [em inglês] ou mesmo PowerPoint.

QUANTO VOCÊ APRENDERÁ

Ainda mais: o quanto os clientes gostam da proposição de valor de seu produto/serviço com base em suas reações e interações com os wireframes. Fazer com que os clientes pré-encomendem resulta em dados sobre o preço e modelo de receitas.

Protótipo de trabalho

Desenvolva um protótipo que inclua apenas as características-chave sobre as quais você quer aprender mais. Este é o MVP real e, em muitos casos, é possível construí-lo em poucos dias. Lembre que não precisa ser perfeito. Só precisa ser algo que o ajudará a aprender por um período de vários dias.

QUANTO VOCÊ APRENDERÁ

Muito: quão fácil ou difícil é construir e entregar o produto ou serviço real, se os clientes gostam da proposição de valor de seu produto ou serviço, e qual é a experiência do usuário, com base em interações com o protótipo. Fazer com que os clientes pré-encomendem resulta em dados sobre o preço e modelo de receitas.

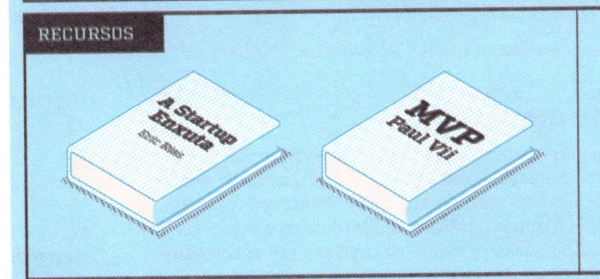

RECURSOS

O livro *A Startup Enxuta*, de Eric Ries, oferece ótimas ideias de como construir MVPs em apenas poucos dias. Outro bom livro é *MVP*, de Paul Vii, que fornece dicas para criar um MVP usando Metodologias de Desenvolvimento Ágil.

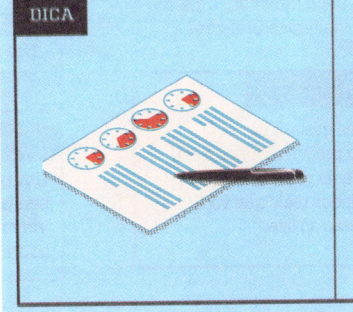

DICA

Compilar uma lista de características priorizadas e o número de horas que cada uma levará para ser desenvolvida informará se é ou não possível ter um protótipo pronto dentro de uma semana.

MODELO para entrega

Canvas de Modelo de Negócios para AirEco

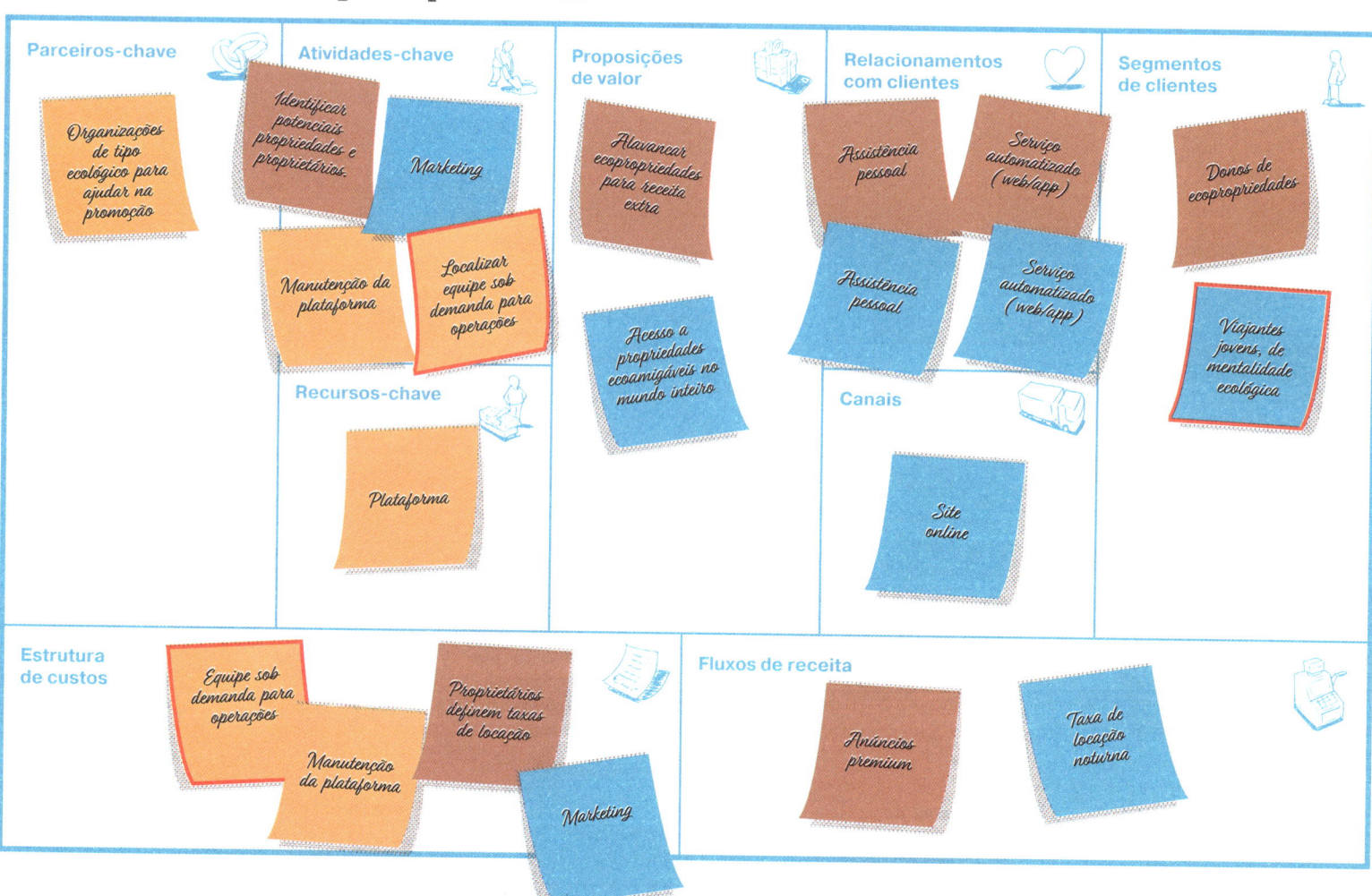

Eco Places

Parceiros-chave
- Organizações de tipo ecológico para ajudar na promoção

Atividades-chave
- Identificar potenciais propriedades e proprietários
- Marketing
- Manutenção da plataforma
- Localizar equipe sob demanda para operações

Recursos-chave
- Plataforma

Proposições de valor
- Alavancar ecopropriedades para receita extra
- Acesso a propriedades ecoamigáveis no mundo inteiro

Relacionamentos com clientes
- Assistência pessoal
- Serviço automatizado (web/app)
- Assistência pessoal
- Serviço automatizado (web/app)

Canais
- Site online

Segmentos de clientes
- Donos de ecopropriedades
- Viajantes jovens, de mentalidade ecológica

Estrutura de custos
- Equipe sob demanda para operações
- Manutenção da plataforma
- Proprietários definem taxas de locação
- Marketing

Fluxos de receita
- Anúncios premium
- Taxa de locação noturna

ExO Sprint — SEMANA 6 · Protótipo — 208 — Fase de Execução (Fluxo na Borda)

MODELO para entrega

ExO Canvas para AirEco

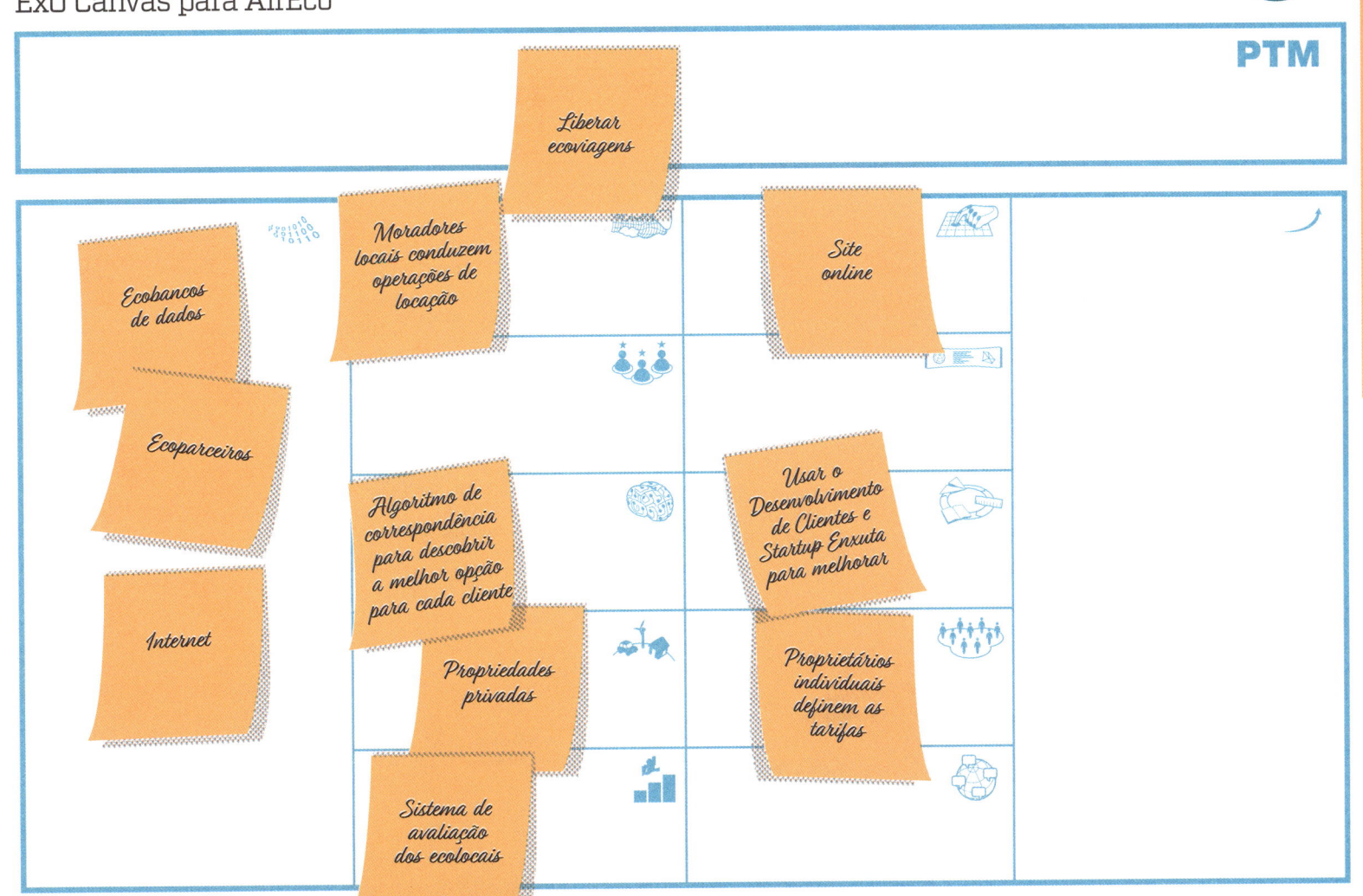

Eco Places — ExO Sprint · Protótipo · SEMANA 6

PTM

- Liberar ecoviagens
- Moradores locais conduzem operações de locação
- Site online
- Ecobancos de dados
- Ecoparceiros
- Internet
- Algoritmo de correspondência para descobrir a melhor opção para cada cliente
- Usar o Desenvolvimento de Clientes e Startup Enxuta para melhorar
- Propriedades privadas
- Proprietários individuais definem as tarifas
- Sistema de avaliação dos ecolocais

Fase de Execução (Fluxo na Borda)

MODELO para entrega

Modelo para identificar e avaliar hipóteses-chave

Nome da iniciativa ExO	CONSTRUIR			MEDIR	APRENDER
	Hipóteses-chave	Descrição do experimento	Critérios de avaliação	Resultado do experimento	Aprendizados--chave
AirEco	O mercado é grande o suficiente.	Achar estatísticas que verifiquem se o número de potenciais clientes é grande o suficiente.	Conseguimos vender 50 milhões de noites por ano.		
	Potenciais clientes estão dispostos a reservar uma estadia em ecopropriedades particulares.	■ Página de destino para testar se os potenciais clientes aderem; promover com Google AdWords. ■ Apresentação detalhando o serviço para encorajar potenciais clientes a reservar uma estadia.	■ Ao menos 5% dos visitantes aderem. ■ Ao menos 25% dos potenciais clientes entrevistados reservam uma estadia.		
	Os proprietários realmente estão dispostos a compartilhar suas propriedades.	■ Página de destino para testar se proprietários aderem; promover com Google AdWords. ■ Apresentação detalhando o serviço para encorajar os proprietários a alugar suas propriedades.	■ Ao menos 5% dos visitantes aderem. ■ Ao menos 25% dos potenciais clientes entrevistados reservam uma estadia.		

Projetar o MVP

CARACTERÍSTICA	IMPACTO (VALOR)	CUSTO (DINHEIRO)	ESFORÇO (TEMPO)	PRIORIDADE
Páginas de destino de adesão para proprietários e viajantes	2	2	2	6
Mecanismo de busca para reservas	2	1	0	3
Processo de reservas via site na web	1	1	0	2
Serviço de detalhamento da apresentação — proprietários	2	2	2	6
Serviço de detalhamento da apresentação — viajantes	2	2	2	6

Conclusões sobre o MVP

Após analisar as diferentes características e opções para o MVP, decidimos que, em vez de construir um protótipo da plataforma inteira — que levaria tempo e custaria caro —, lançaríamos um site simples, visando atrair proprietários e potenciais clientes.

Criamos duas apresentações pessoais. A primeira apresentou a plataforma AirEco para donos de propriedades, com a meta de levá-los a assinar um contrato que permitisse que alugássemos suas propriedades para turistas de mentalidade ecológica. A segunda apresentou a plataforma AirEco para potenciais clientes e os encorajou a reservar uma propriedade para sua próxima viagem.

Sugestões para a semana...

O fluxo perfeito para esta semana:

Dedique os próximos dias à construção do seu MVP, de que você precisará na próxima semana.

| Dom | Seg | Ter | Qua | Qui | Sex | Sáb |

Passe o primeiro dia definindo seu modelo de negócios, identificando as hipóteses-chave e projetando seu MVP.

Revise o andamento com seu Coach ExO no quinto dia.

Construa algo que você possa usar para testar sua Proposição de Valor com usuários.

Para canais online, como páginas de destino, não se esqueça de implementar algum mecanismo para coletar feedback (por exemplo, formulários de contato) e dados (por exemplo, mecanismo de estatísticas).

Não esqueça que na próxima semana você usará o que está construindo agora para alcançar potenciais clientes, extrair o feedback deles e fechar suas primeiras vendas.

Você continuará desenvolvendo seu MVP na próxima semana, mas é importante obter uma versão inicial funcionando agora. Se você quer produzir um protótipo real, mas precisa de duas semanas para desenvolvê-lo, recomendamos criar uma página de destino nesse ínterim. Você pode ao menos coletar dados enquanto apronta o protótipo para os experimentos que vai realizar daqui a duas semanas.

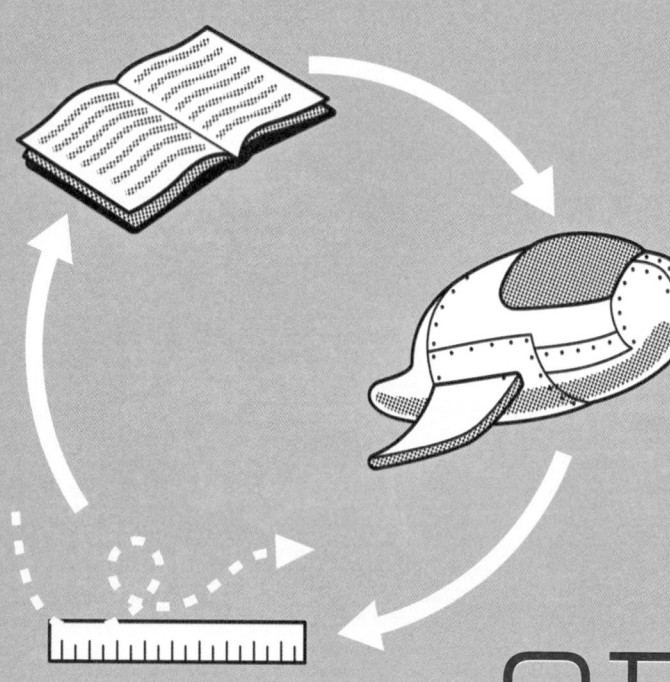

SEMANA 7
Testar

POR QUE ESTA SEMANA?

Está na hora da verdade!

Na última semana, você esteve construindo protótipos de seus MVPs, que lhe permitirão aprender muito mais sobre suas Iniciativas ExO na Borda e aperfeiçoá-las.

A atribuição desta semana fornece experiência em exercitar o atributo Experimentação em um nível mais profundo, envolvendo primeiros adeptos com um conceito ao qual possam reagir. A meta é vender seus MVPs para primeiros adeptos, a fim de confirmar que sua proposição de valor para o mercado é a certa.

O experimento de construir seu MVP e vendê-lo para os primeiros adeptos o ajudará a avaliar as hipóteses relacionadas à proposição de valor e o modelo de negócios. É o que se chama adequação de produto/mercado. Além disso, você também avaliará as hipóteses em sua relação com os atributos ExO, que são fundamentais para construir uma Organização realmente Exponencial.

Obter seus primeiros clientes é um dos marcos mais empolgantes para qualquer organização nova. Vamos lá!

TAREFA 1 — Achar, alcançar e vender para primeiros adeptos

DESCRIÇÃO

Um primeiro adepto é um indivíduo ou empresa que usa um produto ou tecnologia nova antes dos outros, compartilha sua visão e está disposto a testar seu MVP, mesmo que possa ainda não ter sido aperfeiçoado.

Sua tarefa aqui é definir onde encontrar primeiros adeptos para seus MVPs e como alcançá-los, a fim de testar o produto e/ou processo de vendas com eles. Este é considerado também outro experimento, voltado a obter adequação produto/mercado.

A técnica usada para achar primeiros adeptos depende do tipo de MVP que você desenvolveu:

Se você criou uma página de destino como seu MVP, concentre-se em canais online de uma destas três maneiras:

- Criar anúncios online (por exemplo, usando Google AdWords) e vinculá-los a seus sites promocionais.
- Promover o site entre comunidades online povoadas por potenciais primeiros adeptos.
- Enviar os links de páginas por e-mail para os potenciais primeiros adeptos que você identificou.

Se você criou uma apresentação de vendas, um conjunto de wireframes, um vídeo ou um protótipo real, concentre-se em canais offline para alcançar primeiros adeptos:

- Promova seu MVP para aquelas pessoas ou organizações entrevistadas quando você testou pela primeira vez as hipóteses de problemas/soluções.
- Gere uma lista nova de primeiros adeptos potenciais.
- Gere uma lista de comunidades que possam ser povoadas pelos primeiros adeptos do MVP.

Finalmente, lance os diferentes processos de vendas entre primeiros adeptos e colete feedback. Lembre que a meta real não é vender, mas aprender.

TAREFA 1 Encontrar, alcançar e vender para primeiros adeptos

RECURSOS

Startup: Manual do Empreendedor, de Steve Blank, define como encontrar primeiros adeptos e vender para eles. Familiarize-se com a seção que cobre a fase de Validação dos Clientes do processo.

RECURSOS

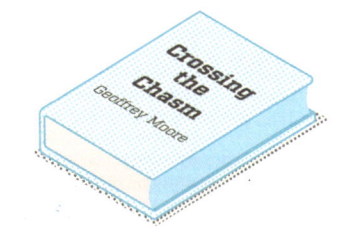

Além de ser uma ótima forma de aprender sobre vender para primeiros adeptos, *Crossing the Chasm*, de Geoffrey Moore, também aborda como expandir seu mercado-chave.

DICA

O perfil do primeiro adepto ideal é uma pessoa ou organização que:

PTM

Compartilha sua visão para o futuro.

Tem o problema que você definiu algumas semanas atrás.

Está tentando solucionar esse problema de algum modo, embora sem sucesso até agora.

Está disposto a pagar para solucionar o problema.

É honesto e fornecerá feedback valioso.

DICA

Para achar primeiros adeptos, tente pensar como eles. Isso o ajudará a identificar lugares novos para localizá-los.

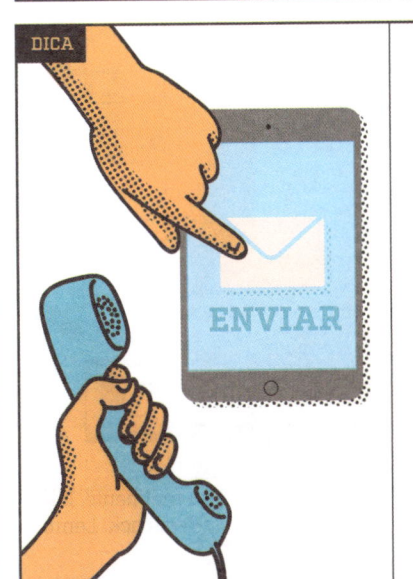

DICA

Lembre que sua meta é aprender; assim, interaja com seus primeiros adeptos o máximo possível.

- **Para canais online,** como sites, depois que cada usuário ou comprador concluir o processo, envie um e-mail pedindo feedback sobre como melhorar sua proposição de valor e modelo de preço.

- **Para canais offline,** incluindo encontros pessoais e chamadas telefônicas, não terceirize o processo de vendas. Manuseie-o pessoalmente após passar a semana interagindo com primeiros adeptos para aprender o máximo possível, testando seu produto com eles e encorajando-os a comprá-lo.

TAREFA 2 Medir resultados e aprender

DESCRIÇÃO

Após desenvolver seus MVPs e o processo de vendas, você terá um monte de experiências e dados para usar na avaliação de suas hipóteses-chave. Lembre que a meta principal é aprender sobre os atributos ExO e o modelo de negócios (em particular, a proposição de valor e o modelo de receitas).

Completado o processo de vendas, o próximo passo é examinar os dados que você reuniu.

FERRAMENTAS

Use o modelo para identificar e avaliar as hipóteses com que você trabalhou na semana passada e preencher as colunas Medir e Aprender.

CONSELHO

Analise os dados qualitativos tanto quanto os quantitativos (indicadores). Nesse estágio inicial do jogo, a informação qualitativa é mais importante do que a quantitativa.

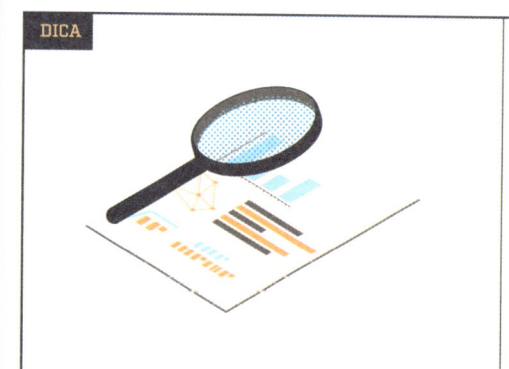

DICA

Resultados de experimentação com frequência produzem um monte de ruído, mas examinar os dados também cria oportunidades de aprendizado. Por exemplo, após avaliar uma solução, você poderia descobrir que certos segmentos de clientes adoram seu produto ou serviço, enquanto outros odeiam. Na verdade, seus resultados poderiam indicar que pessoas com menos de 45 anos o adoram e aquelas com mais de 45 não gostam. O aprendizado aqui? Concentre a solução no segmento de clientes até 45 anos.

MODELO para identificar e avaliar hipóteses-chave

Eco Places

	CONSTRUIR			MEDIR	APRENDER
Nome da iniciativa ExO	Hipóteses-chave	Descrição do experimento	Critérios de avaliação	Resultado do experimento	Aprendizados-chave
AirEco	O mercado é grande o suficiente para lançar este negócio.	Use estatísticas para verificar se o número de potenciais clientes é grande o suficiente.	Conseguimos vender 50 milhões de noites por ano.	O mercado potencial supera 80 milhões de noites por ano.	**Hipótese validada** Existe uma abundância de potenciais clientes.
	Os potenciais clientes estão dispostos a reservar uma estadia em uma ecopropriedade particular.	■ Página de destino para testar se os potenciais clientes aderem; promover com Google AdWords. ■ Apresentação detalhando o serviço para encorajar os potenciais clientes a alugarem ecopropriedades.	Os potenciais clientes estão dispostos a reservar uma estadia em uma ecopropriedade particular.	■ Resultados mostram que 7% dos visitantes aderiram. ■ Mais de 35% dos potenciais clientes entrevistados reservaram uma estadia, embora alguns solicitassem mais informações do que as abordadas nas apresentações.	**Hipótese validada** Aprendemos que existe demanda de potenciais clientes e que os perfis das propriedades que aparecem na plataforma precisam ser abrangentes.
	Os proprietários estão dispostos a compartilhar suas propriedades.	■ Página de destino para testar se os proprietários aderem; promover com Google AdWords. ■ Apresentação detalhando o serviço para os proprietários interessados em alugar suas propriedades.	Os proprietários estão dispostos a compartilhar suas propriedades.	■ Apenas 2% dos visitantes aderiram. ■ Somente 20% dos proprietários entrevistados estavam dispostos a alugar suas propriedades a hóspedes, porém mais de 40% indicaram que estariam dispostos a alugá-las se tivessem oportunidade de fazer a triagem dos potenciais hóspedes.	**Hipótese invalidada** Aprendemos que os proprietários querem informações dos antecedentes dos hóspedes que alugarão suas propriedades, portanto, precisamos oferecer um processo de qualificação de hóspedes.

Sugestões para a semana...

O fluxo perfeito para esta semana:

| Dom | Seg | Ter | Qua | Qui | Sex | Sáb |

Passe o primeiro dia definindo como contactar primeiros adeptos. Depois, os contacte o mais rápido possível.

Revise os resultados com seu Coach ExO no quinto dia.

O resto do seu tempo será gasto fazendo experimentos de venda com primeiros adeptos. Caso precise de mais tempo para coletar dados, estenda este passo até o início da outra semana. De qualquer modo, você precisa ter resultados ao final da semana.

A meta para a semana é compilar dados suficientes dos experimentos para assegurar resultados válidos (e, portanto, aprendizado adicional). O que seria ainda melhor, é claro, é vender sua ideia durante o processo — um resultado que seria ótimo para impressionar o painel na apresentação final do ExO na Borda. Do nada até clientes reais em menos de 10 semanas... Vamos lá!

Lembre que primeiros adeptos não são simplesmente seus primeiros clientes. São também pessoas e/ou empresas especiais com uma mentalidade específica.

Para ajudar em sua avaliação dos diferentes tipos de hipóteses, talvez você precise contatar consultores externos, especialistas no seu setor, ou em uma tecnologia ou metodologia específica.

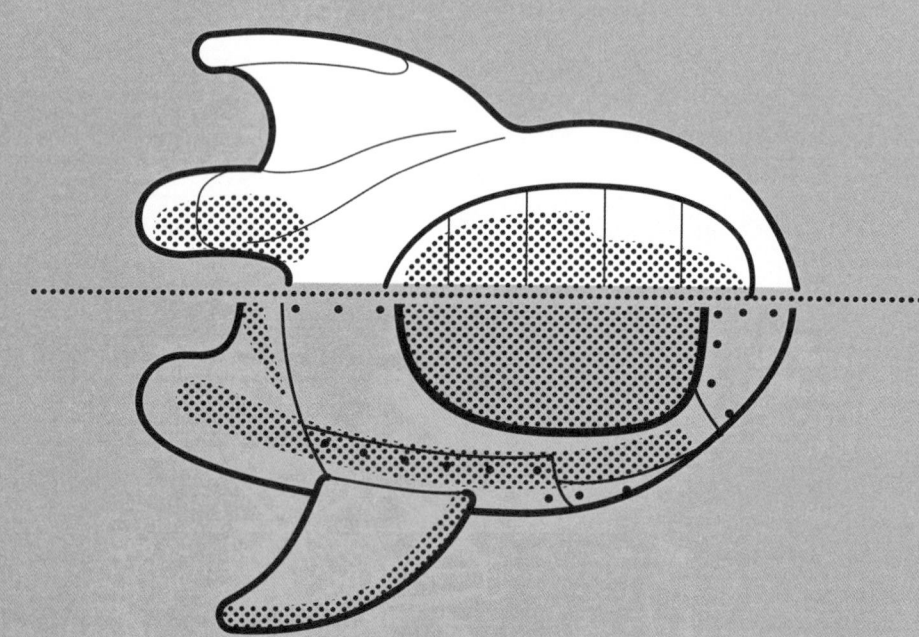

SEMANA 8
Aperfeiçoar

POR QUE ESTA SEMANA?

Semana passada, você deve ter aprendido muito sobre seu modelo de negócios e os atributos ExO, testando seus MVPs com clientes reais. Esta semana, você continuará desenvolvendo seus MVPs mediante experimentos.

A certa altura durante a semana, quando você dispuser de dados suficientes, será hora de encarar a realidade e fazer as mudanças necessárias em suas Iniciativas ExO na Borda para maximizar suas oportunidades de sucesso.

Modifique ou mesmo pivote suas iniciativas para assegurar que estejam bem posicionadas para o sucesso.

TAREFA 1 — Continuar desenvolvendo suas Iniciativas ExO na Borda

DESCRIÇÃO

Apenas duas semanas para construir um MVP e encorajar primeiros adeptos a comprarem seu produto ou serviço pode parecer tempo insuficiente. Mas, apesar do trâmite rápido, é possível.

Reserve diversos dias nesta semana para realizar experimentos e continuar desenvolvendo e iterando seu MVP com base no que aprendeu.

FERRAMENTAS

Caso ainda esteja realizando experimentos com primeiros adeptos, continue usando o modelo para identificar e avaliar as hipóteses que você vem usando nas últimas duas semanas.

DICA

Informações obtidas de experimentos com primeiros adeptos dotarão você de novas ideias e, potencialmente, de novas hipóteses. Mantenha o processo de definição e avaliação de hipóteses dinâmico. A ideia é usar o que você aprende para redefinir seus experimentos permanentemente.

DICA

Recomendamos explorar Metodologias de Desenvolvimento Ágil (como Scrum), que são técnicas básicas para desenvolver um MVP. A premissa principal dessas metodologias é continuamente redefinir características e prioridades de desenvolvimento para seu produto, para que você possa iterá-lo em poucos dias ou semanas. Ainda que não use as técnicas durante o ExO Sprint, é uma boa ideia ter um conhecimento prático para possível uso futuro.

TAREFA 2 Pivotar, iterar ou prosseguir!

DESCRIÇÃO

Uma vez que você tenha coletado informações suficientes (ou não tenha mais tempo para realizar experimentos adicionais ou continuar desenvolvendo os MVPs), está na hora da decisão.

Dependendo do que você aprendeu, eis os próximos passos para suas Iniciativas ExO na Borda:

Pivotar seu modelo de negócios:
Se nenhum de seus segmentos de clientes gostou de sua proposição de valor ou modelo de receitas, você vai ter de pivotar seu modelo de negócios.

Iterar seu produto/serviço:
Se os primeiros adeptos gostaram de sua proposição de valor e estão dispostos a comprar seu produto ou serviço, mas não estão satisfeitos com seu MVP atual, continue iterando seu MVP, a fim de desenvolver uma versão da qual seus clientes vão gostar.

Prosseguir:
Se os primeiros adeptos estão satisfeitos com seu produto ou serviço e estão dispostos a pagar por ele, você achou sua adequação produto/mercado e é hora de começar a pensar em como aumentar o negócio. Dedique tempo ao ExO Canvas e pense em como escalonar sua ExO.

FERRAMENTAS

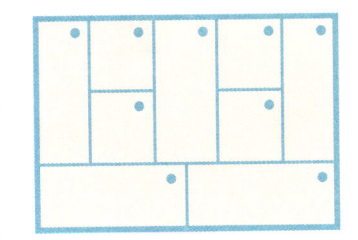

Para pivotar seu modelo de negócios, use o Canvas de Modelo de Negócios, no qual trabalhou antes no ExO Sprint.

TAREFA 2 Pivotar, iterar ou prosseguir!

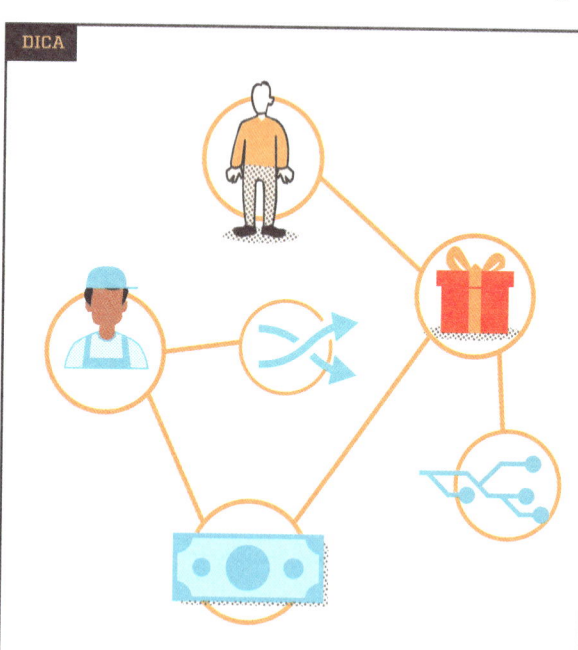

DICA

Existem diversos tipos de pivôs a serem considerados.
- **Pivô de segmento de clientes:** Seu produto ou serviço pode atrair clientes reais, mas não aqueles que você previu. Nesse caso, ajuste seu mercado-alvo.
- **Pivô de proposição de valor:** Você pode descobrir que sua proposição de valor precisa mudar, ou mesmo a forma como você entrega seu produto (talvez, implicando pivotar de um produto para um serviço).
- **Pivô de modelo de receitas:** Você pode precisar mudar o modelo de precificação.
- **Outros pivôs:** Pivô de canal, pivô de tecnologia, pivô de parceiros-chave etc.

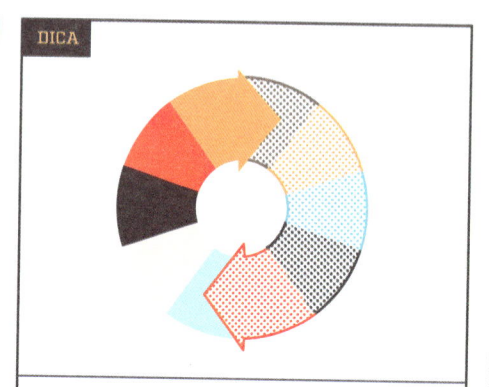

DICA

A iteração de seu produto ou serviço talvez requeira atualizar o backlog do produto, se você estiver usando Metodologias de Desenvolvimento Ágil (improvável, dadas as limitações de tempo de um ExO Sprint).

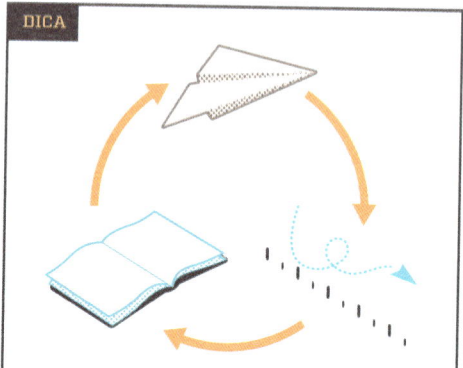

DICA

Examine com cuidado o feedback oferecido pelos clientes e reprioriza as características de seus MVPs conforme necessário. Não esqueça o ciclo Construir-Medir-Aprender, que é aplicável a tudo!

DICA

Quer você pivote ou não seu modelo de negócios, ou itere seu produto ou serviço, atualize seu ExO Canvas conforme necessário e examine o que seria preciso para criar um negócio realmente escalonável — ou seja, o que seria preciso para criar uma Organização Exponencial.

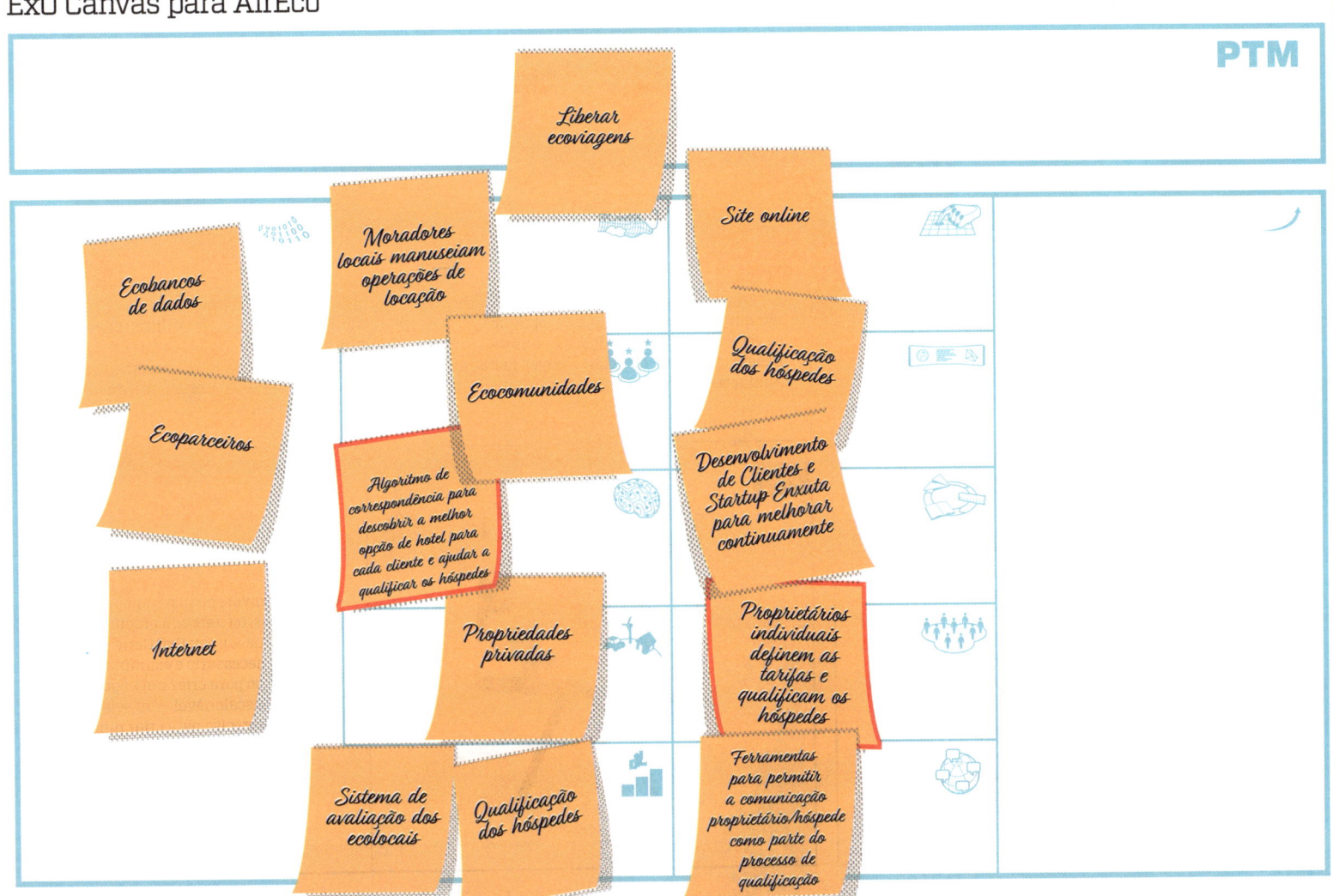

MODELO para entrega
ExO Canvas para AirEco

PTM

- Liberar ecoviagens
- Ecobancos de dados
- Moradores locais manuseiam operações de locação
- Site online
- Ecoparceiros
- Ecocomunidades
- Qualificação dos hóspedes
- Algoritmo de correspondência para descobrir a melhor opção de hotel para cada cliente e ajudar a qualificar os hóspedes
- Desenvolvimento de Clientes e Startup Enxuta para melhorar continuamente
- Internet
- Propriedades privadas
- Proprietários individuais definem as tarifas e qualificam os hóspedes
- Sistema de avaliação dos ecolocais
- Qualificação dos hóspedes
- Ferramentas para permitir a comunicação proprietário/hóspede como parte do processo de qualificação

Eco Places

ExO Sprint · SEMANA 8 · Aperfeiçoar

223

Fase de Execução (Fluxo na Borda)

MODELO para entrega

Canvas de Modelo de Negócios para AirEco

ExO Sprint — SEMANA 8 · Aperfeiçoar — Fase de Execução (Fluxo na Borda)

Eco Places

Parceiros-chave
- Organizações de tipo ecológico para ajudar na promoção

Atividades-chave
- Achar novas propriedades e proprietários
- Marketing
- Manutenção da plataforma
- Localizar equipe sob demanda para operações

Proposições de valor
- Alavancar ecopropriedades para receita extra, recebendo hóspedes qualificados
- Acesso a propriedades ecoamigáveis no mundo inteiro

Relacionamentos com clientes
- Assistência pessoal
- Serviço automatizado (web/app)
- Assistência pessoal
- Serviço automatizado (web/app)

Segmentos de clientes
- Donos de ecopropriedades
- Ecoviajantes jovens e qualificados

Recursos-chave
- Plataforma

Canais
- Site online

Estrutura de custos
- Equipe sob demanda para operações
- Manutenção da plataforma
- Proprietários definem taxas de locação
- Marketing

Fluxos de receita
- Anúncios premium
- Taxa de locação noturna

Sugestões para a semana...

O fluxo perfeito para esta semana:

Seg–Ter: Passe os dois primeiros dias coletando o máximo de dados possível de primeiros adeptos e refinando seu MVP.

Sex: Compartilhe seu progresso com seu Coach ExO no quinto dia e prepare-se para organizar as apresentações finais para a Sessão de Lançamento!

| Dom | Seg | Ter | Qua | Qui | Sex | Sáb |

Qua–Qui: Dedique os dois dias seguintes para analisar os resultados e fazer quaisquer ajustes necessários no modelo de negócios, produto ou serviço e ExO Canvas.

Fazer mudanças em suas iniciativas ExO pode se revelar desafiador (não é fácil abrir mão de ideias às quais você está apegado), mas não reaja desencadeando o sistema imunológico corporativo! Pelo contrário, construa a melhor iniciativa ExO possível, com base no que está aprendendo ao avançar por cada estágio do ExO Sprint.

Baseie todas as decisões em dados. Permanecer neutro muitas vezes requer deixar seu ego de lado e abrir mão de qualquer apego a ideias ou propostas favoritas.

Lembre que dentro do processo de ExO Sprint todos são iguais e não há espaço para a hierarquia corporativa. Em suma, as decisões nunca deveriam se basear na posição hierárquica na empresa.

S8

ExO Sprint

SEMANA 8 · Aperfeiçoar

Fase de Execução (Fluxo na Borda)

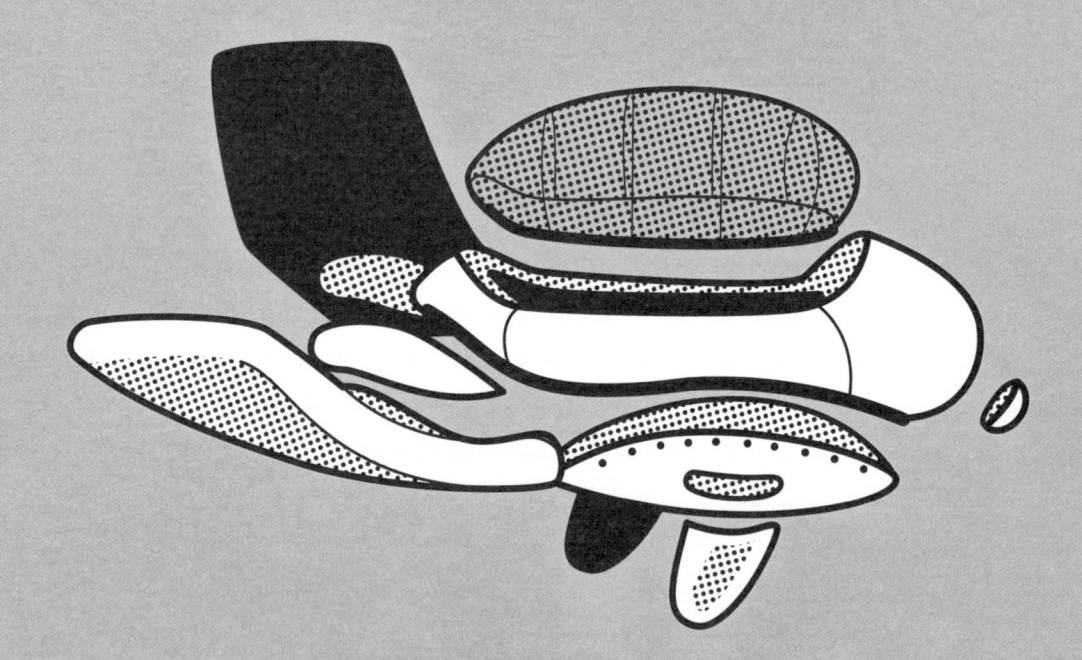

SEMANA 9
Reunir

ExO Sprint

SEMANA 9 · **Reunir**

226

Fase de Execução (Fluxo na Borda)

POR QUE ESTA SEMANA?

Hora de se preparar para a apresentação final!

Semana que vem, você vai apresentar suas melhores ideias à equipe de liderança. A meta é receber feedback adicional e, o mais importante, assegurar os recursos necessários para continuar desenvolvendo as Iniciativas ExO na Borda.

A atribuição desta semana é fazer com que sua equipe reúna os componentes de sua iniciativa e crie uma apresentação abrangente, exibindo o trabalho incrível realizado através do ExO Sprint.

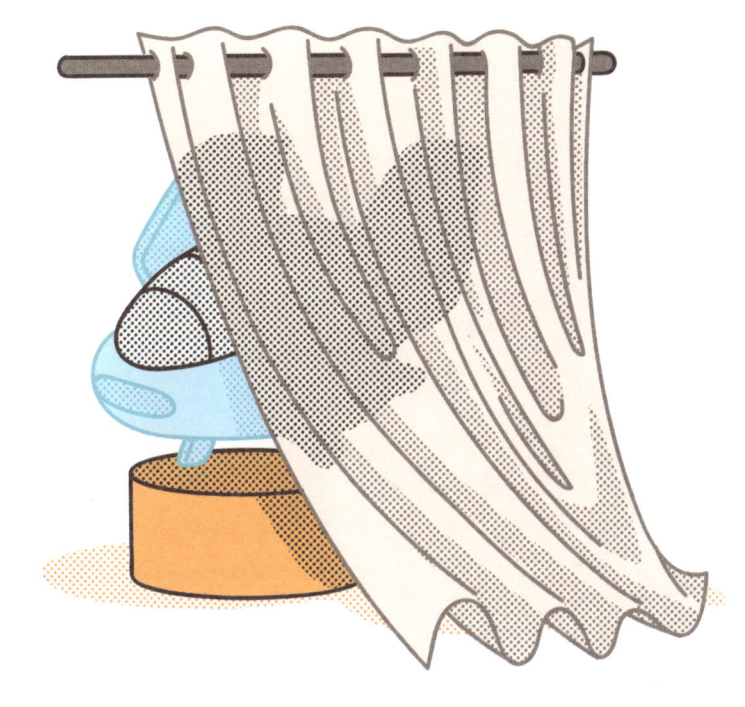

TAREFA 1 — Se possível, reduza para dois o número de iniciativas a serem apresentadas

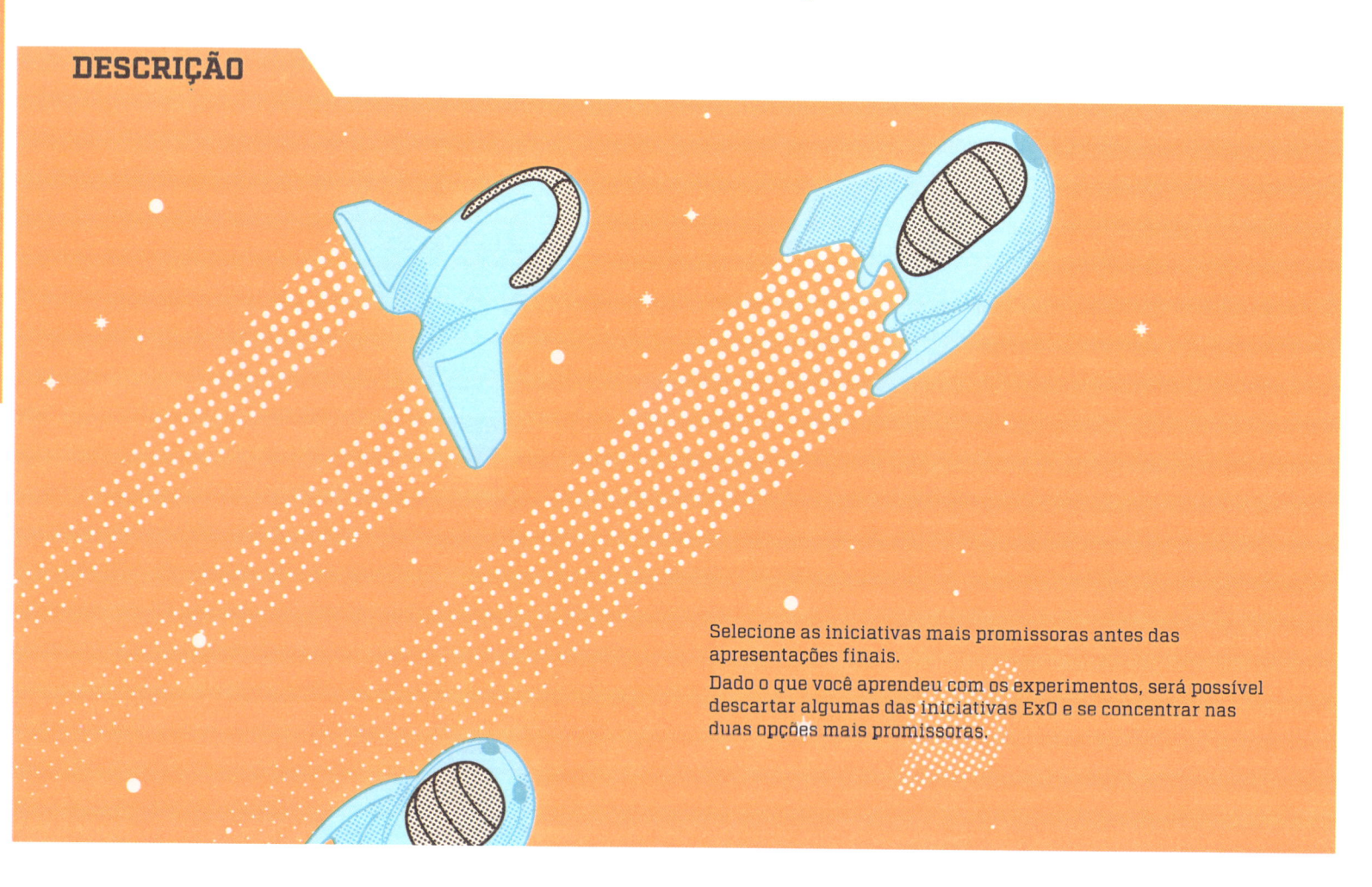

DESCRIÇÃO

Selecione as iniciativas mais promissoras antes das apresentações finais.

Dado o que você aprendeu com os experimentos, será possível descartar algumas das iniciativas ExO e se concentrar nas duas opções mais promissoras.

TAREFA 2
Estender suas Iniciativas ExO na Borda com marcos principais e um orçamento

DESCRIÇÃO

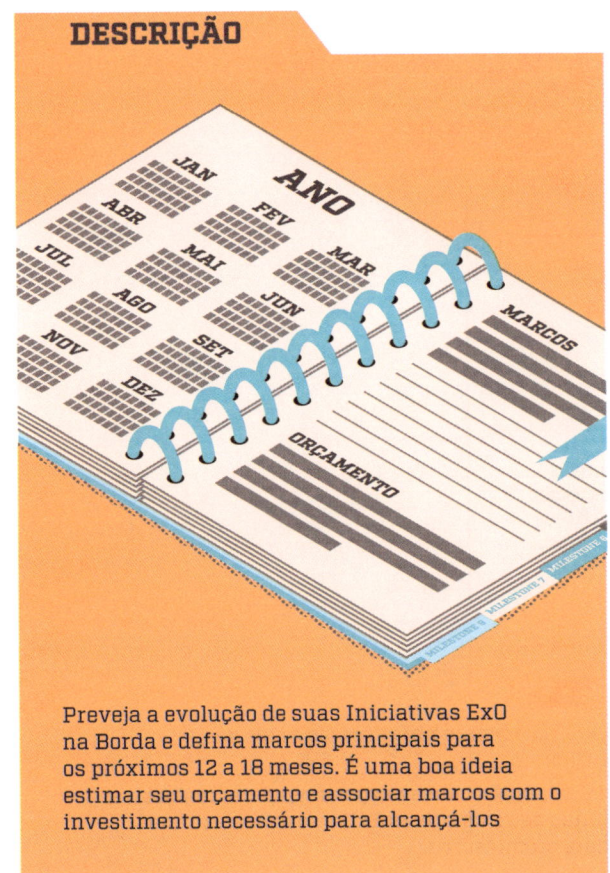

Preveja a evolução de suas Iniciativas ExO na Borda e defina marcos principais para os próximos 12 a 18 meses. É uma boa ideia estimar seu orçamento e associar marcos com o investimento necessário para alcançá-los.

FERRAMENTAS

Use o modelo desta seção.

DICA

Os marcos principais podem incluir:

- Achar a equipe certa para executar a iniciativa
- Realizar mais experimentos para avaliar as hipóteses 
- Construir um MVP e suas revisões 
- Assegurar primeiros adeptos e receitas 
- Descobrir a adequação produto/mercado ideal — aquele ponto ideal em que a satisfação dos clientes é maior 
- Buscar parcerias onde forem aplicáveis 

DICA

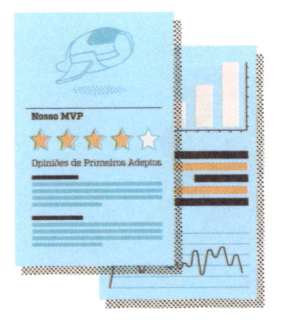

Para estimar receitas, crie um conjunto de parâmetros de negócios que levem em conta os indicadores de inovação que você definiu (e testou) na semana passada.

TAREFA 2 — Estender suas Iniciativas ExO na Borda com marcos principais e um orçamento

DICA

Quando se trata de estimar custos, seja realista sobre os recursos e ajuda externa necessários para alcançar seus marcos, que deveriam ser alinhados com recursos que possam ser facilmente aprovados.

DICA

Se sua Iniciativa ExO na Borda depende fortemente de uma tecnologia emergente, seus marcos podem refletir os passos temporários que preparão sua organização para adotar a tecnologia quando esta amadurecer.

DICA

Crie uma sequência de marcos controláveis. Por exemplo, um marco poderia testar o conceito com um segmento de mercado pequeno, ou testar um componente individual da iniciativa.

TAREFA 3
Desenvolver uma apresentação final para as Iniciativas ExO na Borda

DESCRIÇÃO

Para preparar as apresentações finais, você precisará desenvolver uma plataforma para cada uma de suas Iniciativas ExO na Borda.

Para esta rodada, em vez de usar o formato do "pitch de elevador" curto, você produzirá apresentações mais longas e abrangentes para cada uma das iniciativas.

FERRAMENTAS

Use o modelo desta seção.

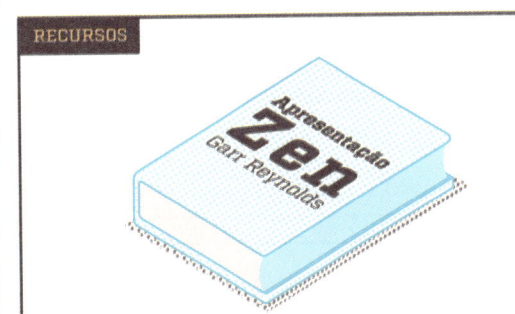

RECURSOS

Um livro útil é *Apresentação Zen: Ideias simples de como criar e executar apresentações vencedoras*, de Garr Reynolds.

DICA

Sempre que possível, use figuras em vez de texto para seus slides, para evitar o cenário de pessoas lendo-os em vez de ouvirem o que você tem a dizer.

TAREFA 3 Desenvolver uma apresentação final para as Iniciativas ExO na Borda

DICA

Crie uma história que defenda de forma convincente cada iniciativa, começando pelo espaço do problema e incluindo uma definição clara da proposição de valor. O conceito é fácil de entender? Seu valor é fácil de entender?

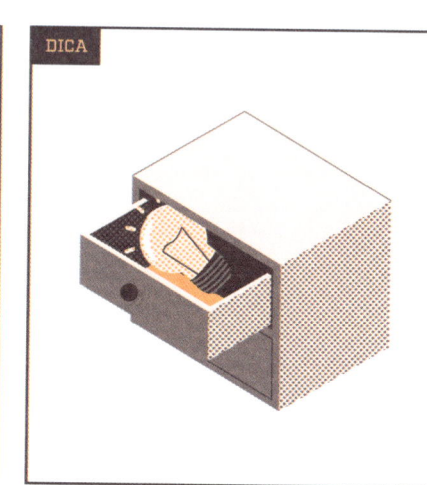

DICA

Não se preocupe se você acabar abortando uma ou mais de suas iniciativas ExO. Embora você devesse apresentar ao menos duas Iniciativas ExO na Borda na Sessão de Lançamento, você pode sempre ressuscitar qualquer uma das iniciativas em que estava trabalhando antes da Sessão de Disrupção. Certifique-se de desenvolver quaisquer acréscimos novos tanto quanto possível, seguindo o processo definido nas semanas anteriores.

DICA

Não esqueça que você terá apenas 15 minutos para apresentar cada iniciativa.

DICA

Comece a treinar o mais cedo possível!

APRESENTAÇÃO

Cada apresentação deveria incluir os seguintes slides/seções:

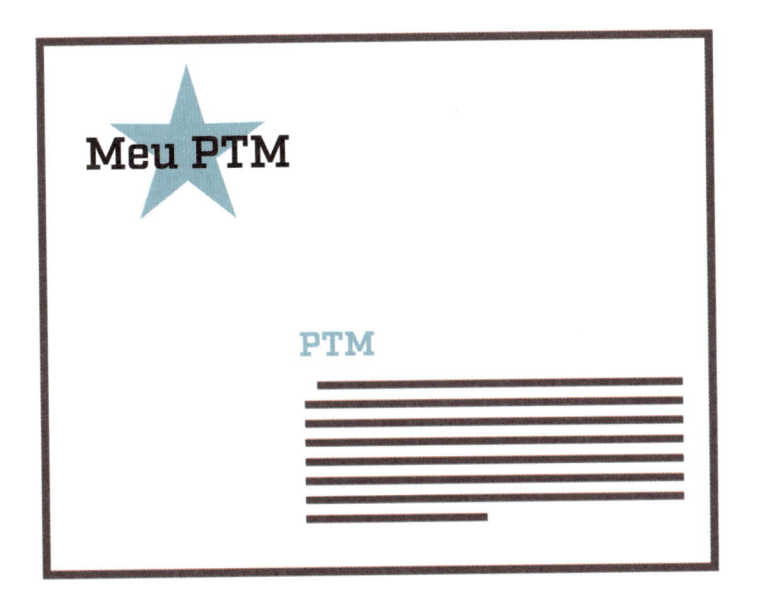

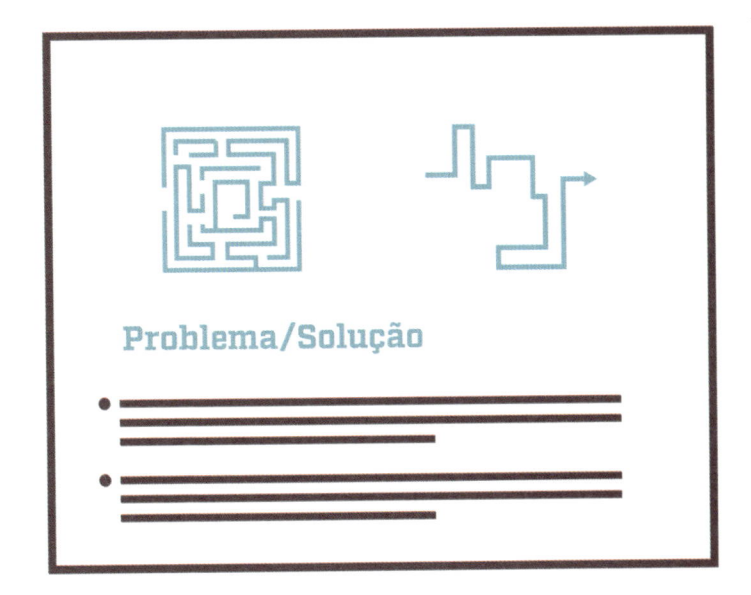

PTM

É imperativo começar cada apresentação de Iniciativa ExO na Borda com um PTM.

Note que você pode ter diversas iniciativas compartilhando o mesmo PTM. Nesse caso, explique o PTM primeiro, seguido de cada uma das iniciativas.

Em geral, use apenas um slide para apresentar cada PTM.

Problema/Solução

Apresente o problema antes da solução.

Uma vez descrito o problema, apresente a solução de uma forma inovadora.

Apresente tanto o problema como a solução, juntos ou separadamente, usando um só slide ou um conjunto de slides.

APRESENTAÇÃO

Contação de histórias

Modelo de negócios

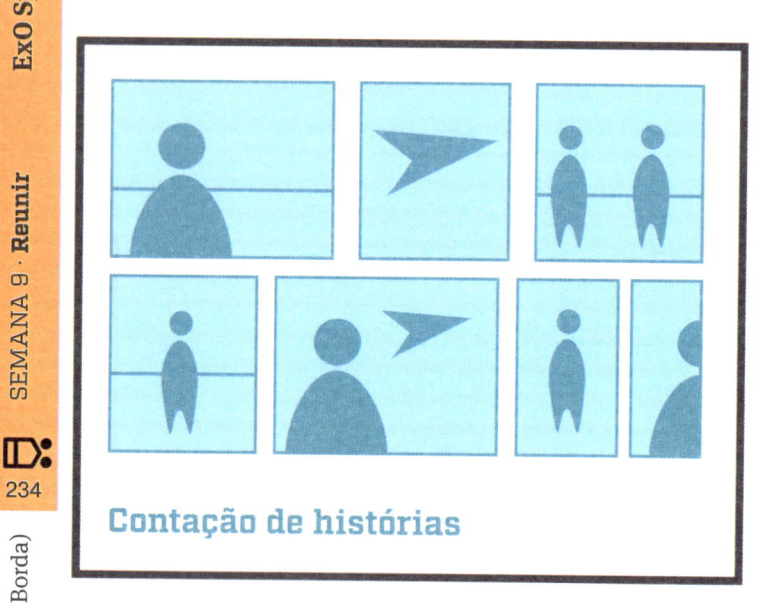

Estudo de caso

Ao comunicar ideias novas, é bom usar técnicas de contação de histórias.

Uma opção é inventar uma história e ilustrá-la com fotos e diagramas que expliquem o problema e como sua solução o resolve.

Recomendamos usar estudos de casos, se você estiver apresentando seis ou menos iniciativas. Conte com cinco minutos para apresentar cada iniciativa.

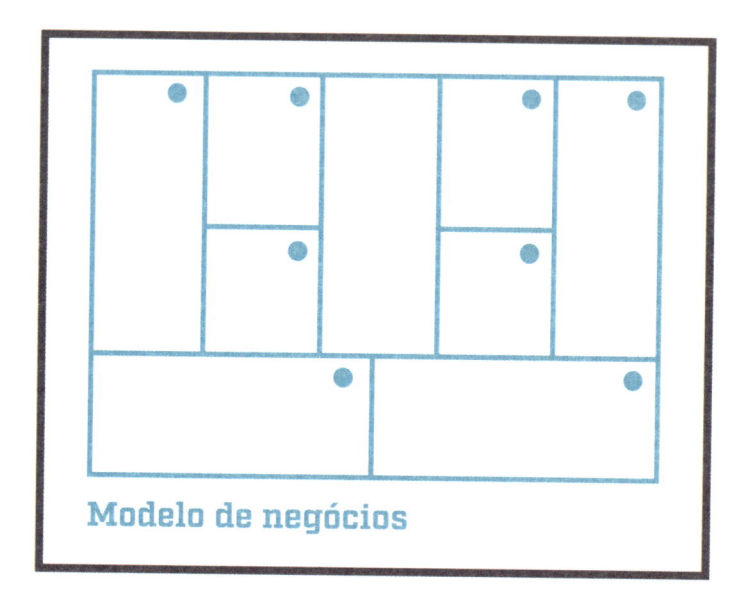

Modelo de Negócios

Esteja preparado para mostrar não apenas como você criará valor para os usuários (isso já pode estar claro das seções anteriores), mas também como planeja conservar esse valor.

Mostre o Canvas de Modelo de Negócios em um slide ou use alguns slides para descrever a base de seu modelo de negócios.

APRESENTAÇÃO

Atributos ExO

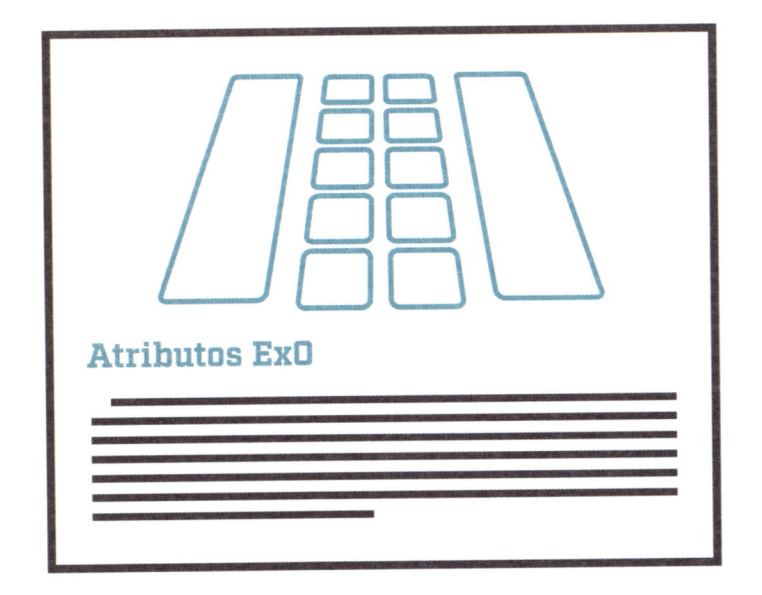

Atributos ExO

Como você está construindo ExOs novas, precisa mostrar como planeja atingir a abundância (usando os atributos SCALE) e como irá gerenciar (usando os atributos IDEAS).

Talvez você também queira apresentar o ExO Canvas e explicar algo sobre cada um dos atributos, conforme aplicados à Iniciativa ExO na Borda.

Estágios do escalonamento

Estágios do escalonamento

Usando uma curva exponencial, mostre como a iniciativa terá, com o tempo, um impacto global.

Inclua pontos-chave que abordem perspectivas de curto, médio e de longo prazo.

Mantenha uma mentalidade exponencial!

APRESENTAÇÃO

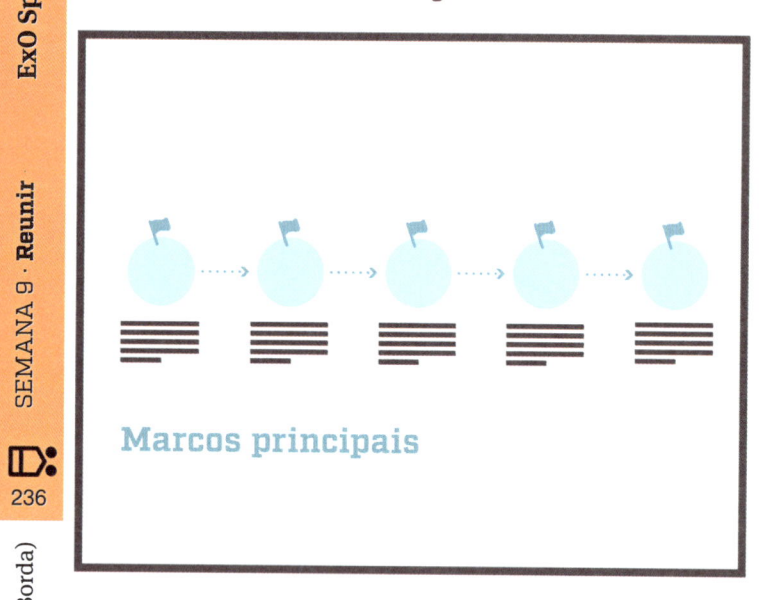

Marcos principais

Determine marcos importantes para os próximos meses.

Descreva marcos de longo prazo, aplicando o pensamento exponencial e sintetizando como você planeja atingir seu PTM.

Orçamento

Estime o orçamento necessário para atingir os marcos de curto prazo definidos.

Sugestões para a semana...

O fluxo perfeito para esta semana:

Passe o primeiro dia desenvolvendo um plano de marcos e orçamento.

Dedique o quarto dia a praticar a apresentação. Percorra sua apresentação diversas vezes para ficar à vontade com a comunicação e o tempo. Certifique-se de saber exatamente quais membros da equipe estarão apresentando.

| Dom | Seg | Ter | Qua | Qui | Sex | Sáb |

Passe os dois próximos dias desenvolvendo a apresentação para a próxima semana.

No quinto dia, faça a apresentação a seu Coach ExO para obter feedback e dicas de última hora.

Seja criativo no formato de sua apresentação. Por exemplo, equipes podem querer incrementar a apresentação padrão com som e vídeo.

Inclua dados reais dos experimentos nas apresentações. Um ótimo desempenho é uma vantagem, mas no final é apenas algo bonito. Existe sempre mais valor em fornecer dados e informações de clientes reais (por exemplo, testemunhos) para ilustrar o que você aprendeu.

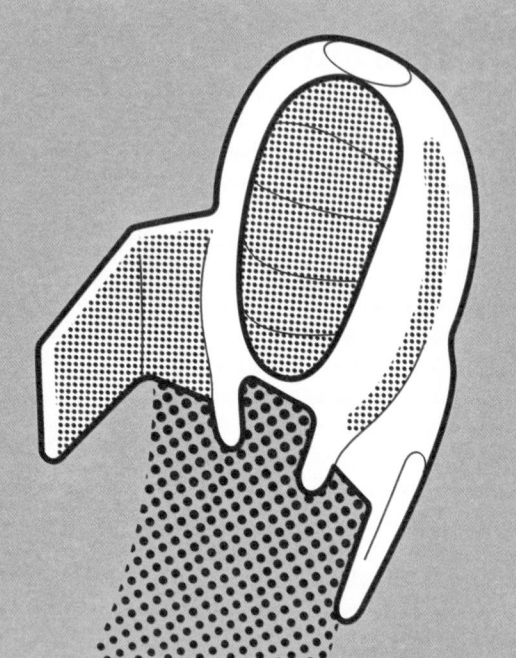

SEMANA 10
Lançar

POR QUE ESTA SEMANA?

O grande dia chegou!

Nesta semana, você vai apresentar suas Iniciativas ExO na Borda à equipe de liderança da empresa e a consultores selecionados, que vão tomar, então, a decisão final sobre quais iniciativas financiar e desenvolver.

O processo de seleção não é o final — muito pelo contrário. O desenvolvimento de suas Iniciativas ExO na Borda marca o princípio de uma revolução no setor!

TAREFA 1 Preparar o cenário e logística

DESCRIÇÃO

Crie o ambiente certo e prepare a logística para as apresentações.

As apresentações podem ser realizadas pessoalmente ou online. Depende em grande parte de onde as pessoas estão localizadas e do tamanho de seu orçamento. Se você apresentar pessoalmente, pense na possibilidade de decorar o espaço para criar uma atmosfera única. Se você realizar as apresentações online, teste o sistema de videoconferência antes.

FERRAMENTAS

60'-90' P&R

Siga uma agenda estabelecida (incluímos um esboço a seguir) para cada apresentação, que deveria durar entre 60 e 90 minutos, dependendo do número de iniciativas apresentadas. Destine 15 minutos para cada apresentação, seguida por uma sessão de P&R de 10 minutos. Programe um breve intervalo antes do próximo evento.

DICA

AGENDA

A gestão do tempo é fundamental para uma apresentação eficaz. Comunique sua agenda com antecedência, inclusive a ordem das apresentações.

TAREFA 2 — Apresentações e discussão

DESCRIÇÃO

As equipes apresentarão suas ideias à equipe de liderança e outros envolvidos relevantes. Em contraste com a Sessão de Disrupção, desta vez, a equipe receberá feedback e responderá a perguntas.

O formato da apresentação final é mais longo do que para a Sessão de Disrupção, que contou com a técnica do "pitch de elevador".

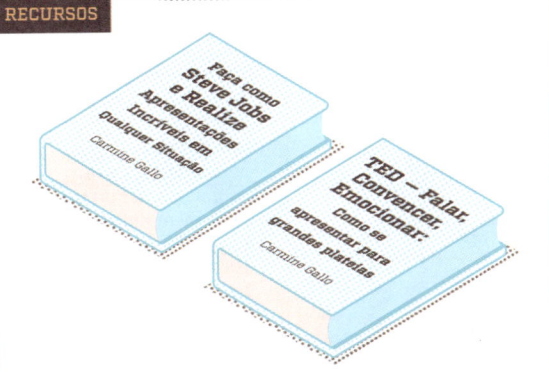

RECURSOS

Dois livros podem ajudá-lo a melhorar suas apresentações: *Faça como Steve Jobs e Realize Apresentações Incríveis em Qualquer Situação* e *TED — Falar, Convencer, Emocionar: Como se apresentar para grandes plateias*, ambos de Carmine Gallo.

DICA

Recomendamos uma sessão de perguntas e respostas de 10 minutos por iniciativa.

ExO Sprint · SEMANA 10 · Lançar · Fase de Execução (Fluxo na Borda)

TAREFA 3 Avaliação final

DESCRIÇÃO

Encerradas as apresentações, a equipe de liderança e os consultores selecionados se reunirão para tomar uma decisão sobre quais Iniciativas ExO na Borda seguirão adiante e quais recursos serão alocados para cada uma.

Lembre que as iniciativas precisam ser avaliadas do ponto de vista da *disrupção*. A maneira como o setor funciona atualmente pode não se aplicar aqui, mesmo quando se trata de regulamentações existentes. A equipe de liderança precisa também ter cuidado para não assumir o papel do sistema imunológico corporativo.

FERRAMENTAS

A equipe de liderança deveria consultar os modelos desta seção, que a ajudarão a avaliar quais iniciativas financiar.

DICA

Para ajudar a prevenir uma reação do sistema imunológico por parte dos membros da equipe de liderança que não estão participando do ExO Sprint, recomendamos que experts em disrupção sejam incluídos nas avaliações da apresentação final, como ocorreu na Sessão de Disrupção, realizada na Semana 5. Sua independência em relação à organização (e sua liderança) promovem um feedback honesto e imparcial.

DICA

Lembre que o pensamento tradicional, da velha escola, não se aplica aqui, portanto, evite informações e recomendações oriundas dessa mentalidade. Isso pode se mostrar desafiador se você está por dentro do setor.

TAREFA 3 Avaliação final

DICA

Não esqueça que as Iniciativas ExO na Borda ainda estão nos estágios iniciais de desenvolvimento, o que significa que tendem a mudar nos próximos meses. Por enquanto, é importante manter uma perspectiva de alto nível — enfocando o propósito e visão específica das Iniciativas ExO na Borda —, em vez de se concentrar nos detalhes.

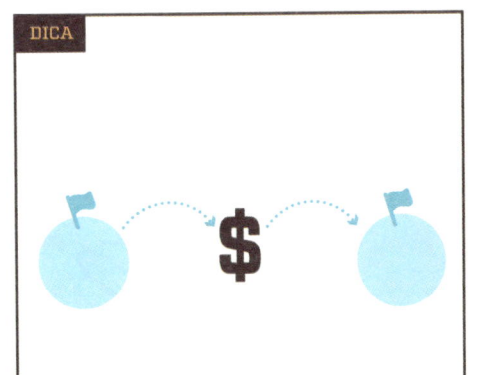

DICA

A equipe de liderança não precisa financiar plenamente as iniciativas escolhidas. Pode seguir uma abordagem enxuta, alocando apenas recursos suficientes para se alcançar o próximo marco principal.

DICA

Costuma ser uma boa ideia calcular o montante total de dinheiro que você quer gastar na fase após o ExO Sprint. Divida a soma entre as diferentes iniciativas de acordo com suas expectativas para cada uma.

DICA

Escolha equipes externas compostas de um ou mais empreendedores para continuar desenvolvendo cada iniciativa. Participantes do ExO Sprint que trabalharam nas iniciativas deveriam servir de consultores externos. Você constatará que muitos estarão ansiosos por saltar para a nova "Iniciativa na Borda"!

TAREFA 4 — Anúncios

DESCRIÇÃO

Informar aos participantes do ExO Sprint quais iniciativas ExO estão sendo financiadas é fundamental para manter o impulso.

É importante manter todos os participantes do ExO Sprint envolvidos, quer suas iniciativas sejam ou não selecionadas. Não deixe de comunicar seu reconhecimento de um trabalho bem-feito. Todos terão completado uma quantidade incrível de trabalho em um curto período de tempo.

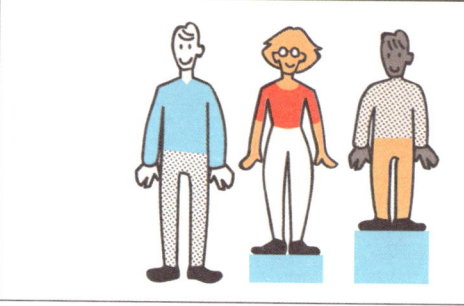

Uma forma de manter todos envolvidos, fazendo com que compartilhem o resultado, é oferecer a todos os participantes do ExO Sprint (e equipes ExO Central, se aplicável) participação acionária nas Iniciativas ExO na Borda.

AGENDA DAS APRESENTAÇÕES

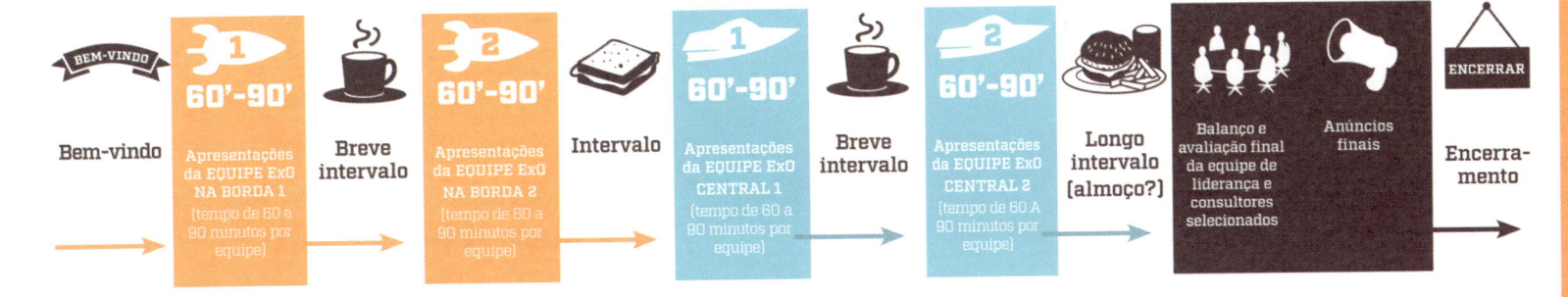

Eco Places — ExO Sprint

Bem-vindo → Apresentações da EQUIPE ExO NA BORDA 1 (60'-90', tempo de 60 a 90 minutos por equipe) → Breve intervalo → Apresentações da EQUIPE ExO NA BORDA 2 (60'-90', tempo de 60 a 90 minutos por equipe) → Intervalo → Apresentações da EQUIPE ExO CENTRAL 1 (60'-90', tempo de 60 a 90 minutos por equipe) → Breve intervalo → Apresentações da EQUIPE ExO CENTRAL 2 (60'-90', tempo de 60 A 90 minutos por equipe) → Longo intervalo (almoço?) → Balanço e avaliação final da equipe de liderança e consultores selecionados → Anúncios finais → ENCERRAR / Encerramento

SEMANA 10 · Lançar

Fase de Execução (Fluxo na Borda)

MODELO para entrega

Iniciativa ExO na Borda	Está alinhada ao escopo do ExO Sprint?	É disruptiva?	É escalonável?	É viável?	Selecionada?	Recursos alocados
AirEco	SIM	SIM	SIM	SIM	SIM	US$150K

Sugestões para a semana...
DICAS FINAIS

Pratique o máximo possível e continue trabalhando para melhorar sua apresentação.

Quando enfim chegar o momento de compartilhar suas iniciativas ExO com todos, relaxe e curta o momento!

S10

ExO Sprint

SEMANA 10 · Lançar

247

Fase de Execução (Fluxo na Borda)

É importante fazer um anúncio sobre as iniciativas selecionadas e os recursos alocados a cada uma.

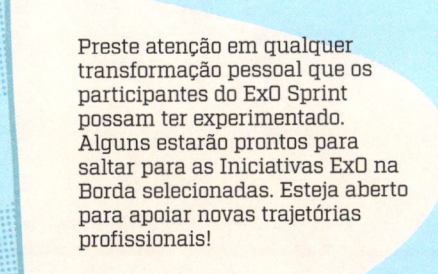

Preste atenção em qualquer transformação pessoal que os participantes do ExO Sprint possam ter experimentado. Alguns estarão prontos para saltar para as Iniciativas ExO na Borda selecionadas. Esteja aberto para apoiar novas trajetórias profissionais!

ExO Sprint

ID: 248

Fase de Execução (Fluxo Central)

EXECUÇÃO
FLUXO CENTRAL

Execução (**Fluxo Central**)

O Fluxo Central permite que você adapte sua organização à disrupção externa do setor, adotando novas tecnologias e técnicas organizacionais — tudo isso enquanto mantém seu modelo de negócios atual.

CARACTERÍSTICAS

Além de facilitar uma compreensão abrangente da organização e setor existentes, o Fluxo Central também explora a disrupção vinda de fora do setor. Sua organização atual possui um modelo de negócios em funcionamento e um legado que você não pode mudar da noite para o dia, de modo que, mesmo ao adaptá-los à disrupção externa — que pode ser vista como uma ameaça ou uma grande oportunidade —, você preservará o fundamento básico.

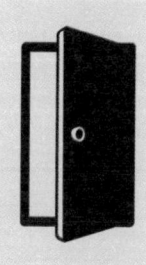

OPORTUNIDADES

- Tornar a organização mais adaptável, flexível e ágil frente à disrupção externa.
- Melhorar a proposta de valor da organização.
- Aumentar a eficiência.
- Aumentar as vendas.
- Diversificar os fluxos de receitas.
- Aumentar o impacto relacionado ao PTM.

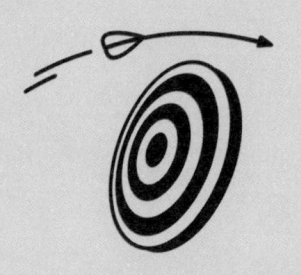

DESAFIOS

- Conhecer e avaliar todos os elementos externos — tecnologias e modelos de negócios, por exemplo — que possam abalar seu setor.
- Criar estratégias para sobreviver e prosperar em meio à disrupção acelerada.
- Lidar com o sistema imunológico corporativo de antemão para evitar que erga barreiras às novas estratégias e projetos.
- Aceitar o fracasso como parte do processo. Continuar experimentando e iterando ideias até achar a combinação certa com o mercado.

INPUTS

- O Fluxo Central aplicado à organização inteira ou a uma ou mais unidades de negócios específicas.
- Uma equipe de pessoas capazes, dispostas e ávidas por passar as próximas 10 semanas criando iniciativas novas para adaptar a organização à disrupção externa do setor.

OUTPUTS

- Uma organização que é mais flexível, ágil e adaptável à disrupção externa do setor.
- Gerar lucros exponenciais.
- Mudar o mundo para melhor.

Fase de Execução (Fluxo Central) · SEMANA 1 · Explorar · ExO Sprint

252

SEMANA 1
Explorar

POR QUE ESTA SEMANA?

O mundo muda diariamente. Explorar como a mudança poderia afetar sua organização é uma experiência de aprendizado empolgante — que pode até surpreender você!

Muitos executivos passam grande parte do seu tempo lidando com questões internas, nunca olhando além do que vem ocorrendo dentro da organização. Não seja um deles!

As maiores ameaças e oportunidades para sua organização podem ser encontradas no surgimento de tecnologias e modelos de negócios novos, e mudanças no ambiente além do seu setor como é hoje. Todos esses elementos representam uma disrupção externa que pode ser relevante ao futuro de sua organização, tanto no curto como no longo prazo. Portanto, vamos achá-los!

A atribuição desta semana prepara a base para o Fluxo Central. Ajudará você a adquirir uma visão estratégica das tecnologias mais importantes que podem abalar seu setor, seja agora ou no futuro. Como o seu setor já vem sendo reformulado? Ao olhar para "fora do prédio", você ganhará uma compreensão de como sua organização precisa ser reformulada, não apenas para sobreviver, mas para alavancar oportunidades existentes.

TAREFA 1 Aprender sobre tecnologias exponenciais

DESCRIÇÃO

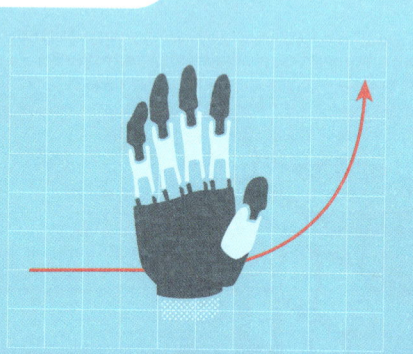

A maioria das tecnologias exponenciais impactará seu setor a certa altura, seja direta ou indiretamente. Embora essas tecnologias possam abalar o setor como existe hoje, também poderão criar oportunidades que podem ser alavancadas.

Pense sobre como algumas destas tecnologias emergentes/exponenciais podem impactar, ou já impactaram, seu setor:

- Inteligência artificial
- Robótica
- Impressão 3D
- Realidade virtual e realidade aumentada
- Biotecnologia e bioinformática
- Blockchain e bitcoin
- Nanotecnologia
- Drones
- Internet das Coisas
- Computação quântica

Pesquise na internet termos e expressões como "tecnologias disruptivas para o setor (X)", e encontrará muitos ótimos exemplos.

FERRAMENTAS

Use o modelo desta seção.

RECURSOS

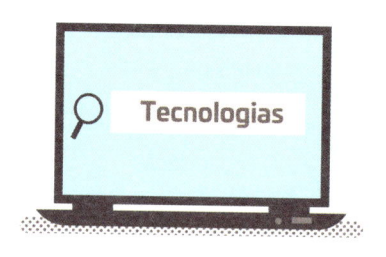

Explore sites voltados para tecnologia, em busca de artigos sobre tecnologias novas. Ainda que os artigos não sejam específicos para o seu setor, você vai achar conexões e aplicações potenciais. Entre os sites úteis estão [em inglês]:

- MIT Technology Review:
www.technologyreview.com/
- Singularity University Hub:
www.singularityhub.com
- Disruption Hub:
www.disruptionhub.com/
- Wired:
www.wired.com/
- Exponential View:
www.exponentialview.com
- Futurism:
www.futurism.com

DICA

Assine as newsletters semanais oferecidas por esses sites. Elas o manterão informado dos progressos mais recentes em tecnologias emergentes. Um rápido exame semanal mantém você informado e permite que pesquise mais quando um tema específico chamar sua atenção.

DICA

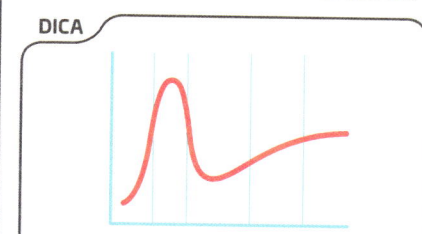

Examine o Ciclo Hype da Gartner para informações sobre tecnologias emergentes.

TAREFA 2 — Aprender sobre modelos de negócios novos capazes de abalar seu setor

DESCRIÇÃO

Modelos de negócios e startups novos dentro e fora do seu setor podem abalar seu negócio. Aprenda sobre eles antes que seja tarde demais para recuperar o terreno perdido.

Pesquise na internet termos e expressões como "startups para o setor (X)".

RECURSOS

Visite sites voltados para startups, nos quais você encontrará artigos sobre empreendimentos novos. Lembre que você não está apenas buscando startups voltadas para seu setor, mas também modelos de negócios novos que possam ser aplicados ao seu setor. Os sites úteis incluem [em inglês]:

- TechCrunch: https://techcrunch.com/
- AngelList: https://angel.co/
- Gust: http://www.gust.com
- Entrepreneur: https://www.entrepreneur.com

FERRAMENTAS

Use o modelo desta seção.

DICA

Procure novos modelos de negócios e empresas que estão solucionando as mesmas necessidades de mercado que você. Às vezes, a disrupção vem de fora do seu setor, à medida que empresas novas começam a solucionar necessidades de clientes de forma completamente nova.

DICA

Inúmeras startups estão achando novos meios de abalar setores. Estude-as para obter inspiração sobre como melhorar sua própria organização!

DICA

Faça as seguintes perguntas em relação ao seu setor:

- Que formas novas e diferentes de fazer negócios estão abalando as coisas?
- Como empresas tradicionais estão sendo contornadas, à medida que startups cada vez mais se conectam direto com consumidores?

ExO Sprint · SEMANA 1 · Explorar · Fase de Execução (Fluxo Central)

255

TAREFA 3 Descubra sobre novas mudanças no contexto de sua organização

DESCRIÇÃO

Mudanças no contexto podem ser uma ameaça ou oportunidade para seu negócio. Identifique-as — a fim de preparar a empresa para a disrupção e gerar oportunidades novas.

Facilite o processo de identificar potenciais mudanças discutindo as diferentes questões que poderiam afetar seu setor ou organização:

Regulação:
Leis e políticas novas

Clientes:
Novos segmentos de clientes, tendências, comportamentos de compras, experiências de usuários

Fornecedores:
Novos fornecedores, tendências, modelos operacionais

Concorrentes:
Protagonistas novos, produtos/serviços substitutos

Meio ambiente:
Eventos novos ocorrendo no mundo físico ou digital que poderiam afetar seu negócio

FERRAMENTAS

Use o modelo desta seção.

DICA

Lembre que tecnologias exponenciais geram abundância e modelos de negócios novos baseados na abundância. Para identificar a disrupção externa, observe transições da escassez à abundância.

TAREFA 3 Descubra sobre novas mudanças no contexto de sua organização

DICA

Existe muito conhecimento dentro de sua organização sobre como o contexto vem afetando seu setor e empresa, portanto, converse com pessoas à sua volta para obter informações.

DICA

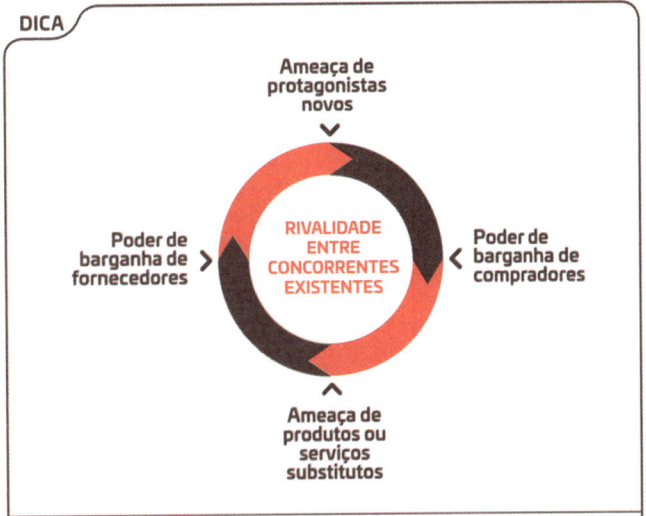

- Ameaça de protagonistas novos
- Poder de barganha de fornecedores
- RIVALIDADE ENTRE CONCORRENTES EXISTENTES
- Poder de barganha de compradores
- Ameaça de produtos ou serviços substitutos

Usar métodos tradicionais (por exemplo, o modelo das Cinco Forças de Porter) ajudará você a realizar uma análise abrangente de como mudanças do contexto poderão afetar sua organização.

DICA

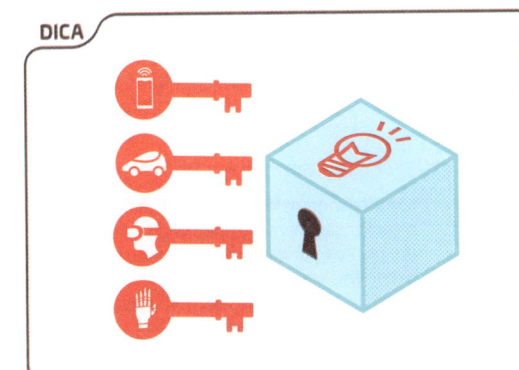

Algumas dessas mudanças podem parecer desafiadoras, mas você descobrirá que a maioria tem o potencial de se tornar grandes oportunidades.

TAREFA 4 — Descrever o modelo de negócios de sua organização atual

DESCRIÇÃO

Um modelo de negócios é a forma como uma organização cria, entrega e conserva valor. A esta altura do jogo, você vai descrever o modelo de negócios de sua organização atual, que funcionará como um modelo para as iniciativas ExO. Lembre que o Fluxo ExO Central não deveria mudar seu modelo de negócios atual — e sim adaptá-lo à disrupção externa do setor.

Use a técnica de Geração de Modelo de Negócios, para descrever seu modelo de negócios para permitir que você obtenha uma síntese de alto nível.

FERRAMENTAS

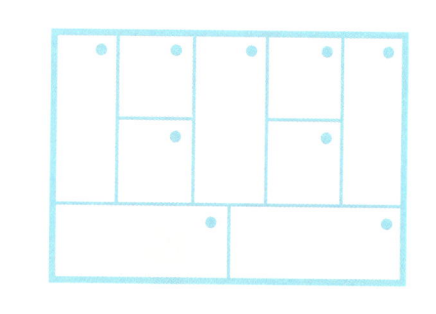

Use o modelo Canvas de Modelo de Negócios desta seção.

RECURSO

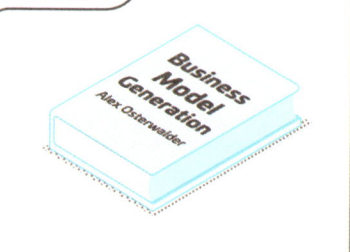

Business Model Generation, de Alex Osterwalder, oferece um guia para o Canvas de Modelo de Negócios.

RECURSO

Vá para a seção Alinhar e consulte o exercício de projeto de modelo de negócios. ➡ Pg. 136

DICA

Lembre que você está descrevendo como funciona o modelo de negócios de sua organização atual, não tentando redefini-lo.

DICA

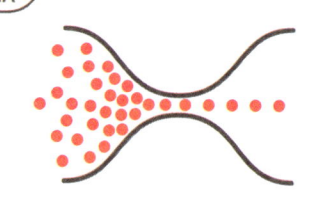

Identificar gargalos que tornam sua organização menos ágil e mais suscetível à disrupção é fundamental. Segundo nossa experiência, equipes que dedicam tempo a tal análise estão bem mais preparadas para as próximas atribuições.

MODELO para entrega

Tecnologia exponencial	Riscos	Oportunidades	Tempo
Nome e/ou descrição aqui...	Como causaria disrupção em seu setor...	Como pode trazer novas oportunidades de negócios...	Quando essa tecnologia exponencial poderia impactar o setor...

Modelo de negócios disruptivo	Riscos	Oportunidades	Tempo
Nome da empresa e/ou descrição aqui...	Como causaria disrupção em seu setor...	Como pode trazer novas oportunidades de negócios...	Quando o novo modelo de negócios causaria disrupção no setor...

Mudanças do contexto	Risco	Oportunidades
Descrição aqui...	Como impactaria o setor...	Como o setor pode se beneficiar...

MODELO para entrega (preenchido com exemplos de anotações para o caso da Eco Places)

Tecnologia exponencial	Riscos	Oportunidades	Tempo
Nome e/ou descrição aqui...	Como causaria disrupção em seu setor...	Como pode trazer novas oportunidades de negócios...	Quando essa tecnologia exponencial poderia impactar o setor...
Internet	Permite a economia do compartilhamento e modelos de negócios P2P (pessoa a pessoa).	Permite que os hotéis alcancem melhor os clientes e desenvolvam modelos de negócios novos.	Agora
Inteligência artificial & robótica	Automatizar a maioria das operações do hotel e aumentar a concorrência.	Ajudar os hotéis a entenderem melhor os clientes e personalizarem os serviços.	Nos próximos 2 anos
Drones	Redução do mercado devido a novos tipos de hotéis.	Fornecer novas formas de viajar.	Nos próximos 5 anos
Realidade virtual	Tecnologia nova poderia reduzir o desejo de viajar.	Alavancar tecnologia para hotéis.	Nos próximos 2 anos

Modelo de negócios disruptivo	Riscos	Oportunidades	Tempo
Nome da empresa e/ou descrição aqui...	Como causaria disrupção em seu setor...	Como pode trazer novas oportunidades de negócios...	Quando o novo modelo de negócios causaria disrupção no setor...
Airbnb (economia do compartilhamento alavanca ativos)	Oferece aos clientes acomodações ecológicas	Lançar uma plataforma P2P de economia do compartilhamento.	Agora
Uber (equipe sob demanda)	Permite que os concorrentes sejam mais responsivos às necessidades do mercado.	Implementar o atributo Comunidade.	Agora
Cratejoy (modelo de negócios por assinatura)	Reduzir participação no mercado conforme os conservadores gravitarem para hotéis participantes de serviços de assinatura.	Lançar modelo de negócios por assinatura.	Agora

MODELO para entrega

Mudanças do contexto	Risco	Oportunidades
Descrição aqui...	Como impactaria o setor...	Como o setor pode se beneficiar...
Protagonistas novos baseados na economia do compartilhamento.	Plataformas da economia do compartilhamento são uma enorme ameaça aos protagonistas tradicionais.	Integrar ofertas tradicionais às plataformas da economia do compartilhamento ou lançar negócios novos baseados nessa abordagem.
Viajantes querem eficiência e personalização.	Empresas estabelecidas que não evoluem podem ficar obsoletas.	Personalizar produtos/serviços.
Viajantes precisam de estadias baseadas em horas.	O setor não está adaptado para essa necessidade.	Lançar produtos/serviços novos baseados em estadias horárias.

MODELO

Canvas de Modelo de Negócios para Eco Places (organização controladora)

Parceiros-chave
- Agências de viagens

Atividades-chave
- Marketing
- Operações dos hotéis
- Manutenção dos hotéis

Proposições de valor
- Hotéis ecoamigáveis no mundo inteiro

Relacionamentos com clientes
- Assistência pessoal

Segmentos de clientes
- Ecoviajantes

Recursos-chave
- Hotéis
- Instalações ecológicas

Canais
- Site de Ecolocais

Estrutura de custos
- Pessoal
- Marketing
- Manutenção dos hotéis

Fluxos de receita
- Taxa de locação noturna

Recomendações para a semana...

O fluxo perfeito para esta semana:

- Passe os quatro primeiros dias pesquisando. → Seg, Ter, Qua, Qui
- Revise os resultados com seu Coach ExO no quinto dia. → Sex

Dom | Seg | Ter | Qua | Qui | Sex | Sáb

No final da semana, você deveria ter uma boa compreensão de sua organização e dos riscos que ela enfrenta. Deveria também estar avaliando tecnologias e tendências de negócios externas que possam ser alavancadas para o crescimento.

Converse com pessoas dentro de sua organização para obter informações novas.

Saia de suas zonas de conforto e conhecimento e explore áreas desconhecidas.

Além das tarefas desta semana, talvez você queira explorar também mais profundamente os atributos ExO. Leia a seção anterior deste livro e depois pesquise empresas para entender como estão aplicando atributos ExO.

ExO Sprint

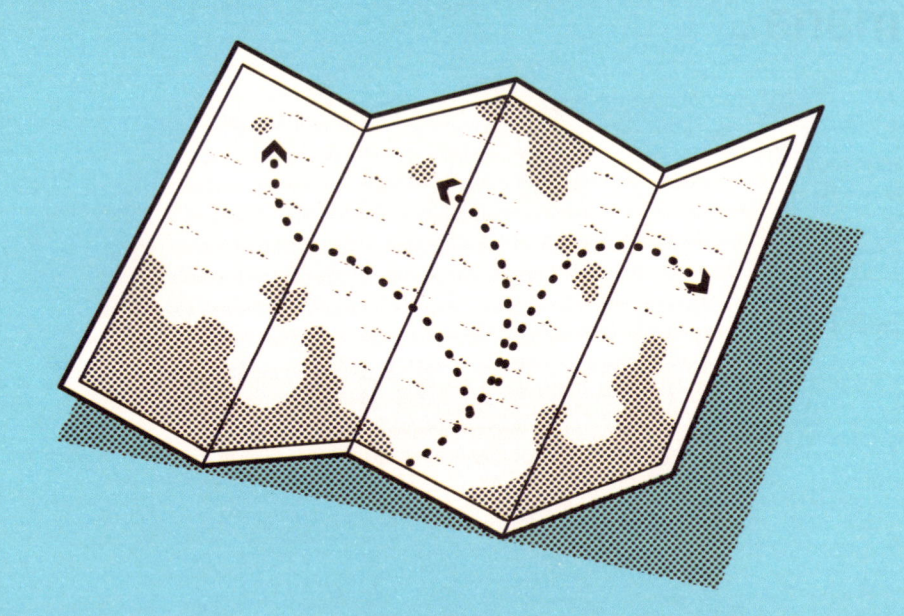

SEMANA 2 · Conceber

264

Fase de Execução (Fluxo Central)

SEMANA 2
Conceber

POR QUE ESTA SEMANA?

Você tem nas suas mãos a oportunidade de (re)inventar sua organização e transformar o mundo em um lugar melhor.

Todo setor enfrenta uma disrupção ocasional. No entanto, a frequência está se acelerando, conforme tecnologias exponenciais impactam os modelos de negócios e o ambiente.

Como disse Thomas Edison: "Para ter uma ótima ideia, tenha um monte de ideias." Assim, nesta semana, você vai gerar o máximo de ideias de Iniciativas ExO Central possível.

Adapte sua organização atual à disrupção externa do setor para protegê-la das ameaças representadas pela disrupção e tirar vantagem das grandes oportunidades que emergem deste cenário.

TAREFA 1: Definir um Propósito Transformador (Massivo) para a organização

DESCRIÇÃO

Organizações Exponenciais possuem uma visão, uma missão e também um propósito. Para adaptar sua organização ao ambiente atual, você precisa definir o seu propósito. Se sua organização já tem um mercado global ou almeja ter um, você precisará definir um Propósito Transformador Massivo (PTM). Se sua organização se concentra, ou pretende se concentrar, apenas em um mercado local, você definirá um Propósito Transformador (PT).

Realizar uma sessão de ideação usando técnicas como brainstorming, perguntas "e se" e pensamento visual ajudará.

RECURSOS

Examine a seção sobre PTM para renovar sua compreensão de como implementar um bom PTM para sua organização. ➡ Pg. 40

DICA

Um conjunto de notas adesivas e uma caneta são tudo de que você precisa para uma sessão de brainstorming.

DICA

Lembre que você está na fase de geração do ExO Sprint. Quanto mais ideias você gerar para seus PTMs e PTs, melhor. (Para simplificar, daqui para a frente nos referiremos apenas a PTMs; PTs são pressupostos onde aplicáveis.) Ao final desta semana, recomendamos escolher um único PTM como a base das atribuições à frente, mantendo em mente que você poderá modificá-lo no futuro.

TAREFA 2
Definir vários pares de disrupções externas/reações internas para seu PTM

DESCRIÇÃO

O primeiro passo é pensar sobre quaisquer disrupções externas que sejam pertinentes à sua organização e seu propósito. Convém também pensar sobre reações internas que você pode criar para se adaptar à disrupção externa ou tirar proveito dela. Para isso, você definirá um conjunto de pares de disrupções externas/reações internas dentro do propósito definido no passo anterior. Note que cada par disrupção/reação é uma Iniciativa ExO Central.

Com base nas reações internas definidas, você precisará examinar os diferentes tipos de iniciativas, que são dependentes dessas reações:

Central Pura
Uma Iniciativa ExO Central que é específica à organização existente e não pode ser replicada e vendida para outras organizações. Por exemplo: um projeto de transformação digital que é próprio de uma organização individual; usar tecnologia baseada em IA para automatizar todos os processos.

Central na Borda
Uma Iniciativa ExO Central que é primeiro implementada na sua organização e depois replicada e vendida em outras partes. Por exemplo, Amazon Web Services (AWS), hoje uma subsidiária de sucesso da empresa controladora.

Central Azul
Uma Iniciativa ExO Central baseada em lançar um produto ou serviço para captar uma demografia inexplorada (conhecida como Estratégia do Oceano Azul). Por exemplo: Nintendo Wii descobriu um mercado novo e lucrativo nos consumidores mais velhos.

FERRAMENTAS

Use o modelo desta seção.

TAREFA 2 Definir vários pares de Disrupções Externas/Reações Internas para seu PTM

RECURSOS

Para identificar disrupções externas, recapitule as tecnologias exponenciais, modelos de negócios e mudanças de contexto abordados na Semana 1. ➪ **Pg. 252**

RECURSOS

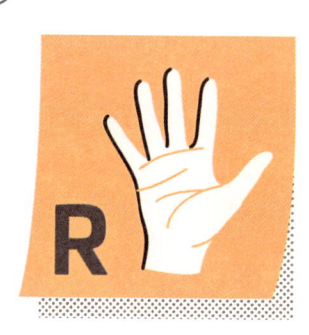

Para ter inspiração sobre reações internas, recapitule as tecnologias exponenciais identificadas na Semana 1. Além disso, reveja os 10 atributos ExO. ➪ **Pg. 254**

RECURSO

Para estimular ideias de reações internas para Iniciativas Central Pura e Central na Borda, desenhe a Cadeia de Valor de Porter para sua organização e reflita sobre onde você pode fazer melhorias.

RECURSO

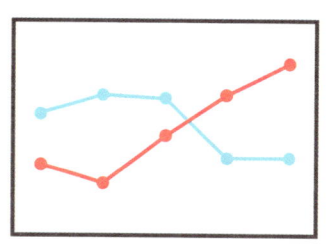

Para ter mais inspiração sobre reação interna no tocante a Iniciativas Central Azul, reveja o Canvas da Estratégia do Oceano Azul, encontrado na seção Alinhar, e consulte o exercício ali incluído.

DICA

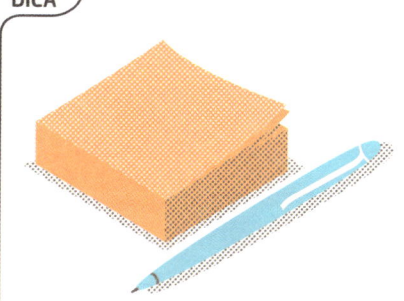

Um conjunto de notas adesivas e uma caneta são tudo de que você precisa para uma sessão de brainstorming.

TAREFA 2 Definir vários pares de Disrupções Externas/Reações Internas para seu PTM

DICA

Realizar uma sessão de ideação e usar técnicas de brainstorming e contação de histórias pode ajudar a definir a disrupção externa. Para a reação interna, use a técnica de perguntas "e se".

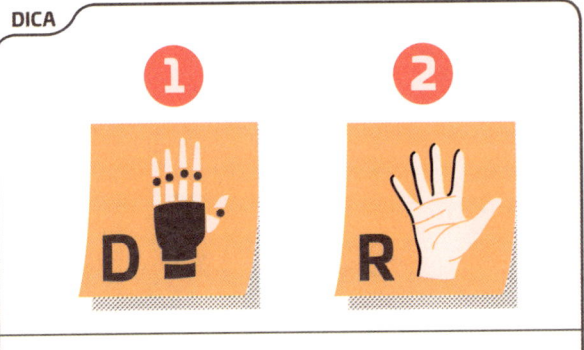

DICA

Examine a disrupção externa antes de vir a pensar sobre a reação interna.

DICA

Lembre que a meta não é mudar o modelo de negócios usado em sua organização. Na verdade, todas as Iniciativas ExO Central deveriam se enquadrar no Canvas de Modelo de Negócios que você completou semana passada. Pequenas melhorias sempre ajudam, mas tente evitar quaisquer grandes mudanças.

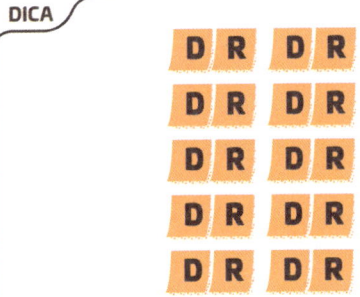

DICA

Lembre que o número mínimo de pares disrupção/reação que você deveria definir são 10, mas sinta-se à vontade para propor mais. Também note que uma disrupção externa pode ter mais de uma reação interna, significando que você poderia ter mais de um par por disrupção externa.

DICA

Use esta semana para verificar se quaisquer das ideias propostas por sua equipe já existiram antes na organização. Convém tomar cuidado para evitar o uso do ExO Sprint como um veículo para defender projetos existentes. Se você optar por defender uma ideia preexistente, a equipe de liderança executiva precisa estar envolvida. A ideia também precisa satisfazer todos os critérios de ExO. Pode haver uma oportunidade de melhorar a ideia, portanto, comece com uma lousa em branco e torne a ideia exponencial!

MODELO para entrega

PTM	Nome da Iniciativa ExO Central	Disrupção externa	Reação interna
Experiência ecológica personalizada para todos	Smart Eco	Margens reduzidas devido ao crescimento da economia do compartilhamento; viajantes querem mais eficiência e personalização.	Automatizar o máximo de processos possível usando IA; os robôs substituem alguns membros da equipe.
	Ecoestadias curtas	Viajantes querem opção de reservas com base nas horas.	Atualizar preços dos hotéis e sistemas tecnológicos para permitir reservas horárias.
	Quarto pessoal	Novas tecnologias de realidade virtual (RV) poderiam reduzir o desejo de viajar.	Equipar o hotel com tecnologias de RV que permitam aos que não se hospedam na propriedade viajar virtualmente e "conhecer" os hóspedes do hotel.

Recomendações para a semana...

O fluxo perfeito para esta semana:

Passe os dois primeiros dias da semana definindo PTMs.

Revise suas descobertas com seu Coach ExO no quinto dia.

| Dom | Seg | Ter | Qua | Qui | Sex | Sáb |

Nos dois dias seguintes, analise pares disrupção/reação para os PTMs definidos anteriormente.

D R ×10

O número mínimo de pares disrupção/reação para esta semana são 10, mas a ideia é criar o máximo possível. Vimos algumas equipes gerarem mais de 30!

A meta do Fluxo Central é adaptar a organização atual à disrupção do setor. As ideias que você propuser neste estágio deveriam se aplicar à organização como um todo ou a uma unidade de negócios específica. Mantenha esse foco ao conceber ideias.

×4

Quanto mais ideias você gerar, melhor! (Nesse ponto, cada Iniciativa ExO Central inclui um PTM/PT e um par disrupção/reação.) Você apresentará um mínimo de quatro iniciativas durante a Sessão de Disrupção, portanto, é melhor trabalhar no máximo possível agora, já que algumas podem não sobreviver ao estágio de experimentação que virá na próxima semana.

Sabemos que pode ser difícil desenvolver e gerenciar tantas iniciativas ExO. Se você precisar saltar certos elementos, tudo bem. Nesse estágio, é melhor gerar um monte de ideias, ainda que precisem ser depois completadas, do que ficar com um número pequeno de iniciativas, ainda que meticulosamente detalhadas.

SEMANA 3 · **Compartilhar** **ExO Sprint**

Fase de Execução (Fluxo Central)

ID: 272

SEMANA 3
Compartilhar

POR QUE ESTA SEMANA?

A experimentação é crucial a qualquer projeto inovador.

Por definição, qualquer ideia inovadora sob análise é uma hipótese (ou um conjunto de hipóteses), o que significa que ela(s) precisa(m) ser testada(s) antes do desenvolvimento. O primeiro conjunto de hipóteses a avaliar deveria ser os pares de disrupções externas/reações internas definidos na semana passada.

Dos 10 atributos ExO definidos pelo modelo ExO, a Experimentação é aquele que precisa sempre ser incluído.

Esta semana, você se concentrará em realizar experimentos para avaliar suas hipóteses. Não há maneira melhor de começar que perguntar às pessoas envolvidas nas Iniciativas ExO Central o que acham delas.

TAREFA 1 Definir hipóteses-chave e realizar experimentos

DESCRIÇÃO

As ideias inovadoras previamente definidas são um conjunto de hipóteses que agora precisam ser avaliadas para descobrir se são ou não verdadeiras. Mas você não terá tempo para avaliar todas, portanto, limite seu foco àquelas hipóteses que permitirão o sucesso de sua iniciativa ExO.

A meta é adaptar a organização à disrupção externa do setor, implementando atributos ExO e usando tecnologias exponenciais. Antes de fazê-lo, porém, você precisará avaliar se a disrupção externa em pauta é uma ameaça real e/ou uma oportunidade. Você também precisará avaliar se a reação interna definida é viável e combina com o mercado.

Identifique as hipóteses-chave e defina experimentos para cada uma. Sua abordagem varia dependendo do tipo de iniciativa ExO Central.

Iniciativas Centrais Azuis

Tratam-se de novos produtos e serviços a serem testados no mercado (usando clientes reais). A melhor coisa a fazer com tais iniciativas é aplicar uma versão da técnica de Desenvolvimento de Clientes de Steve Blank: pergunte às pessoas se têm o problema específico que você está abordando e se gostam ou não do produto ou serviço em pauta (adequação produto/solução). Eis alguns passos a seguir:

- **Identificar quais hipóteses avaliar neste estágio:** A maioria se concentrará em se seus clientes/usuários têm o problema que você pensa que têm e se gostam do produto ou serviço proposto. Você também pode analisar outras hipóteses, como se é tecnicamente viável desenvolver seu produto ou serviço.
- **Projetar um experimento para avaliar as hipóteses:** Em geral, é uma boa ideia projetar uma entrevista para coletar dados reais sobre as hipóteses previamente definidas. Cada experimento incluirá critérios de avaliação para ajudar a validar ou invalidar cada hipótese.

Iniciativas Centrais Puras e na Borda

Tratam-se geralmente de projetos internos visando ajudar uma organização a se tornar mais ágil, adaptável e eficiente. Comece avaliando se as disrupções externas identificadas são ou não realistas. Você também precisará consultar os envolvidos, que, em última análise, aprovarão e usarão as soluções internas definidas. Para isso, siga estes passos:

- **Identificar as hipóteses-chave:** Tratam-se daquelas críticas ao sucesso de sua Iniciativa ExO Central. A maioria envolverá se a disrupção externa identificada é ou não uma ameaça ou oportunidade real. As hipóteses-chave são geralmente aquelas relacionadas a reações internas. Assegure que sejam aceitas dentro da organização, bem como tecnicamente viáveis.
- **Projetar um experimento para avaliar a hipótese:** Realize mais pesquisas sobre as hipóteses de disrupção externa para descobrir se são válidas e consulte pessoas-chave. Para hipóteses de disrupção interna, entreviste envolvidos internos e/ou usuários do projeto em pauta. Talvez você também precise conversar com provedores e experts em tecnologia sobre a viabilidade da solução.

TAREFA 1 Definir hipóteses-chave e realizar experimentos

FERRAMENTAS

Use o modelo desta seção.

RECURSO

Vá para a seção Alinhar e confira o exercício dedicado a projetar experimentos. ➡ Pg. 140

RECURSOS

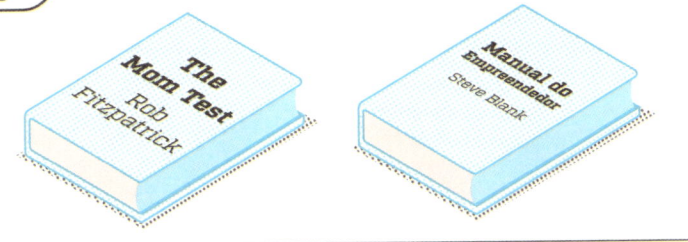

The Mom Test, Rob Fitzpatrick

Manual do Empreendedor, Steve Blank

Para os experimentos voltados a coletar informações, consulte o livro *The Mom Test*, de Rob Fitzpatrick. *Manual do Empreendedor*, de Steve Blank, explica como realizar entrevistas com potenciais clientes, algo particularmente útil ao pesquisar Iniciativas Centrais Azuis.

DICA

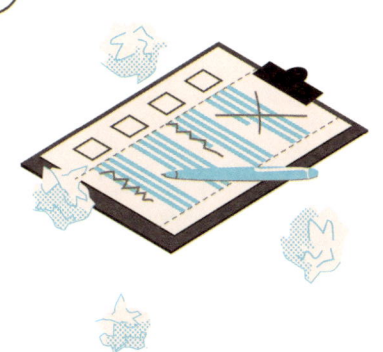

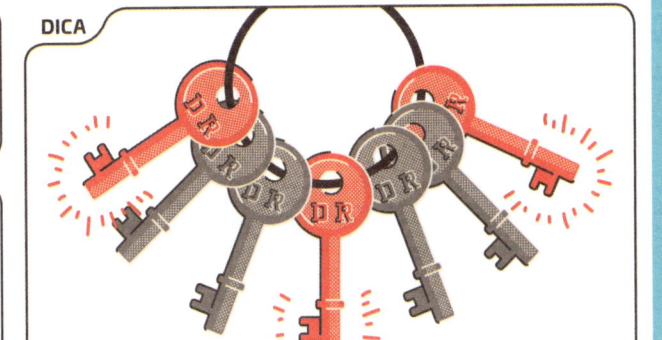

Priorizar experimentos é importante, já que você pode ter tantas hipóteses por avaliar que não terá tempo de fazer todos eles.

DICA

Analise o projeto de seus experimentos antes de iniciá-los. Os resultados devem permitir que você avalie as disrupções externas e defina melhor a reação interna certa, não apenas responda à pergunta: "Esta é uma boa ideia?" Como você formula as perguntas da entrevista também é muito importante. Questões a analisar antecipadamente: Como você pode fazer perguntas criativamente? Como os resultados permitirão que você melhore a iniciativa? Defina claramente o que determinará o sucesso de um experimento, incluindo quais limites precisam ser transpostos.

DICA

Peça feedback honesto. Invalidar uma hipótese não é ruim. Na verdade, é uma parte importante do processo de inovação. Tanto a validação como a invalidação implicam maior aprendizado e progresso.

TAREFA 2 — Realizar experimentos para avaliar suas iniciativas ExO

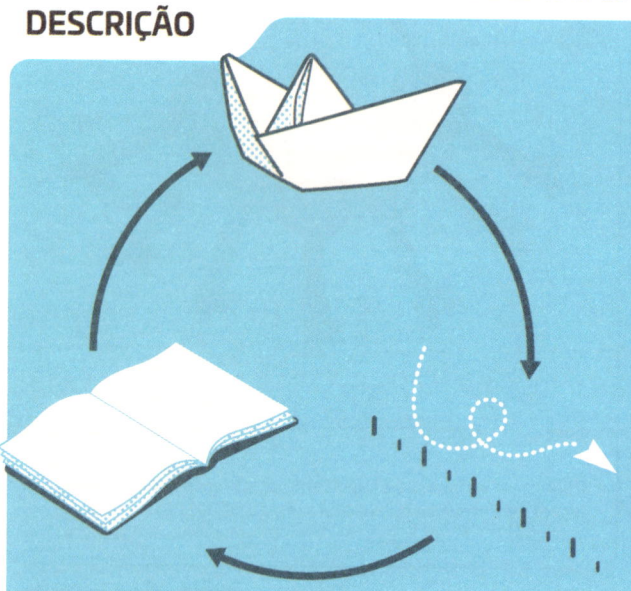

DESCRIÇÃO

O próximo passo é realizar os experimentos que você definiu. Além de realizar mais pesquisas de disrupções externas, você também entrevistará potenciais usuários/clientes (para avaliar disrupções/reações) e/ou pessoal técnico (para avaliar a viabilidade do produto). Faça contatos agora para marcar telefonemas e reuniões. Sua meta nessas entrevistas é coletar dados reais.

Após realizar os experimentos, é importante passar tempo suficiente analisando os resultados. Você avaliará todas as hipóteses, melhorará as iniciativas ExO com base no que aprendeu e fará uma avaliação final das iniciativas ExO melhoradas.

O ciclo Construir-Medir-Aprender fornece um conjunto de diretrizes úteis para realizar experimentos permanentes e ajudará você a aprender o máximo possível (sua principal meta a essa altura).

FERRAMENTAS

Use o modelo desta seção.

RECURSO

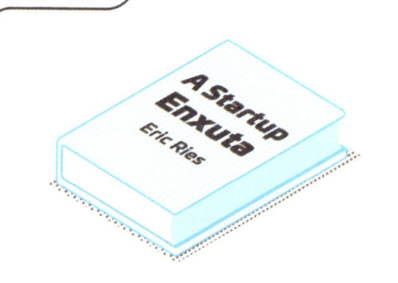

A Startup Enxuta, de Eric Ries, apresenta o ciclo Construir-Medir-Aprender e é uma ótima referência para o modo de realizar esses processos.

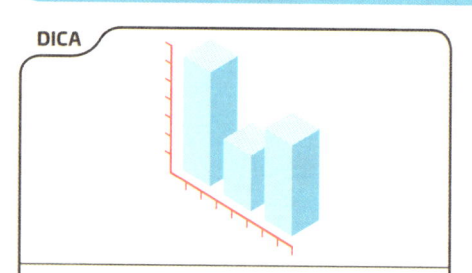

DICA

Seu ativo número um neste ponto são dados reais, já que a meta do ciclo Construir-Medir-Aprender é basear todas suas decisões em dados sólidos, e não em opiniões ou intuição.

DICA

Peça feedback honesto. Invalidar uma hipótese não é ruim. Faz parte do processo de inovação. Lembre: a meta principal é aprender!

DICA

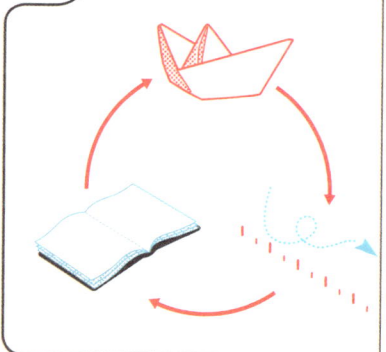

Uma ótima forma de implementar o atributo Experimentação é introduzindo o ciclo Construir-Medir-Aprender como um processo permanente dentro de sua organização. Identificação e teste permanentes de hipóteses aumentarão o aprendizado e o levarão na direção certa.

MODELO para entrega
Definir e realizar experimentos

Nome da iniciativa ExO	CONSTRUIR		MEDIR		APRENDER
	Hipóteses-chave	Descrição do experimento	Critérios de avaliação	Resultado do experimento	Aprendizados-chave
Smart Eco	Ecoviajantes desejam maior eficiência e personalização.	Entrevistar 10 ecoviajantes usando o modelo de entrevista Desenvolvimento de Clientes.	Ao menos 60% dos potenciais clientes deveriam validar a hipótese.	90% dos potenciais clientes validaram a hipótese.	**Hipótese validada** Os clientes gostariam de personalizar as características dos quartos (por exemplo, temperatura, pedidos específicos).
	Ecoviajantes gostam da ideia de robôs suplementando os funcionários humanos.	Entrevistar 10 ecoviajantes usando o modelo de entrevista Desenvolvimento de Clientes.	Ao menos 60% dos potenciais clientes deveriam validar a hipótese.	Somente 20% dos potenciais clientes validaram a hipótese.	**Hipótese invalidada** Os ecoviajantes gostam da ideia de robôs, mas apenas para serviços específicos.

Sugestões para a semana...

O fluxo perfeito para esta semana:

Use o primeiro dia para identificar hipóteses, definir experimentos, marcar entrevistas e desenvolver pesquisas.

Use o quarto dia para coletar resultados e determinar aprendizados-chave.

| Dom | Seg | Ter | Qua | Qui | Sex | Sáb |

Nos próximos dois dias, realize experimentos (conduzindo entrevistas ou enviando pesquisas).

Use o quinto dia para revisar resultados com seu Coach ExO.

Entrevistas são sempre preferíveis a pesquisas, já que fornecem mais informações, especialmente quando você faz perguntas abertas. Mas, se precisa avaliar várias ideias, as pesquisas são mais eficientes.

A ideia é realizar experimentos para todos os pares de disrupções externas/reações internas definidos. Se você tem um ou dois pares disrupção/reação por membro da equipe, recomendamos designar uma ou duas iniciativas por membro para realizar experimentos. Se tiver mais de duas iniciativas por membro da equipe, cogite realizar um experimento bem maior, porém mais superficial, enviando pesquisas a potenciais clientes, em vez de fazer entrevistas diretas.

Para avaliar diferentes tipos de hipóteses, recorra a consultores externos que sejam especialistas em seu setor ou em uma tecnologia ou metodologia específica.

Lembre que sair do prédio e conversar com clientes e colegas é a única forma de transformar suas hipóteses em fatos.

Diferentes Iniciativas ExO Central podem compartilhar o mesmo grupo de pessoas a serem entrevistadas. Nesse caso, questione o grupo sobre as diferentes iniciativas ExO Central ao mesmo tempo.

S3

SEMANA 3: Compartilhar — ExO Sprint

Fase de Execução (Fluxo Central)

ExO Sprint

SEMANA 4 · Selecionar

280

Fase de Execução (Fluxo Central)

SEMANA 4
Selecionar

POR QUE ESTA SEMANA?

É hora de selecionar suas melhores Iniciativas ExO Central e levá-las ao próximo nível.

Na semana que vem, você vai apresentar suas iniciativas ExO na Sessão de Disrupção e receber feedback que o ajudará a melhorar seus projetos.

A atribuição desta semana é preparar as apresentações para a Sessão de Disrupção próxima, que envolve uma apresentação de cinco minutos para cada uma das quatro iniciativas. Você apresentará seu projeto à equipe de liderança da empresa, aos outros membros do ExO Sprint e a um painel selecionado de Disruptores ExO.

TAREFA 1 Selecionar as quatro ideias mais promissoras

DESCRIÇÃO

Sua primeira tarefa é escolher as quatro melhores ideias para apresentar na Sessão de Disrupção. Para limitar suas opções, avalie cada iniciativa de acordo com os resultados da semana anterior (experimentos e aprendizados-chave) e os seguintes critérios:

- **A disrupção externa que você está enfocando:** É global? Foi validada durante os experimentos anteriores?
- **A reação interna que você está pensando em desenvolver:** Depois de completada, ajudará a organização a se adaptar à disrupção externa do setor — ou a tirar proveito dela? Seu desenvolvimento é viável? Se não, com os exponenciais, se tornará viável em algum ponto no futuro? Ela foi validada durante a fase dos experimentos?

DICA

Todas as decisões deveriam se basear em dados, portanto, selecione projetos respaldados por fortes indícios.

DICA

Todas as iniciativas ExO restantes deveriam ser arquivadas para possível desenvolvimento no futuro.

TAREFA 1 Selecionar as quatro ideias mais promissoras

DICA

DICA

Dê a cada iniciativa um título chamativo, que a torne mais fácil de entender, junto com uma descrição de uma linha.

DICA

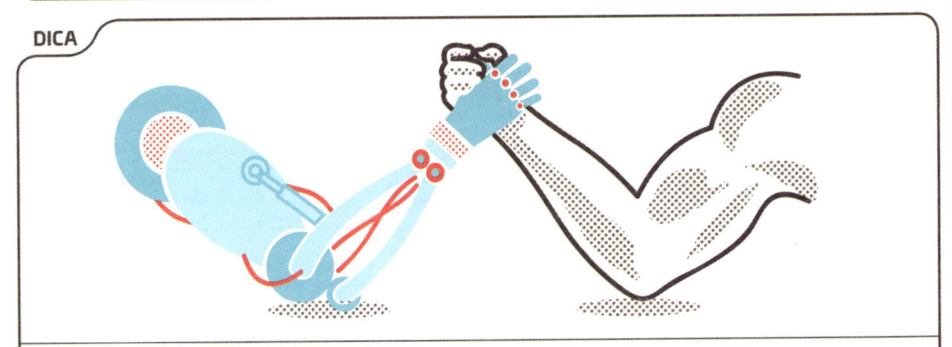

Para testar quão bem sua iniciativa permite à organização se adaptar à disrupção externa do setor, faça a seguinte pergunta: esta iniciativa nos ajudará a enfrentar as ameaças externas e tirar proveito da disrupção setorial?

Se algumas ideias não se enquadram como Iniciativas ExO Central, mas podem ser consideradas Iniciativas ExO na Borda, é possível que sejam reposicionadas. Em vez de desenvolver uma Iniciativa ExO na Borda específica, pense em definir uma nova Iniciativa ExO Central que reagiria à ideia ExO na Borda em pauta (e que pode já estar ocorrendo no mundo). Por exemplo, se você é uma rede de hotéis pensando em desenvolver uma plataforma online nova que ofereça quartos de hotéis (uma Iniciativa ExO na Borda), a ideia poderia ser transformada em uma Iniciativa ExO Central enfocando o desenvolvimento das interfaces necessárias à rede de hotéis para se conectar com a plataforma de Iniciativa ExO na Borda original.

TAREFA 2 Preencher o ExO Canvas

DESCRIÇÃO

Para assegurar que sua organização será configurada para adotar o modelo ExO — e assim se adaptar à disrupção externa baseada na abundância gerada no seu setor —, o ExO Canvas fará você pensar em como alavancar cada um dos 10 atributos ExO. Preencha um ExO Canvas para cada par disrupção/reação definido no passo anterior. Cada um representa uma Iniciativa ExO Central diferente.

Faça uma sessão de brainstorming usando os blocos no ExO Canvas como passos para o processo de ideação.

FERRAMENTAS

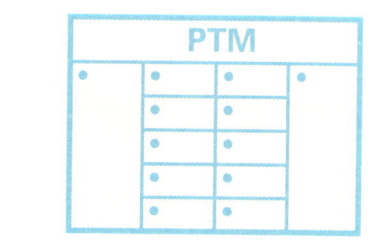

Use o modelo de ExO Canvas.

RECURSO

Revise na seção ExO Canvas a definição de cada um dos diferentes atributos ExO.
↳ Pg. 76

DICA

Lembre-se de incluir o PTM/PT em seu ExO Canvas.

DICA

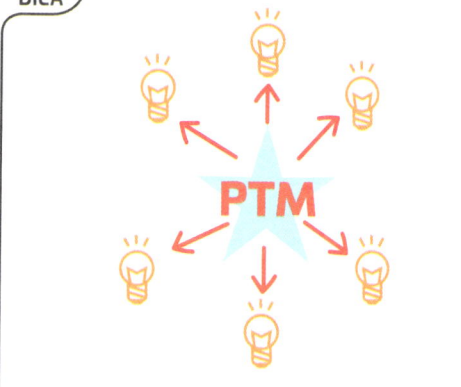

Lembre-se de incluir o PTM no ExO Canvas de cada uma das iniciativas ExO. Todas as Iniciativas ExO Central deveriam compartilhar o PTM que você definiu para a organização.

TAREFA 3 — Criar um "pitch" para cada Iniciativa ExO Central

DESCRIÇÃO

Crie um discurso de cinco minutos e apresentação de apoio para cada uma das iniciativas ExO a serem apresentadas.

Neste estágio do processo (iniciativas ExO no estágio de ideias), recomendamos compor um "pitch de elevador" — um sumário de sua ideia que possa ser apresentado durante uma viagem de elevador comum. Um "pitch de elevador" costuma ser apresentado em 60 a 90 segundos, mas, neste caso, você vai escrever uma versão de cinco minutos.

O "pitch de elevador" deve incluir estes itens:

1 PTM
Explique por que sua organização existe, demonstrando como a Iniciativa ExO Central específica ajudará a atingir esse PTM.

2 Disrupção externa
Descreva a disrupção externa que desencadeou a Iniciativa ExO Central.

3 Reação interna
Apresente a reação interna, enfocando como você abordará a disrupção externa, o valor que fornecerá e como tornará a organização mais adaptável e até escalonável.

4 Atributos ExO
Discuta os atributos ExO que você mais usará, identificando aqueles que ajudarão a organização a alcançar a abundância e os que ajudarão a geri-la.

TAREFA 3 Criar um "pitch de elevador" prolongado para cada iniciativa ExO Central

RECURSOS

Existem milhares de ótimos sites dedicados a descrever como preparar e proferir pitchs de elevador.

RECURSO

Para uma Iniciativa ExO Central Azul (voltada para um produto/serviço), examine o Pitch Canvas, uma ferramenta de brainstorming online que ajuda empreendedores a visualizarem o discurso inteiro em uma só página.

DICA

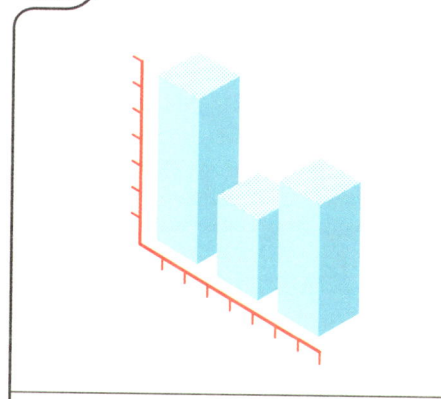

Inclua dados reais dos experimentos. Ótimas ideias são valiosas, mas ideias validadas são ainda melhores.

DICA

Contação de histórias é um ótimo meio de apresentar um "pitch de elevador".

DICA

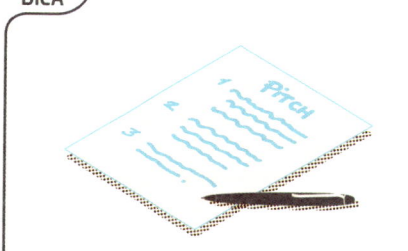

Anote seu discurso no papel para poder ensaiá-lo repetidamente.

DICA

A gestão do tempo é importante, portanto, crie um discurso que você possa proferir em cinco minutos sem ter de correr.

TAREFA 4 Criar uma apresentação em apoio ao discurso

DESCRIÇÃO

Talvez você queira criar slides para acompanhar seu "pitch de elevador" prolongado.

Se você optar por uma apresentação, mantenha-a simples, usando apenas umas poucas imagens e gráficos inspiradores e informativos.

FERRAMENTAS

Use o modelo de apresentação desta seção.

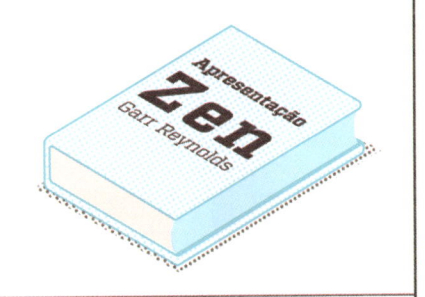

RECURSO

Um bom livro para ajudá-lo a preparar é *Apresentação Zen: Ideias simples de como criar e executar apresentações vencedoras*, de Garr Reynolds, que descreve o uso da simplicidade e contação de histórias para alcançar um público.

DICA

Inclua um pouco de contexto sobre a organização, pois disruptores externos, sem muito conhecimento de sua organização, podem comparecer à sessão da próxima semana.

DICA

Sempre que possível, use figuras em vez de texto para seus slides. Você quer que as pessoas ouçam o que você tem a dizer, em vez de se distraírem lendo seus slides.

DICA

Usar o ExO Canvas para planejar sua iniciativa ExO é útil. Porém, você não precisa compartilhá-lo durante a apresentação. Em vez disso, explique as partes individuais usando outros meios mais visuais e criativos.

TAREFA 5 Praticar seu pitch!

DESCRIÇÃO

Você estará apresentando um grande número de ideias, portanto, seu discurso deve ser conciso e objetivo. Quanto mais você praticar, melhor se sairá.

Pratique, pratique, pratique!

RECURSOS

Seu discurso, sua voz e sua paixão.

RECURSOS

Feedback externo é ótimo neste ponto, portanto, compartilhe sua apresentação com sua equipe e qualquer outra pessoa que puder.

DICA

A gestão do tempo é importante, portanto, pratique o máximo possível.

DICA

Uma apresentação relaxada e natural é fundamental, portanto, de novo: pratique o máximo possível.

MODELO
ExO Canvas para Smart Eco

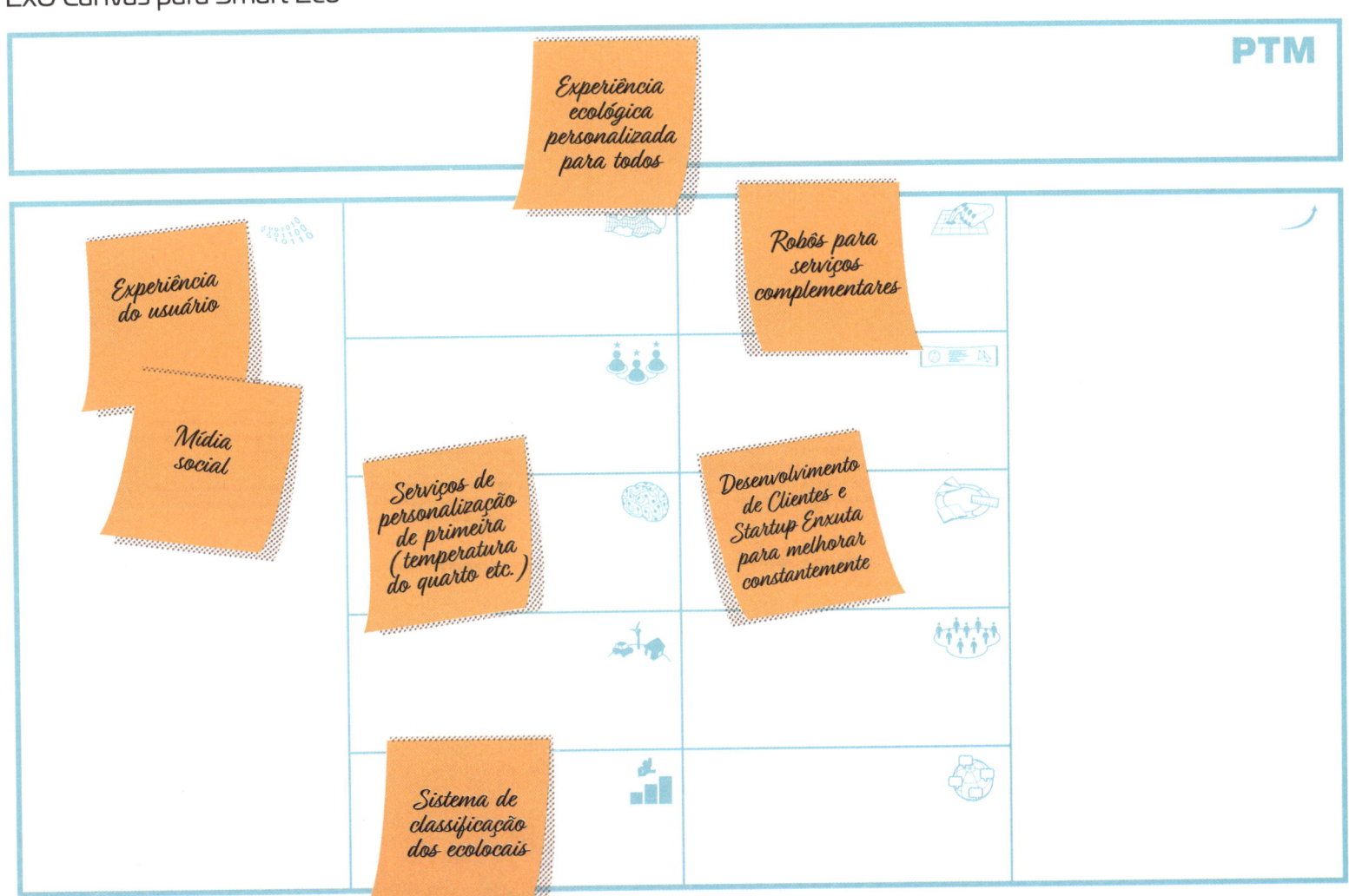

PTM

- Experiência ecológica personalizada para todos
- Experiência do usuário
- Mídia social
- Robôs para serviços complementares
- Serviços de personalização de primeira (temperatura do quarto etc.)
- Desenvolvimento de Clientes e Startup Enxuta para melhorar constantemente
- Sistema de classificação dos ecolocais

Eco Places

ExO Sprint · SEMANA 4 · Selecionar

Fase de Execução (Fluxo Central)

APRESENTAÇÃO

Seu modelo deveria incluir os seguintes slides ou seções:

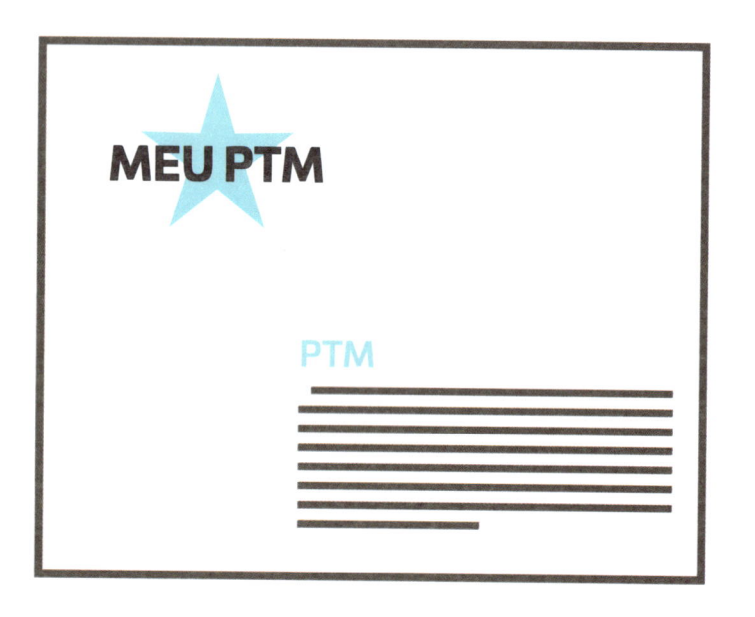

PTM

É imperativo que você comece a apresentação com o PTM/PT.

Note que todas as Iniciativas ExO Central compartilharão o mesmo PTM.

Em geral, use apenas um slide para apresentar o PTM.

Disrupção/Reação

Discuta a disrupção externa, que é o principal propulsor da Iniciativa ExO Central.

Uma vez esclarecida a natureza da disrupção, apresente a reação interna que impedirá o efeito adverso da disrupção ou alavancará as oportunidades que ela pode gerar.

Atributos ExO

Mostre como você vai atingir a abundância (usando os atributos SCALE) e como irá gerenciá-la (usando os atributos IDEAS).

Talvez você também queira incluir o ExO Canvas e explicar como cada um dos atributos se aplica à Iniciativa ExO Central.

Sugestões para a semana...

O fluxo perfeito para esta semana:

Passe o primeiro dia priorizando e selecionando as ideias que você apresentará e designando pessoas (ou grupos) para desenvolver cada uma das apresentações.

No quinto dia, apresente o discurso a seu Coach ExO para obter feedback. Continue iterando e praticando a apresentação antes da Sessão de Disrupção.

| Dom | Seg | Ter | Qua | Qui | Sex | Sáb |

Os próximos dois dias deveriam ser dedicados ao desenvolvimento das apresentações.

Passe o quarto dia praticando a apresentação com a equipe, usando o feedback interno para aperfeiçoá-la. Recomendamos já dar uma olhada na atribuição da próxima semana, na qual você achará técnicas de discurso.

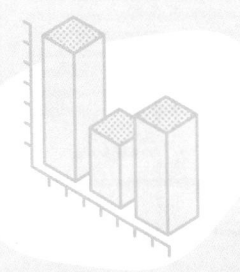

Inclua dados reais dos experimentos. Um ótimo desempenho é sempre uma vantagem, mas no final é apenas algo bonito. Existe sempre mais valor em fornecer dados e informações (por exemplo, testemunhos) de clientes, interessados e usuários para ilustrar o que você aprendeu.

Realizar experimentos adicionais é sempre uma boa ideia se você tiver tempo. Quanto mais dados tiver, melhor — especialmente no caso de quaisquer iniciativas ExO que foram desenvolvidas na semana passada — na eventualidade de algumas de suas hipóteses terem sido invalidadas. Você tem agora a oportunidade de realizar mais experimentos sobre as iniciativas ExO novas (que são realmente hipóteses novas).

ExO Sprint

SEMANA 5 · Abalar

Fase de Execução (Fluxo Central)

292

SEMANA 5
Disrupção

POR QUE ESTA SEMANA?

É hora de causar disrupção em sua empresa antes que outra pessoa chegue na frente!

A atribuição desta semana fornece uma oportunidade de apresentar suas iniciativas ExO mais promissoras a um grupo de disruptores, que fornecerão feedback de como aperfeiçoá-las.

Lembre: o fracasso faz parte do processo. Se algumas iniciativas forem rejeitadas após a apresentação, não leve para o lado pessoal. Melhor falhar rápido e gastando pouco agora do que falhar mais tarde, após ter investido um montão de tempo e dinheiro.

Baseado no feedback que você recebe, você pode acabar abortando algumas de suas Iniciativas ExO Central. No outro extremo, pode perfeitamente criar iniciativas novas que complementarão seu portfólio. Sempre mantenha seus olhos e ouvidos abertos para oportunidades novas!

TAREFA 1 Preparar o cenário e logística

DESCRIÇÃO

Crie o ambiente certo para as apresentações.

Você pode fazer as apresentações pessoalmente ou online, dependendo dos locais de todos e dos parâmetros de seu orçamento. Se a Sessão de Disrupção for realizada presencialmente, pense na possibilidade de decorar o espaço para criar uma atmosfera única. Se você a realizar online, teste o sistema de videoconferência antes. Note também que, se o ExO Sprint estiver realizando um Fluxo ExO na Borda e um Fluxo ExO Central, a Sessão de Disrupção incluirá equipes de cada um.

DICA

Siga uma agenda estabelecida para cada apresentação, reservando 60 minutos para cada equipe apresentar todas as suas quatro iniciativas ExO, com um curto intervalo entre cada. Apresente cada uma das quatro iniciativas ExO dentro de cinco minutos, seguidas por cinco minutos de feedback.

DICA

A gestão do tempo é fundamental para uma apresentação eficaz. Comunique sua agenda com antecedência, inclusive a ordem das apresentações.

TAREFA 2 Apresentar

DESCRIÇÃO

O grande momento chegou! É hora de apresentar suas Iniciativas ExO Central para obter feedback.

Cada equipe terá 60 minutos para apresentar suas iniciativas e receber feedback.

As apresentações serão feitas para a equipe de liderança da empresa, as outras equipes ExO e um grupo de Disruptores ExO constituído de três a cinco pessoas de fora da organização, com experiência específica em seu setor ou em inovação em geral.

DICA

Após cada apresentação, o público fornecerá um total de cinco minutos de feedback. Recomendamos limitar essa parte da sessão a feedback somente, sem perguntas. Neste estágio, a meta não é vender as iniciativas, mas aprender.

DICA

Grave todas as apresentações para exame posterior.

TAREFA 3 Coletar feedback

DESCRIÇÃO

Anote todo o feedback recebido dos seus colegas e dos disruptores. Tudo que você ouvir é valioso. Não esqueça que esse conjunto de apresentações, combinado com o feedback que você receber, constitui mais um aspecto dos experimentos que você veio realizando, e é incluído para melhorar suas iniciativas ExO.

Classifique o feedback em diferentes categorias, uma das quais pode incluir hipóteses novas. Também se lembre de coletar feedback sobre potenciais iniciativas ExO.

FERRAMENTAS

Use o modelo de feedback desta seção.

RECURSOS

É particularmente importante que os participantes das equipes ExO Central ouçam as apresentações de ExO na Borda, já que as disrupções externas que abordam precisam ser levadas em conta no desenvolvimento de suas iniciativas. A ideia é tornar o ecossistema da organização compatível com si próprio.

DICA

Você provavelmente receberá dois tipos de feedback:

- **Um foco no modelo ExO:** Disruptores ExO conhecedores da abordagem estão bem equipados para oferecer conselhos sobre como avançar para obter o maior benefício possível do processo ExO.
- **Um foco no conteúdo:** O feedback relaciona-se às próprias ideias, e às vezes inclui opiniões sobre o problema que você está tentando solucionar ou a solução que está tentando criar. Neste caso, o feedback não precisa afetar sua abordagem. Pode apenas fornecer pontos de dados adicionais para a avaliação de sua hipótese.

TAREFA 4 Reunião de debriefing com a equipe de liderança

DESCRIÇÃO

Você terá uma reunião de debriefing com a equipe gerencial para definir quais das Iniciativas ExO Central estão alinhadas ao rumo geral que a liderança da empresa deseja seguir. A equipe gerencial também tem a opção de escolher um dos PTMs apresentados — ou mesmo definir um novo.

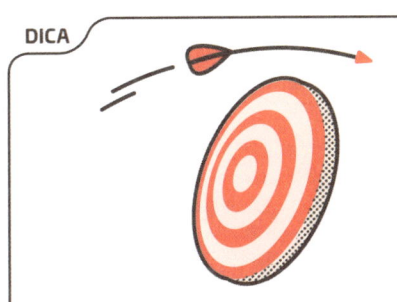

DICA

Lembre que embora você possa ter sugerido iniciativas incríveis, algumas podem acabar ficando de fora do escopo do que a equipe de liderança da empresa definiu para o ExO Sprint.

DICA

Recomendamos que o Coach Principal ExO reúna-se com a equipe de liderança separadamente para facilitar o processo de tomada de decisões.

DICA

A equipe de liderança pode estar inclinada a selecionar as iniciativas ExO que quer ver indo em frente, mas sugerimos que esse grupo se limite a recomendações (evitando agir como o sistema imunológico corporativo) e deixe que as equipes de ExO Sprint tomem as próprias decisões. Dito isso, esteja preparado para a possibilidade de a equipe de liderança dar a palavra final.

DICA

Mesmo que a organização ainda não disponha de um PTM definido, é possível que já venha trabalhando com uma versão informal. Nesse caso, escolha o PTM que se alinhe melhor com a identidade da organização.

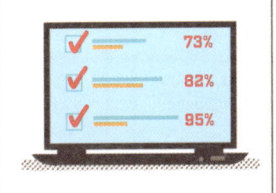

DICA

Recomendamos fornecer à equipe de liderança dados reais quando se tratar do feedback. Por exemplo, fornecer aos Disruptores ExO uma pesquisa online para responder durante as apresentações pessoais assegura que os comentários e feedback sejam captados para análise posterior na reunião de debriefing com a liderança.

TAREFA 5: Reduzir o número de iniciativas para três

DESCRIÇÃO

É hora de selecionar as iniciativas mais promissoras e levá-las ao próximo nível. Digerir o feedback recebido na Sessão de Disrupção e durante a reunião com a equipe de liderança e selecionar as três principais iniciativas ExO (ou ficar com aquelas que a equipe gerencial escolher).

DICA

A equipe de liderança pode já ter tomado uma decisão sobre quais iniciativas apoiar ou abortar. Nesse caso, aceite a decisão e tente não se desapontar demais se mais iniciativas ExO do que o previsto forem removidas da lista. Rejeição e fracasso fazem parte do processo, portanto, não leve para o lado pessoal. Continue sendo impressionante!

DICA

Selecionar as três iniciativas principais não é apenas questão de escolher aquelas que receberam o melhor feedback. Pode haver outras razões: alinhamento com o PTM selecionado, algo estratégico ou uma intuição.

DICA

Lembre que você pode criar Iniciativas ExO Central novas com base no feedback recebido durante a Sessão de Disrupção ou em reação às Iniciativas ExO na Borda apresentadas por outras equipes. A meta é simplesmente dispor de três Iniciativas ExO Central ao final da semana.

TAREFA 6
Melhorar as iniciativas selecionadas com base no feedback recebido

DESCRIÇÃO

Revise o trabalho realizado até agora nas Iniciativas ExO Central e refine-as, após levar em conta todo o feedback. Se tiver quaisquer novas iniciativas, detalhe o máximo possível dos elementos principais (PTM, par disrupção/reação e ExO Canvas) e aproveite as próximas semanas para pôr tudo em dia.

No caso de a equipe de liderança já ter selecionado um PTM definitivo para a organização, você precisará atualizar e alinhar suas Iniciativas ExO Central em resposta.

DICA

Siga as descrições das atribuições das semanas anteriores para refinar suas iniciativas.

DICA

A meta do Fluxo Central é tornar a empresa mais adaptável ao ambiente externo. Suas ideias estão à altura?

DICA

A Sessão de Disrupção destaca aquilo em que os participantes precisam trabalhar mais para entender plenamente o modelo e os conceitos ExO. Dedique tempo nesta semana para preencher quaisquer lacunas no entendimento. Por exemplo, todos na equipe possuem uma boa noção dos atributos ExO? Eles entendem o que significa para uma iniciativa ser escalonável? Eles veem em que seus PTMs podem ser melhorados? Revisitar alguns dos conceitos iniciais poderia ter um maior impacto agora que a equipe tem experiência em aplicá-los.

DICA

A esta altura do ExO Sprint, recomendamos dividir a equipe em subgrupos e designar a cada subgrupo uma ou duas iniciativas. Por exemplo, se a equipe compõe-se de seis membros, você pode dividi-la em três grupos de dois membros e atribuir uma Iniciativa ExO Central para cada. Não importa como você organiza os grupos, é importante que todos os membros da equipe ofereçam feedback sobre todas as iniciativas, independente do nível de envolvimento.

AGENDA DAS APRESENTAÇÕES

ExO Sprint — SEMANA 5 · Disrupção — Fase de Execução (Fluxo Central)

ID: 300

Programação

- **Bem-vindo**
- **1 — Apresentações da Equipe ExO na Borda 1** (tempo de 60 minutos por equipe) — 60'
- **Breve intervalo**
- **2 — Apresentações da Equipe ExO na Borda 2** (tempo de 60 minutos por equipe) — 60'
- **Intervalo**
- **1 — Apresentações da Equipe ExO Central 1** (tempo de 60 minutos por equipe) — 60'
- **Breve intervalo**
- **2 — Apresentações da Equipe ExO Central 2** (tempo de 60 minutos por equipe) — 60'
- **Encerramento e próximos passos**
- Líder do ExO Sprint reúne-se com equipe de liderança da organização

Formulário de Feedback

	Feedback geral	Alinhamento com objetivos da liderança?
Smart Hotel	A equipe de liderança gostou desse objetivo empresarial!	Sim
PTM	A equipe de liderança escolheu esse PTM para a organização.	
Disrupção externa	A equipe de liderança e os Disruptores ExO concordam que o conceito será disruptivo para o setor.	
Reação interna	Os Disruptores ExO sugerem melhorias no modelo de negócios (por exemplo, armazenar dados dos clientes como um recurso).	
Atributos ExO	Os Disruptores ExO sugerem melhorias nos atributos ExO (por exemplo, desenvolver um app de smartphone com um assistente inteligente para complementar serviços de personalização e assistência via robô).	

(Nome da iniciativa aqui)

PTM		
Disrupção externa		
Reação interna		
Atributos ExO		

Iniciativas ExO na Borda que levaram a novas Iniciativas ExO Central	AirEco aumentará a concorrência no mercado como resultado da redução das necessidades de pessoal e das margens. Uma reação interna a essa Iniciativa ExO na Borda poderia ser lançar uma Iniciativa ExO Central para fornecer serviços de pessoal de hotel à AirEco. Com isso a AirEco poderia oferecer serviços de hóspedes usando pessoal de hotel profissional. Também cria uma oportunidade para a organização existente.	
Outro feedback (geral, outros projetos etc.)		
PTM/PT final para a organização	Experiências ecológicas personalizadas para todos.	

Eco Places

Sugestões para a semana...
DICAS FINAIS

O fluxo perfeito para esta semana:

Se as apresentações forem feitas pessoalmente, prepare o ambiente e cuide da logística.

| Dom | **Seg** | Ter | **Qua** | **Qui** | **Sex** | Sáb |

Programe as apresentações durante a última metade da semana, de modo que as equipes tenham tempo suficiente para melhorar seus discursos com base no feedback recebido na semana anterior.

Designar um membro da equipe para anotar todo o feedback. Pode ser um membro diferente para cada iniciativa. Apenas certifique-se de que todo o feedback seja captado.

Após as apresentações, discuta suas iniciativas com os participantes (a equipe gerencial, os membros de outras equipes de ExO Sprint e os Disruptores ExO) e peça feedback adicional.

A Iniciativa ExO Central certa deveria ser:

Adaptável
Você está aplicando o modelo ExO para tornar sua organização existente mais adaptável à disrupção externa do setor. Todas as iniciativas deveriam visar esse objetivo.

Escalonável
Já que vai definir um Propósito Transformador Massivo (ou ao menos um Propósito Transformador), você pode precisar aumentar o alcance da organização existente. Nesse caso, avalie se as Iniciativas ExO Central ajudarão a escalonar o impacto.

Como sempre, lembre que o fracasso faz parte do processo, assim, tente não se contrariar com qualquer feedback negativo. Melhor saber mais cedo do que mais tarde que você talvez precise mudar, adiar ou mesmo abortar uma ou mais de suas iniciativas.

Se algumas de suas iniciativas ExO (ou mesmo todas) forem rejeitadas após a Sessão de Disrupção, não leve para o lado pessoal! Faz parte do processo.

Trabalhamos com equipes cujas iniciativas ExO foram todas abortadas durante a Sessão de Disrupção, mas no final do ExO Sprint suas iniciativas novas ou melhoradas foram as mais bem avaliadas. Considere essa sessão como um exercício de aprendizado e uma oportunidade de melhorar suas iniciativas e processo.

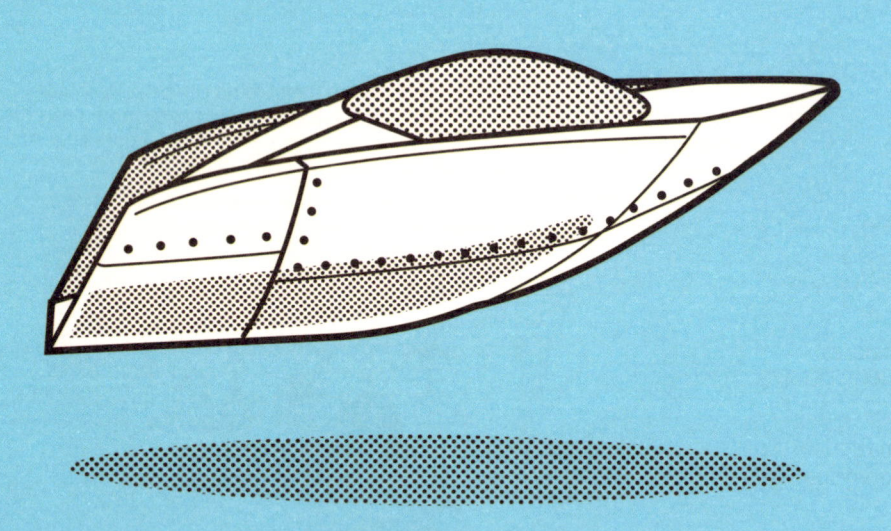

ExO Sprint

SEMANA 6 · Protótipo

ID:
302

Fase de Execução (Fluxo Central)

SEMANA 6
Protótipo

POR QUE ESTA SEMANA?

É hora de levar suas iniciativas ExO ao próximo nível!

A atribuição desta semana é definir formalmente os pressupostos subjacentes às suas ideias e preparar-se para testá-las ainda mais.

Comece definindo sua Iniciativa ExO Central em maiores detalhes, para que você possa identificar as hipóteses-chave a serem testadas.

Depois na agenda vem começar a desenvolver um Produto Viável Mínimo (MVP) que facilite aprender mais sobre sua Iniciativa ExO Central e como aperfeiçoá-la.

Está com medo de não conseguir realizar tudo isso em apenas uma semana? Você consegue!

TAREFA 1 Definir ainda mais suas Iniciativas ExO Central

DESCRIÇÃO

Durante as últimas semanas, você identificou disrupções externas e definiu reações internas que ajudarão a adaptar sua organização ao ambiente externo. Você também deve ter definido quais atributos ExO implementar.

É hora de pensar mais profundamente sobre os detalhes da implementação das Iniciativas ExO Central para identificar hipóteses-chave e testá-las o mais cedo possível.

Como você pode ter diferentes tipos de iniciativas (projetos internos visando aumentar a flexibilidade ou eficiência da organização, produtos ou serviços novos etc.), cada um precisará ser ainda mais definido. Independentemente de como você define suas iniciativas, não deixe de abordar as seguintes questões:

USUÁRIOS/CLIENTES
Quem usará ou comprará a solução que você está definindo? Quais são suas dificuldades e necessidades? Que valor sua solução fornecerá?

ENVOLVIDOS
Quem dentro da organização aprovará e financiará sua iniciativa ExO? Que valor ela oferece aos envolvidos?

SOLUÇÃO
Que aspecto terá sua Iniciativa ExO Central depois de completada? Que experiência dará ao usuário? De que você precisará para implementá-la?

ECONOMIA
Quanto custará implementar a iniciativa? Como sua organização se beneficiará? Qual é o retorno do investimento?

FERRAMENTAS

Existem diversas ferramentas que ajudarão a definir ainda mais suas iniciativas:

- Mapa de Empatia
- Mapa da Jornada do Cliente
- Canvas de Proposição de Valor
- Canvas da Estratégia do Oceano Azul
- Seu próprio método

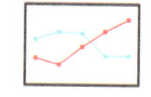

TAREFA 1 Definir ainda mais suas Iniciativas ExO Central

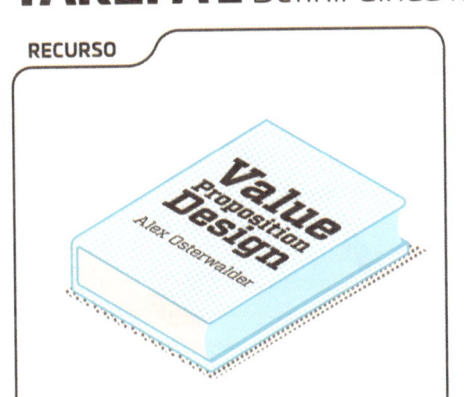

RECURSO

Value Proposition Design, de Alex Osterwalder, ajudará no Canvas de Proposição de Valor.

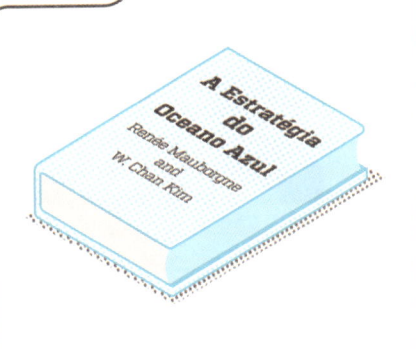

RECURSO

A Estratégia do Oceano Azul, de Renée Mauborgne e W. Chan Kim, ajudará no Canvas da Estratégia do Oceano Azul.

RECURSOS

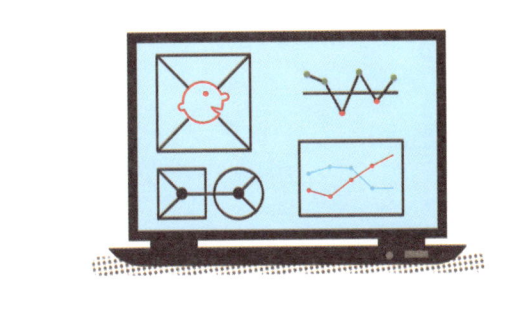

Você pode achar muitas informações online sobre como usar o Mapa da Empatia, Mapas da Jornada do Cliente e outras ferramentas.

DICA

Para Iniciativas Centrais Puras e Iniciativas Centrais na Borda, use a ferramenta que melhor se adapte ao projeto que você está considerando. Por exemplo, se está pensando em desenvolver um sistema de apoio à decisão baseado em IA para seu pessoal, cogite usar o Mapa da Empatia. Caso esteja pensando em melhorar ou automatizar os processos de sua organização, talvez você queira basear seu caso de uso em um mapa de processos.

DICA

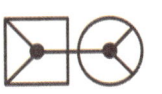

Para Iniciativas Centrais Azuis, use um Mapa da Empatia ou Canvas de Proposição de Valor para entender melhor seu cliente. Use um Canvas da Estratégia do Oceano Azul para definir o produto ou serviço inovador.

TAREFA 1 Definir ainda mais suas Iniciativas ExO Central

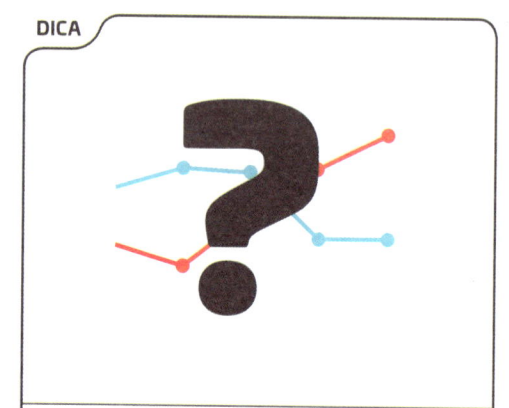

DICA

Se nenhuma das ferramentas sugeridas funciona para sua iniciativa, invente ou modifique uma por conta própria.

DICA

Pesquise a economia da iniciativa. Isso pode envolver calcular o custo da iniciativa ExO e o retorno do investimento (não é necessária grande precisão neste estágio) ou o modelo de precificação de seu produto/serviço e sua rentabilidade.

DICA

Ao desenvolver Iniciativas ExO Central recomendamos usar fornecedores de tecnologia externos e não desenvolver a tecnologia na empresa (não há necessidade de reinventar a roda). Para uma Iniciativa Central na Borda que poderia se tornar uma nova Iniciativa ExO na Borda no futuro, recomendamos usar fornecedores de tecnologia externos para um primeiro protótipo interno, e depois tentar construir a tecnologia você próprio, uma vez lançada sua "ExO na Borda".

DICA

Quando suas Iniciativas ExO Central tiverem sido definidas em mais detalhes, pense em revisar e melhorar seus ExO Canvas também.

TAREFA 2
Enquadre suas Iniciativas ExO Central dentro do modelo de negócios de sua organização

DESCRIÇÃO

Para analisar o escopo e o impacto que suas Iniciativas ExO Central teriam dentro de sua organização, inclua os diferentes elementos com que a iniciativa contribuiria para seu modelo de negócios atual (tudo isso sem modificar sua base).

Ao atualizar o Canvas de Modelo de Negócios, acrescente notas adesivas novas na medida do necessário para ver como o modelo de negócios original está sendo impactado pela inclusão da Iniciativa ExO Central.

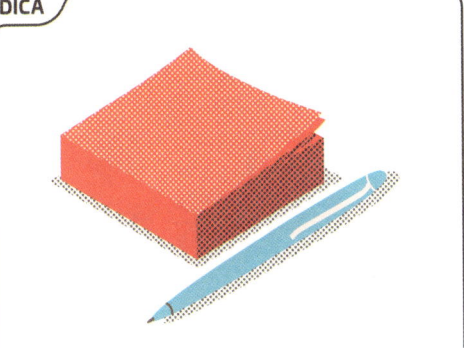

DICA

Use notas adesivas de cores diferentes para ficar mais fácil identificar como o modelo de negócios da organização foi melhorado.

DICA

Lembre que uma Iniciativa ExO Central não modifica o modelo de negócios de uma organização. Ela o melhora. Se a iniciativa em pauta altera como sua empresa faz negócios, a ideia é uma Iniciativa ExO na Borda potencial.

TAREFA 3: Identificar as hipóteses-chave que você quer avaliar com seu MVP

DESCRIÇÃO

Eric Ries, que lançou o movimento da Startup Enxuta, define um MVP como "uma versão de um novo produto que permite a uma equipe coletar o máximo de aprendizado validado sobre clientes com o mínimo de esforço". Em termos de um projeto de ExO, a ideia é usar o conceito de MVP para construir algo que irá ajudá-lo a aprender sobre suas iniciativas. Mas, antes de projetar e construir seu MVP, considere o resultado — ou seja, pense no que você quer aprender como resultado de construí-lo e testá-lo.

O próximo passo é identificar as hipóteses-chave a serem avaliadas — aquelas que são críticas para o sucesso de suas Iniciativas ExO Central. Nesse estágio, a maioria das hipóteses será encontrada em seu ExO Canvas, o Canvas de Modelo de Negócios, e baseadas no que você aprendeu ao definir mais ainda suas Iniciativas ExO Central (a tarefa anterior):

- **Atributos ExO:** Se os diferentes atributos ExO que você definiu são os certos, ou mesmo se é realista implementá-los.
- **Proposição de valor:** Se seus clientes, usuários e envolvidos gostam de sua proposição de valor.
- **Viabilidade da implementação do projeto:** Se sua implementação realmente funcionará do jeito que você imagina, especialmente se for baseada em novas tecnologias.
- **Investimento:** Se vai se revelar um investimento compensador.

FERRAMENTAS

Use o modelo desta seção para identificar e avaliar as hipóteses. Neste estágio, você só precisa preencher a(s) coluna(s) Construir, incluindo as hipóteses-chave que está avaliando e os detalhes do projeto do experimento. As colunas Medir e Aprender da tabela serão detalhadas nas semanas seguintes.

DICA

Cada Iniciativa ExO Central é diferente, assim, pense nos fatores críticos que tornarão seu negócio um sucesso. Estas são as hipóteses-chave por avaliar.

DICA

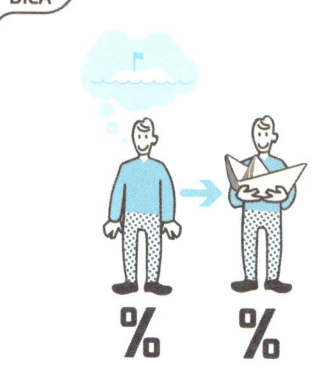

Para definir os critérios de sucesso do experimento de vendas (especialmente para Iniciativas ExO Centrais Azuis), defina indicadores significativos para o processo. Os indicadores certos costumam ser expressos como uma porcentagem que reflete a taxa de conversão de potenciais clientes de uma fase para outra. Exemplo: porcentagem de potenciais clientes que compram o produto. Isso é conhecido como Contabilidade da Inovação.

TAREFA 4 — Definir seu Produto Viável Mínimo (MVP)

DESCRIÇÃO

Você não precisa implementar sua Iniciativa ExO Central para começar a testar e aprender a respeito. Não há necessidade de desperdiçar tempo e dinheiro desenvolvendo algo que talvez ninguém quisesse usar ou pagar. Em vez disso, experimente um MVP.

Antes de desenvolver esse MVP, especifique o número mínimo de características que deveria ter no início. Para isso, siga estes passos (note que alguns já terão sido abordados em tarefas anteriores):

1 Defina o fluxo de usuários e os processos de sua Iniciativa ExO Central de acordo com a disrupção externa detectada e a reação interna definida.

2 Liste todas as características necessárias que sua iniciativa precisa ter para reagir à disrupção externa.

3 Avalie cada característica usando a abordagem ICE. Trata-se de um acrônimo para os três fatores básicos a considerar na fixação de prioridades: Impacto (em termos de valor para o usuário), Custo (em termos de dinheiro) e Esforço (em termos de tempo). Conceda a cada fator um valor entre 0 e 2, com 2 representando o valor máximo (maior impacto, menor custo e menos esforço) e 0, o valor mais baixo (menor impacto, maior custo e mais esforço).

4 Priorize as características de acordo com seu valor ICE total. As características com maiores notas devem ser incluídas no topo de sua lista de MVP.

5 Analise os resultados e defina qual aspecto a primeira versão do MVP poderia ter de acordo com:
- As hipóteses-chave que você precisa avaliar. Lembre que a meta básica deste MVP é aprender, portanto, leve essas hipóteses em conta antes de definir seu próximo experimento, que é construir seu MVP.
- A priorização ICE das características. Para essa primeira versão do MVP, você provavelmente precisará acrescentar ou excluir características. Algumas podem ser necessárias por razões técnicas, enquanto outras poderiam levar tempo demais para ser desenvolvidas e, assim, deveriam ser removidas por ora.

RECURSO

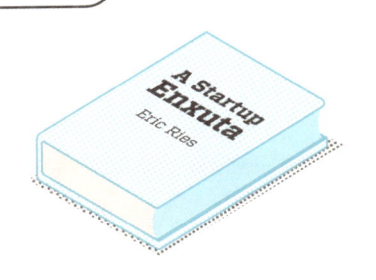

O livro *A Startup Enxuta*, de Eric Ries, é uma boa fonte para aprender sobre MVPs e as bases subjacentes ao conceito.

DICA

Lembre que sua meta aqui não é ver sua iniciativa ExO implementada perfeitamente, mas desenvolver um produto que lhe permita aprender. Para isso, inclua características e complementos voltados ao aprendizado que resultarão em mais feedback.

TAREFA 5 Construir seu MVP!

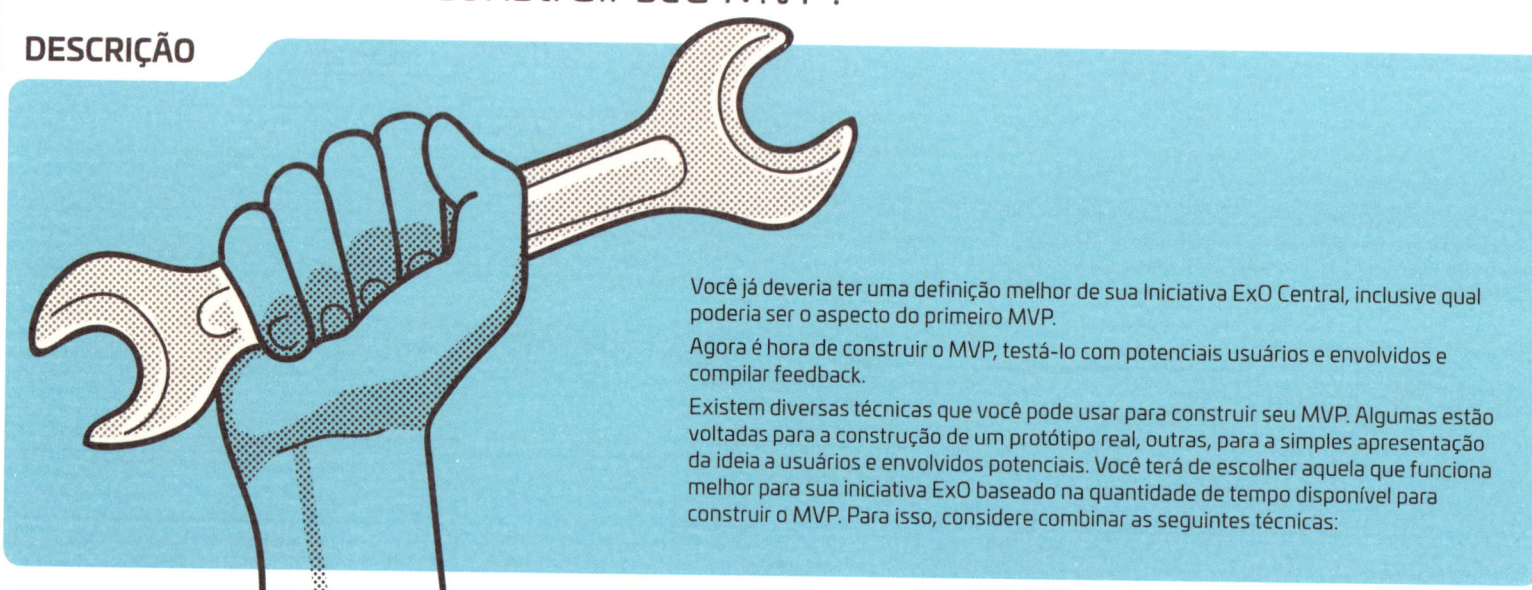

DESCRIÇÃO

Você já deveria ter uma definição melhor de sua Iniciativa ExO Central, inclusive qual poderia ser o aspecto do primeiro MVP.

Agora é hora de construir o MVP, testá-lo com potenciais usuários e envolvidos e compilar feedback.

Existem diversas técnicas que você pode usar para construir seu MVP. Algumas estão voltadas para a construção de um protótipo real, outras, para a simples apresentação da ideia a usuários e envolvidos potenciais. Você terá de escolher aquela que funciona melhor para sua iniciativa ExO baseado na quantidade de tempo disponível para construir o MVP. Para isso, considere combinar as seguintes técnicas:

Página de destino

Desenvolva uma página de destino que mostre e descreva seu MVP. (Isso se aplica sobretudo a Iniciativas Centrais Azuis e a outras iniciativas baseadas em lançar um produto ou serviço novo em que a meta seja avaliar uma proposição de valor com potenciais clientes.) Você também pode descrever a versão completa do produto ou serviço, embora recomendemos concentrar a página de destino nas características-chave do MVP. Além de descrever seu produto ou serviço (seja o MVP ou uma versão completa), encoraje os clientes a pré-encomendarem. Outra opção é realizar um teste A/B, que consiste em desenvolver duas versões diferentes da página de destino, cada uma com uma proposição de valor diferente, e ver qual delas os visitantes preferem.

RECURSOS

Visite www.launchrock.com e www.landerapp.com para obter ajuda na criação de uma página de destino [conteúdo em inglês].

QUANTO VOCÊ APRENDERÁ

Um pouco: quanto os clientes gostam da proposição de valor de seu produto/serviço e seu preço, com base no número de pré-encomendas recebidas pelo site e nos dados reais que você coletar.

Vídeo

Crie um vídeo que mostre e promova seu MVP. De novo, esta técnica é útil ao se avaliar a proposição de valor para clientes e apoiadores internos.

RECURSOS

Use um serviço de criação de vídeos profissional ou ferramentas online como www.animoto.com ou www.goanimate.com [sites em inglês].

QUANTO VOCÊ APRENDERÁ

Um pouco mais: quanto os usuários e envolvidos gostam da proposição de valor de sua Iniciativa ExO com base em suas reações após assistirem ao vídeo. Fazer com que os clientes pré-encomendem resulta em dados sobre o preço e modelo de receitas.

TAREFA 5 Construir seu MVP!

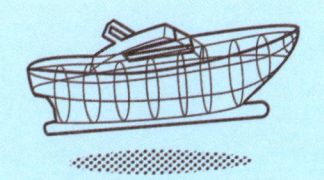

Wireframes

Desenvolva um conjunto de wireframes ou desenhos digitais que ajudarão a ilustrar para os clientes qual aspecto terá seu produto. Esta técnica é útil ao se avaliar a proposição de valor para clientes e apoiadores internos.

RECURSOS

Use qualquer ferramenta de prototipagem rápida, como www.invisionapp.com, www.justinmind.com [sites em inglês] ou mesmo PowerPoint.

QUANTO VOCÊ APRENDERÁ

Ainda mais: quanto os clientes gostam da proposição de valor de sua Iniciativa ExO Central e seus detalhes, com base em suas reações e interações com os wireframes. Incentivar os clientes a pré-encomendarem também pode fornecer dados sobre o preço e modelo de receitas.

Protótipo de trabalho

Desenvolva um protótipo que inclua apenas as características-chave sobre as quais você quer aprender mais. Este é o MVP real e, em muitos casos, é possível construí-lo em poucos dias. Lembre que não precisa ser perfeito. Só precisa ser algo que o ajudará a aprender por um período de vários dias.

QUANTO VOCÊ APRENDERÁ

Muito: quão fácil ou difícil é construir e entregar a Iniciativa ExO Central real, se os usuários, clientes e envolvidos gostam da proposição de valor, e como é a experiência do usuário, com base em interações com o protótipo. Incentivar os clientes a pré-encomendarem também fornece dados sobre o preço e o modelo de receitas.

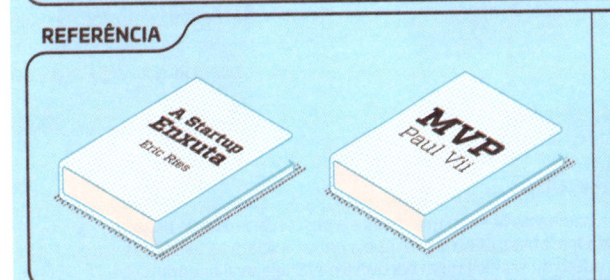

REFERÊNCIA

O livro *A Startup Enxuta* oferece ótimas ideias de como construir MVPs em apenas poucos dias. Outro bom livro é *MVP*, de Paul Vii, que fornece dicas para criar um MVP usando Metodologias de Desenvolvimento Ágil.

DICA

Compilar uma lista de características priorizadas e o número de horas que cada uma levará para ser desenvolvida informará se é ou não possível ter um protótipo pronto dentro de uma semana.

MODELO para entrega

Canvas de Modelo de Negócios para Eco Places (organização controladora)

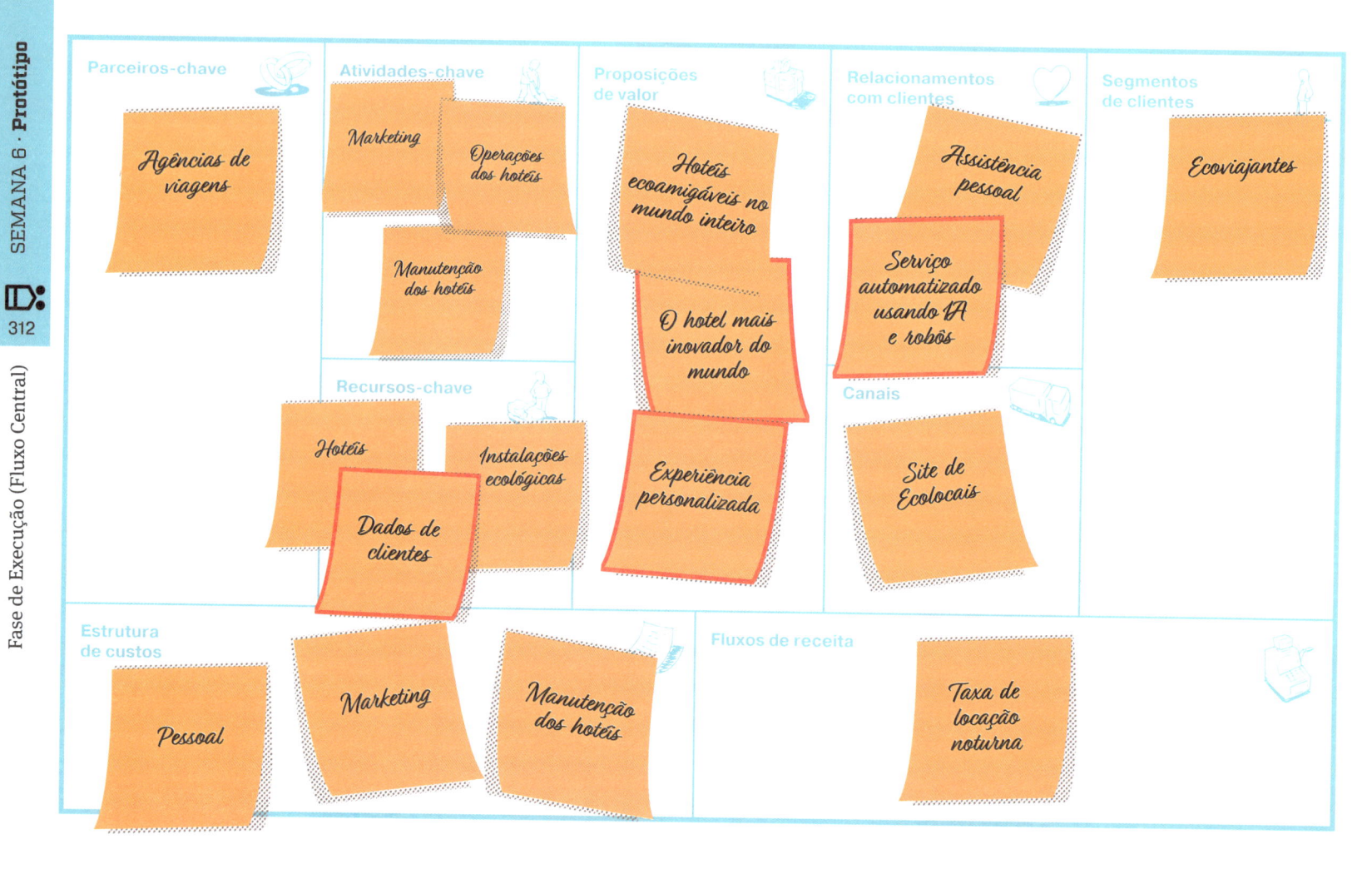

Parceiros-chave
- Agências de viagens

Atividades-chave
- Marketing
- Operações dos hotéis
- Manutenção dos hotéis

Recursos-chave
- Hotéis
- Instalações ecológicas
- Dados de clientes

Proposições de valor
- Hotéis ecoamigáveis no mundo inteiro
- O hotel mais inovador do mundo
- Experiência personalizada

Relacionamentos com clientes
- Assistência pessoal
- Serviço automatizado usando IA e robôs

Canais
- Site de Ecolocais

Segmentos de clientes
- Ecoviajantes

Estrutura de custos
- Pessoal
- Marketing
- Manutenção dos hotéis

Fluxos de receita
- Taxa de locação noturna

ExO Sprint · SEMANA 6 · Protótipo

Fase de Execução (Fluxo Central)

312

MODELO para entrega

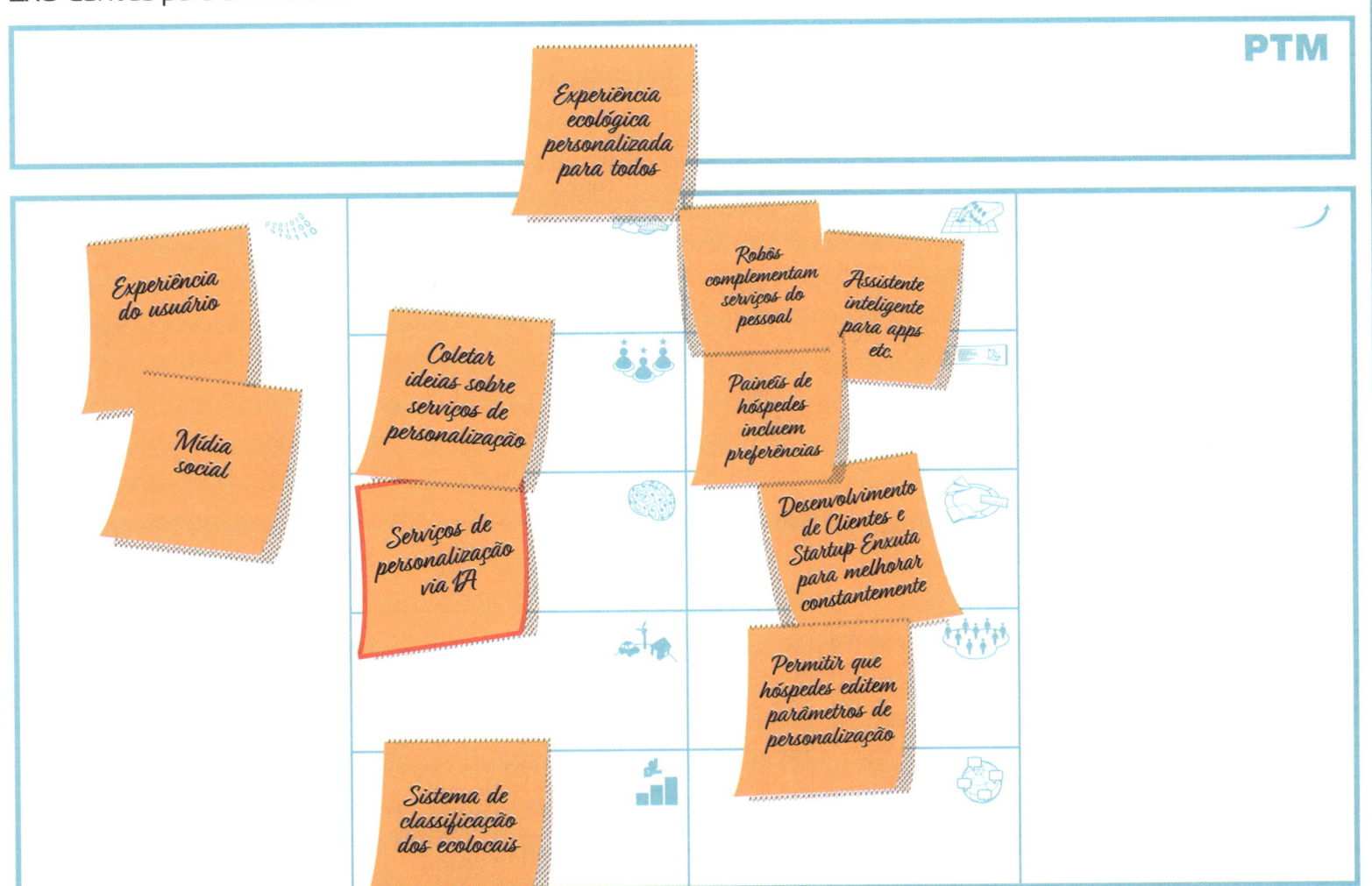

ExO Canvas para Smart Eco

PTM

- Experiência ecológica personalizada para todos
- Experiência do usuário
- Mídia social
- Coletar ideias sobre serviços de personalização
- Robôs complementam serviços do pessoal
- Assistente inteligente para apps etc.
- Painéis de hóspedes incluem preferências
- Serviços de personalização via IA
- Desenvolvimento de Clientes e Startup Enxuta para melhorar constantemente
- Permitir que hóspedes editem parâmetros de personalização
- Sistema de classificação dos ecolocais

Eco Places

ExO Sprint · SEMANA 6 · Protótipo

313

Fase de Execução (Fluxo Central)

MODELO para entrega

Modelo para identificar e avaliar hipóteses-chave

	CONSTRUIR			MEDIR	APRENDER
Nome da iniciativa ExO	Hipóteses-chave	Descrição do experimento	Critérios de avaliação	Resultado do experimento	Aprendizados-chave
Smart Eco	Os clientes estão dispostos a reservar um quarto em hotel com serviços de personalização, assistentes e robôs baseados em IA.	Teste A/B com duas páginas de destino (uma com a oferta atual e outra com a iniciativa Smart Eco) para verificar qual recebe mais reservas.	Ao menos 60% dos visitantes preferem a abordagem baseada em IA.		
	Desenvolver serviços, assistentes e robôs baseados em IA é viável.	Conversar com empresas de IA para avaliar se é possível desenvolver serviços de personalização.	Achar fornecedores de IA capazes de desenvolver serviços de personalização baseados em IA.		
	Serviços baseados em IA fornecem valor.	Construir um protótipo para testar a hipótese.	Mais de 60% dos clientes deveriam estar satisfeitos com a experiência.		

Projetar o MVP

CARACTERÍSTICA	IMPACTO (VALOR)	CUSTO (DINHEIRO)	ESFORÇO (TEMPO)	PRIORIDADE
Página de destino	1	2	2	5
Primeiro protótipo de serviço de personalização baseado na IA para controlar temperatura do quarto	1	1	1	3
Primeiro protótipo de assistente baseado na IA	2	0	0	2
Primeiro protótipo de robô baseado na IA	2	0	0	2
Simulação de assistente baseado em IA apoiado por um ser humano	2	2	1	5

Conclusões sobre o MVP

Após analisar as diferentes características e opções, decidimos projetar uma página de destino online simples oferecendo duas versões do MVP. Em seguida: realizar teste A/B para verificar se os clientes preferiram nossa proposição de valor, em vez da existente.

No final, optamos por desenvolver uma simulação do assistente baseado em IA que apresenta um app de smartphone com uma interface simples apoiada por um ser humano. A meta: verificar quais tipos de interações os clientes preferem e as embutir na versão final, automatizada do app.

Sugestões para a semana...

O fluxo perfeito para esta semana:

Dedique os próximos dias à construção do seu MVP, de que você precisará na próxima semana.

| Dom | Seg | Ter | Qua | Qui | Sex | Sáb |

Passe o primeiro dia definindo seu modelo de negócios, identificando hipóteses-chave e projetando seu MVP.

Revise o andamento com seu Coach ExO no quinto dia.

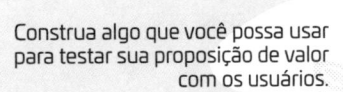

Construa algo que você possa usar para testar sua proposição de valor com os usuários.

Para canais online, como páginas de destino, não se esqueça de implementar algum mecanismo para coletar feedback (por exemplo, formulários de contato) e dados (por exemplo, mecanismo de estatísticas).

Não esqueça que na próxima semana você usará o que construir agora para alcançar potenciais usuários, clientes e envolvidos, e aprender com eles.

Você continuará desenvolvendo seu MVP na próxima semana, mas é importante obter uma versão inicial funcionando agora. Se você quer produzir um protótipo real, mas precisa de duas semanas para desenvolvê-lo, recomendamos desenvolver outro tipo de MVP nesse ínterim, como uma apresentação. Você pode ao menos coletar dados enquanto apronta o protótipo para os experimentos que realizará daqui a duas semanas.

ExO Sprint

SEMANA 7 · **Testar**

316

Fase de Execução (Fluxo Central)

SEMANA 7
Testar

POR QUE ESTA SEMANA?

Está na hora da verdade!

Na última semana, você esteve construindo versões iniciais de seus MVPs, que lhe permitirão aprender muito mais sobre suas Iniciativas ExO Central e aperfeiçoá-las.

A atribuição desta semana fornece experiência em exercitar o atributo Experimentação em um nível mais profundo. A meta é testar seus MVPs para poder descobrir se sua proposição de valor é a certa.

Usar a Experimentação para construir e testar seu MVP permite que você avalie as hipóteses-chave para descobrir se a Iniciativa ExO Central que está desenvolvendo ajudará a adaptar sua organização à disrupção externa.

Se qualquer uma de suas iniciativas implica desenvolver um produto ou serviço novo, talvez você consiga atrair clientes. Obter seus primeiros clientes é um dos marcos mais empolgantes para qualquer organização nova, portanto, vamos lá!

TAREFA 1 Achar seus primeiros adeptos!

DESCRIÇÃO

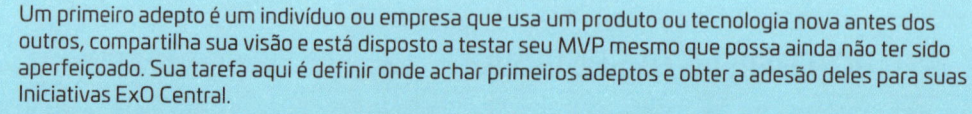

Um primeiro adepto é um indivíduo ou empresa que usa um produto ou tecnologia nova antes dos outros, compartilha sua visão e está disposto a testar seu MVP mesmo que possa ainda não ter sido aperfeiçoado. Sua tarefa aqui é definir onde achar primeiros adeptos e obter a adesão deles para suas Iniciativas ExO Central.

A técnica usada para achar os primeiros adeptos depende do tipo de Iniciativa ExO Central e MVP que você desenvolveu:

Para Iniciativas Centrais Azuis (produto ou serviço novo):

Se você criou uma página de destino como MVP, concentre-se em canais online de uma destas três maneiras:

- Crie anúncios online (por exemplo, usando Google AdWords) e vincule-os a seus sites promocionais.
- Promova o site entre comunidades online povoadas por potenciais primeiros adeptos.
- Envie os links de páginas por e-mail para os potenciais primeiros adeptos que você identificou.

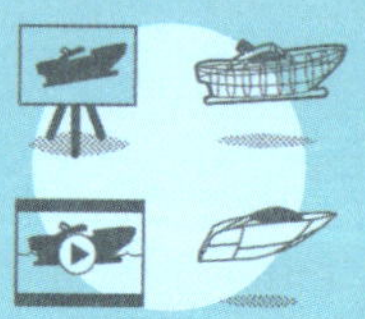

Se você criou uma apresentação de vendas, um conjunto de wireframes, um vídeo ou um protótipo real, concentre-se em canais offline para alcançar primeiros adeptos:

- Promova seu MVP para aquelas pessoas ou organizações entrevistadas quando você testou pela primeira vez as hipóteses de problemas/soluções.
- Gere uma lista nova de potenciais primeiros adeptos.
- Gere uma lista de comunidades que pudessem ser povoadas por primeiros adeptos do MVP.

Para Iniciativas Centrais Puras e Iniciativas Centrais na Borda:

Independente de seu tipo de MVP, você precisa identificar uma variedade de primeiros adeptos:

Envolvidos
Tomadores de decisões dentro de sua organização que aprovarão e financiarão sua Iniciativa ExO Central.

Usuários internos
Funcionários que usarão sua Iniciativa ExO Central e se beneficiarão dela.

Clientes/usuários externos
Potenciais clientes que usarão sua Iniciativa ExO Central e se beneficiarão dela.

TAREFA 1 Achar seus primeiros adeptos

RECURSO

Para Iniciativas Centrais Azuis: o livro de Steve Blank, *Startup: Manual do empreendedor*, explicita como achar e vender para primeiros adeptos. Familiarize-se com a seção do livro que cobre a fase de Validação dos Clientes do processo.

RECURSO

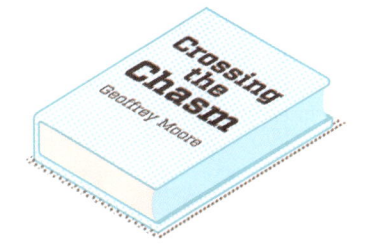

Outro livro para Iniciativas Centrais Azuis: além de ser uma ótima forma de aprender sobre vender para primeiros adeptos, *Crossing the Chasm*, de Geoffrey Moore, também aborda como expandir seu mercado-alvo no futuro.

DICA

Quando se tratam de Iniciativas ExO Central, existem dois grupos de primeiros adeptos:

Clientes externos
(Sua Iniciativa ExO Central melhora um produto ou serviço existente. Alternativamente, sua iniciativa implica criar um produto ou serviço novo.)

- Compartilham a visão que você tem sobre o futuro. 
- Têm o problema que você definiu algumas semanas atrás. 
- Estão tentando solucionar esse problema de algum modo, embora sem sucesso até agora. 
- Estão pagando para solucionar o problema. 
- São honestos e fornecerão feedback valioso.

Apoiadores internos
(Sua Iniciativa ExO Central melhora uma organização existente e você tem aprovação e/ou utilização interna.)

- Reconhecem a disrupção externa que você está tentando gerir.
- Talvez já estejam reagindo a essa disrupção externa de algum modo, embora ainda sem sucesso. 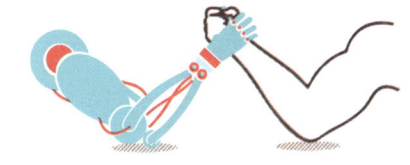
- Podem estar investindo (ou dispostos a investir) recursos para gerir essa disrupção externa. 
- São honestos o suficiente para fornecer feedback valioso.

TAREFA 1 Achar seus primeiros adeptos

DICA

Para achar primeiros adeptos, tente pensar como eles. Isso o ajudará a identificar lugares novos para localizá-los.

DICA

Lembre que sua meta é aprender; assim, interaja com seus primeiros adeptos o máximo possível.

- **Para canais online,** como sites, depois que cada usuário ou comprador completar o processo, envie um e-mail pedindo feedback sobre como melhorar sua proposição de valor, modelo de precificação etc.

- **Para canais offline,** incluindo encontros pessoais e chamadas telefônicas, não terceirize o processo de vendas. Manuseie-o pessoalmente após passar a semana interagindo com primeiros adeptos para aprender o máximo possível, testando seu produto com eles e encorajando-os a comprá-lo.

TAREFA 2 Medir resultados e aprender

DESCRIÇÃO

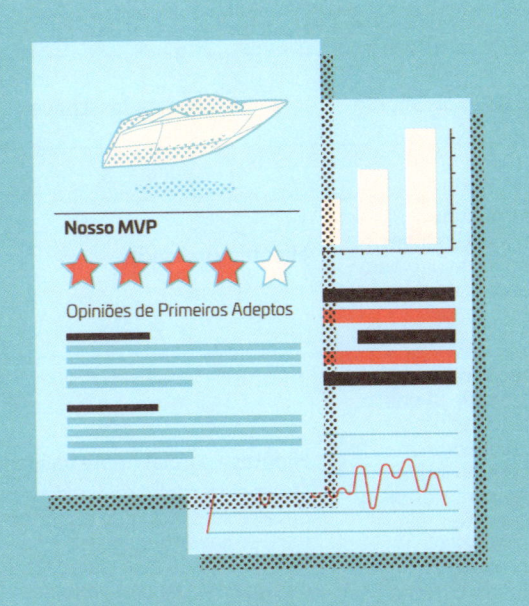

Após desenvolver e testar seus MVPs, você terá um monte de experiências e dados para usar na avaliação de suas hipóteses-chave.

Iniciativas ExO Central não deveriam ser implementadas na organização como um todo, ao menos não no início. Além de achar primeiros adeptos, você também precisará descobrir exatamente onde na organização começar o processo de implementação.

Uma vez completado o processo de vendas, o próximo passo é examinar os dados que você reuniu.

FERRAMENTAS

Use o modelo para identificar e avaliar as hipóteses com que você esteve trabalhando semana passada e preencher as colunas Medir e Aprender.

DICA

Lembre-se de analisar os dados qualitativos tanto quanto os quantitativos (indicadores). Neste estágio inicial do jogo, a informação qualitativa é mais importante do que a quantitativa.

DICA

Resultados de experimentação, com frequência, produzem um monte de ruído, mas examinar os dados também apresenta oportunidades de aprendizado. Por exemplo, após avaliar um produto ou serviço novo, você poderia descobrir que certos segmentos de clientes adoram seu produto ou serviço, enquanto outros odeiam. Na verdade, seus resultados poderiam indicar que pessoas com menos de 45 anos o adoram e aquelas com mais de 45 não gostam. O aprendizado aqui? Concentre a solução no segmento de clientes até 45 anos.

MODELO para entrega

Modelo para identificar e avaliar hipóteses-chave

		CONSTRUIR			MEDIR	APRENDER
Nome da iniciativa ExO	Hipóteses-chave	Descrição do experimento	Critérios de avaliação	Resultado do experimento		Aprendizados-chave
Smart Eco	Os clientes estão dispostos a reservar um quarto em hotel com serviços de personalização, assistentes e robôs baseados em IA.	Teste A/B com duas páginas de destino (uma com a oferta atual e outra com a iniciativa Smart Eco) para descobrir qual recebe mais reservas.	Ao menos 60% dos visitantes preferem a abordagem baseada em IA.	A página de destino mostrando a abordagem baseada em IA resultou em 50% mais adesões.		**Hipótese validada**
	Desenvolver serviços, assistentes e robôs baseados em IA é viável.	Conversar com empresas de IA para avaliar se é possível desenvolver serviços de personalização.	Achar fornecedores de IA capazes de desenvolver serviços de personalização baseados em IA.	Não conseguimos achar um fornecedor de IA que satisfizesse todos os requisitos. A maioria dos requisitos, porém, pode ser satisfeita com algumas restrições. Por exemplo, devido a limitações técnicas, fornecedores de IA recomendam limitar o uso de robôs a entregas nos quartos por ora. Eles também observam que os recursos técnicos melhorarão muito nos próximos anos.		**Hipótese parcialmente validada** Descobrimos que não podemos desenvolver tudo que queremos, mas, se limitarmos nossa funcionalidade de robô a entregas nos quartos por ora, podemos lançar uma primeira versão que possa ser melhorada nos próximos anos.
	Serviços baseados em IA fornecem valor.	Construir um protótipo para testar a hipótese.	Mais de 60% dos clientes deveriam estar satisfeitos com a experiência.	Até 80% dos clientes adoram serviços de personalização baseados em IA.		**Hipótese validada** Descobrimos que os clientes com frequência pedem a entrega das refeições nos quartos. Eles adoram que o assistente inteligente lembre suas preferências, especialmente quando chega a um hotel novo da rede.

Sugestões para a semana...

O fluxo perfeito para esta semana:

Passe o primeiro dia definindo como contatar os primeiros adeptos. Depois, contate-os o mais rápido possível.

Revise os resultados com seu Coach ExO no quinto dia.

| Dom | Seg | Ter | Qua | Qui | Sex | Sáb |

O resto do seu tempo esta semana será gasto fazendo experimentos de venda com primeiros adeptos. Caso precise de mais tempo para coletar dados, este passo pode se estender até o início da próxima semana. De qualquer modo, ao final da semana, você deveria dispor de resultados iniciais para revisar com o Coach ExO.

A meta para a semana é compilar dados suficientes dos experimentos para assegurar resultados válidos (e, portanto, aprendizado adicional). O que seria ainda melhor, é claro, é se você fosse capaz de vender sua ideia durante o processo, um resultado que impressionaria o painel na sua apresentação final da Iniciativa ExO Central. Do nada até clientes reais, em menos de 10 semanas... Vamos lá!

Lembre que primeiros adeptos não são simplesmente primeiros clientes ou apoiadores internos. São também pessoas e/ou empresas especiais com uma mentalidade específica.

Para ajudar em sua avaliação dos diferentes tipos de hipóteses, talvez você precise contatar consultores externos especialistas no seu setor, ou em uma tecnologia ou metodologia específica.

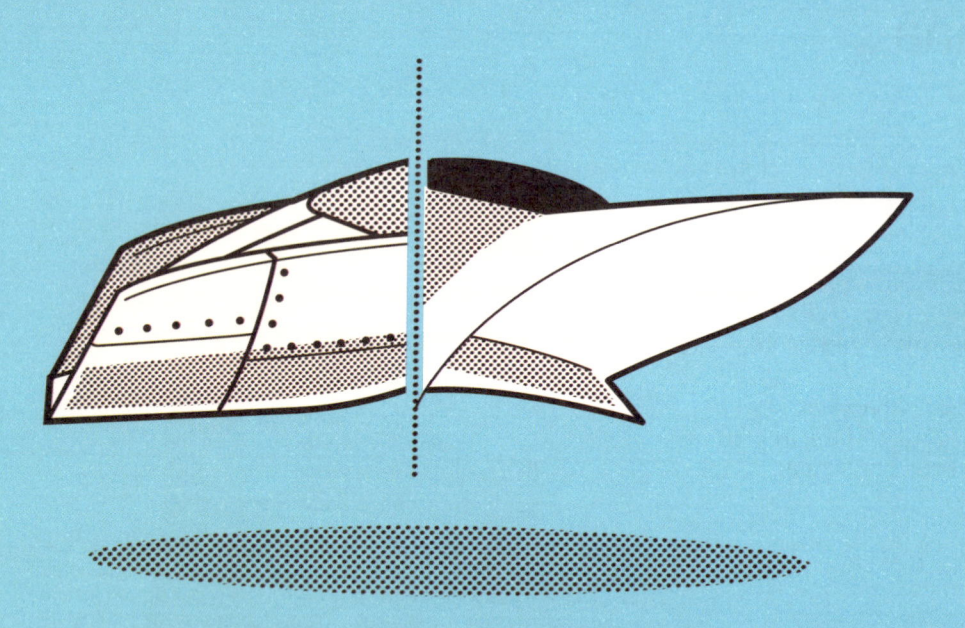

Fase de Execução (Fluxo Central) · SEMANA 8 · Aperfeiçoar · ExO Sprint

ID:
324

SEMANA 8
Aperfeiçoar

POR QUE ESTA SEMANA?

Semana passada você deveria ter aprendido muito sobre suas Iniciativas ExO Central como resultado de testar seus MVPs. Esta semana, você continuará desenvolvendo seus MVPs mediante experimentos.

A certa altura durante a semana, quando você dispuser de dados suficientes, será hora de encarar a realidade e fazer as mudanças necessárias em suas Iniciativas ExO Central para maximizar suas oportunidades de sucesso.

Refine suas Iniciativas ExO Central!

TAREFA 1: Continuar desenvolvendo suas Iniciativas ExO Central

DESCRIÇÃO

Apenas duas semanas para construir e testar um MVP pode parecer tempo insuficiente. Mas, apesar do trâmite rápido, é possível.

Reserve diversos dias nesta semana para realizar experimentos e iterar seu MVP com base no que aprendeu.

FERRAMENTAS

Caso ainda esteja realizando experimentos com primeiros adeptos, continue usando o modelo para identificar e avaliar as hipóteses que você vem usando nas últimas duas semanas.

DICA

Informações obtidas de experimentos com primeiros adeptos dotarão você de novas ideias e, assim, potencialmente, de novas hipóteses. Mantenha dinâmico o processo de definição e avaliação de hipóteses. A ideia é usar o que você aprende para redefinir seus experimentos permanentemente.

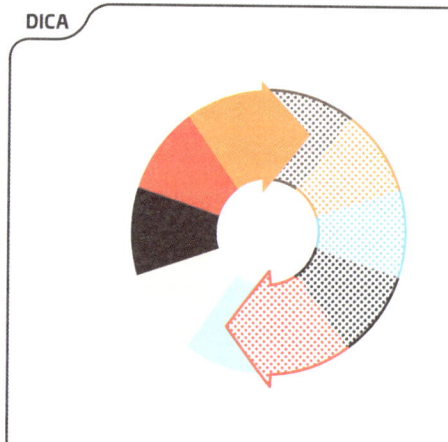

DICA

Recomendamos explorar Metodologias de Desenvolvimento Ágil (como Scrum), que são técnicas básicas para desenvolver um MVP. A premissa principal dessas metodologias é redefinir continuamente características e prioridades de desenvolvimento para seu produto de modo que você possa iterá-lo em poucos dias ou semanas. Ainda que você não use as técnicas durante o ExO Sprint, é uma boa ideia ter um conhecimento prático para possível uso futuro.

TAREFA 2 Melhorar e prosseguir!

DESCRIÇÃO

Uma vez que você tenha coletado informações suficientes (ou não tenha mais tempo para realizar experimentos adicionais ou continuar desenvolvendo os MVPs), está na hora da decisão.

Com base no que você aprendeu, eis os próximos passos para suas Iniciativas ExO Central:

Para Iniciativas Centrais Puras e Iniciativas Centrais na Borda
Atualize os elementos anteriores definidos — o ExO Canvas, os requisitos dos MVPs e qualquer outro elemento ou canvas usado — e busque meios de melhorar ainda mais a iniciativa ExO para que se ajuste melhor às necessidades dos usuários e envolvidos.

Para Iniciativas Centrais Azuis
Atualize os elementos anteriores definidos — o ExO Canvas, Canvas da Estratégia do Oceano Azul, os requisitos dos MVPs e qualquer outro elemento ou canvas usado — e busque meios de melhorar ainda mais seu produto ou serviço, de modo que se ajuste às necessidades dos clientes. Você deveria também refinar o modelo de precificação para maximizar as chances de que os clientes estejam dispostos a pagar por aquele produto ou serviço.

FERRAMENTAS

Para editar seu modelo de negócios, use o Canvas de Modelo de Negócios, em que já trabalhou antes no ExO Sprint. ➡ **Pg. 135**

TAREFA 2 Melhorar e prosseguir!

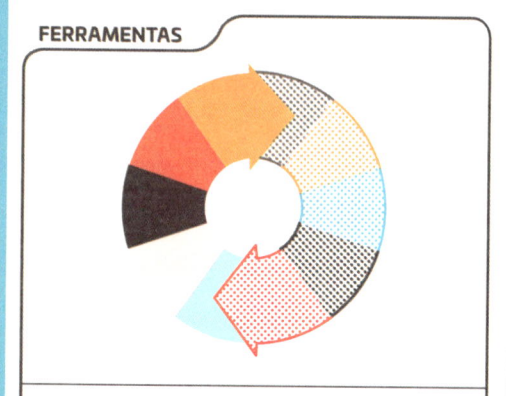

FERRAMENTAS

A iteração de seu produto ou serviço talvez requeira atualizar o backlog do seu produto se você estiver usando Metodologias de Desenvolvimento Ágil (o que é improvável, dadas as limitações de tempo de um ExO Sprint).

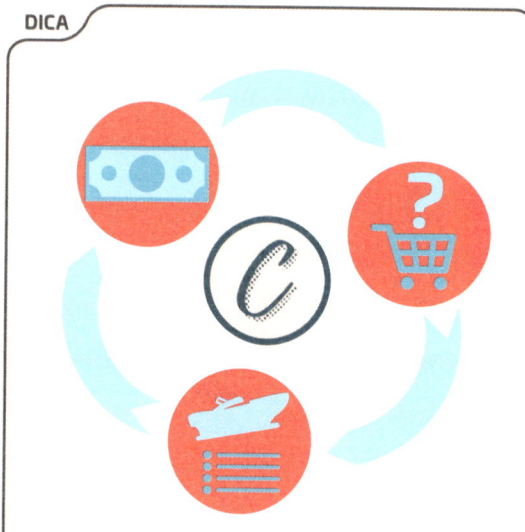

DICA

Para Iniciativas Centrais Azuis, existem várias formas de iterar seu produto ou serviço:

- **Necessidades dos clientes:** Você pode descobrir uma necessidade nova, cuja solução pareça mais promissora que aquela atualmente em pauta.

- **Características:** Você pode descobrir que o conjunto de características definidas para seu produto precisa mudar.

- **Precificação:** Você pode precisar modificar a estrutura de precificação para seu produto ou serviço.

DICA

Examine com cuidado o feedback oferecido por seus clientes, usuários e envolvidos e repriorize as características de seus MVPs conforme necessário. Não esqueça o ciclo Construir-Medir-Aprender, que é aplicável a tudo!

MODELO para entrega
ExO Canvas para Smart Eco

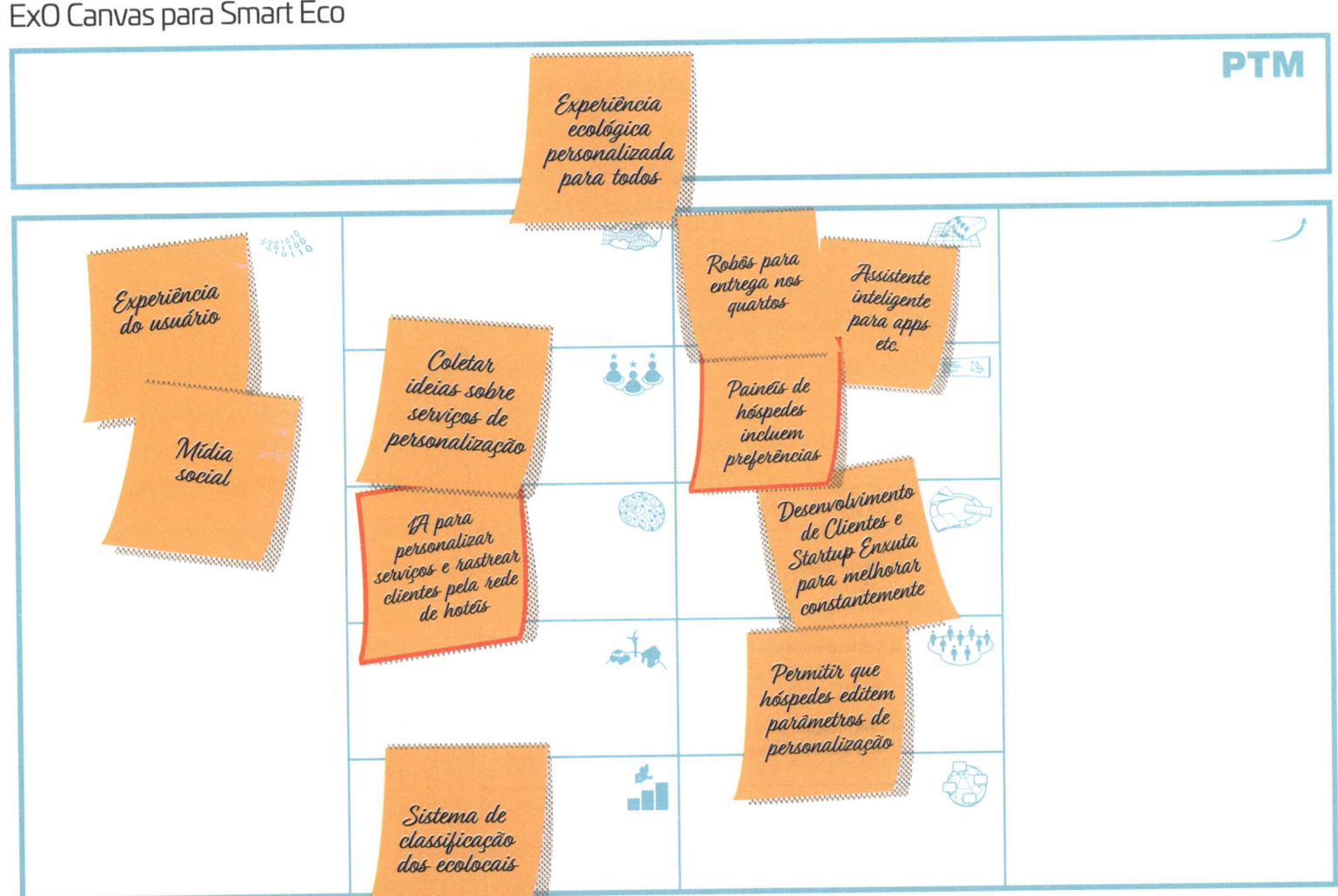

PTM

- Experiência ecológica personalizada para todos
- Experiência do usuário
- Mídia social
- Coletar ideias sobre serviços de personalização
- Robôs para entrega nos quartos
- Assistente inteligente para apps etc.
- Painéis de hóspedes incluem preferências
- IA para personalizar serviços e rastrear clientes pela rede de hotéis
- Desenvolvimento de Clientes e Startup Enxuta para melhorar constantemente
- Permitir que hóspedes editem parâmetros de personalização
- Sistema de classificação dos ecolocais

Eco Places

ExO Sprint
SEMANA 8 · Aperfeiçoar
Fase de Execução (Fluxo Central)

MODELO para entrega

Canvas do Modelo de Negócios para Eco Places (organização controladora)

Parceiros-chave
- Agências de viagens

Atividades-chave
- Marketing
- Operações dos hotéis
- Manutenção dos hotéis
- Entrega de refeições usando robôs

Recursos-chave
- Hotéis
- Instalações ecológicas

Proposições de valor
- Hotéis ecológicos pequenos, únicos e luxuosos no mundo inteiro
- Os hotéis mais inovadores do mundo
- Experiência personalizada em toda a rede de hotéis (o assistente inteligente registra preferências de um hotel ao outro)

Relacionamentos com clientes
- Assistência pessoal
- Serviço automatizado usando IA e robôs

Canais
- Site de Ecolocais

Segmentos de clientes
- Ecoviajantes

Estrutura de custos
- Pessoal
- Marketing
- Manutenção dos hotéis

Fluxos de receita
- Taxa de locação noturna

Sugestões para a semana...

O fluxo perfeito para esta semana:

Passe os dois primeiros dias coletando o máximo de dados possível de primeiros adeptos e refinando seu MVP.

Compartilhe seu progresso com seu Coach ExO no quinto dia e prepare-se para organizar as apresentações finais para a Sessão de Lançamento!

| Dom | Seg | Ter | Qua | Qui | Sex | Sáb |

Dedique os dois dias seguintes a analisar os resultados e refinar ainda mais suas Iniciativas ExO Central.

Fazer mudanças em suas iniciativas ExO pode se revelar desafiador (não é fácil abrir mão de ideias às quais você está apegado), mas não reaja desencadeando o sistema imunológico corporativo! Pelo contrário, construa a melhor iniciativa ExO possível.

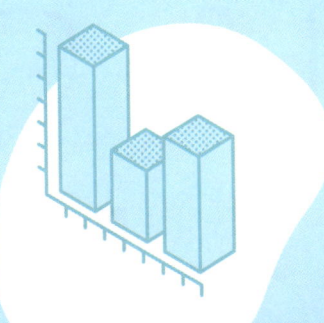

Baseie todas as decisões em dados. Permanecer neutro muitas vezes requer deixar seu ego de lado e abrir mão de qualquer apego a ideias ou propostas favoritas.

Para avaliar diferentes tipos de hipóteses, talvez você precise contatar consultores externos especialistas no seu setor ou em uma tecnologia ou metodologia específica.

Lembre que dentro do processo de ExO Sprint todos são iguais e não há espaço para a hierarquia corporativa. Em suma, as decisões nunca deveriam se basear na posição hierárquica na empresa.

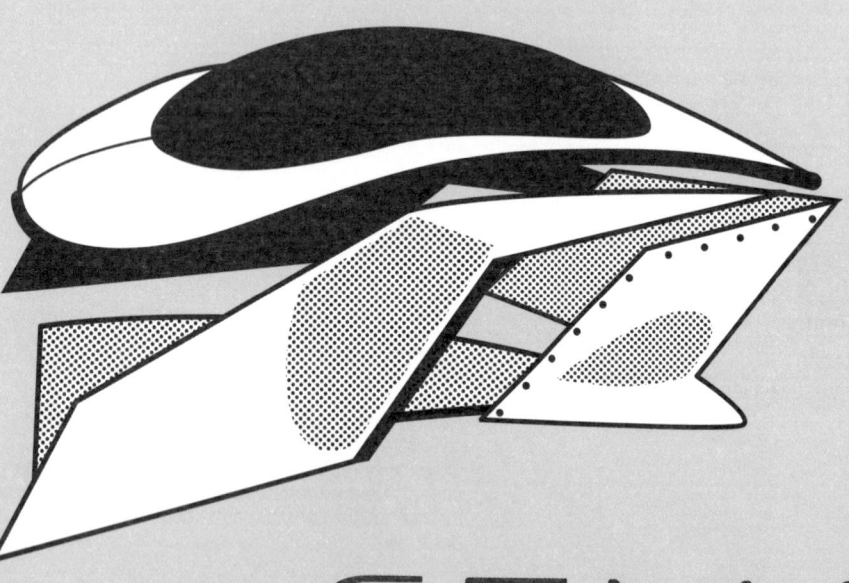

SEMANA 9
Reunir

POR QUE ESTA SEMANA?

Hora de se preparar para a apresentação final!

Semana que vem você vai apresentar suas melhores ideias à equipe de liderança. A meta é receber feedback adicional e, mais importante, assegurar os recursos necessários para continuar desenvolvendo as Iniciativas ExO Central.

Esta semana é dedicada a criar uma apresentação abrangente para exibir o trabalho incrível que você realizou através do ExO Sprint.

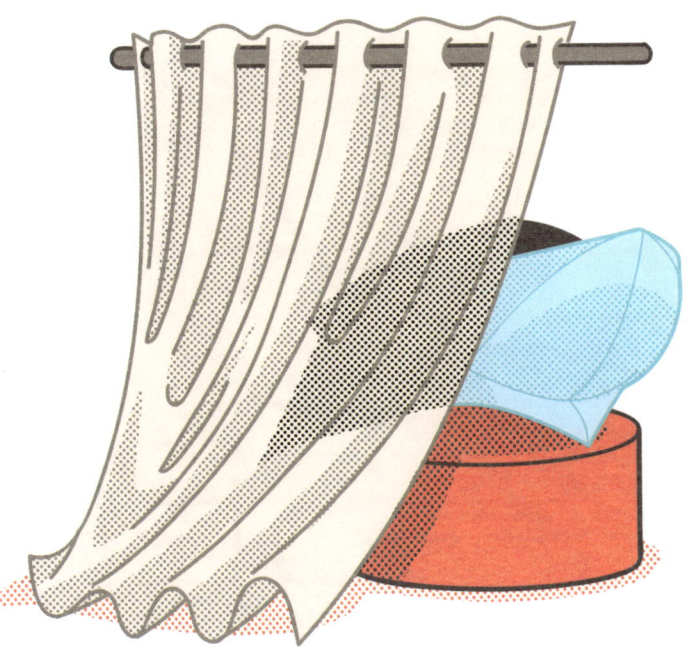

TAREFA 1 Reduzir o número de iniciativas para duas

DESCRIÇÃO

Selecione as iniciativas mais promissoras antes das apresentações finais.

Dado o que você aprendeu com os experimentos, deveria ser capaz de descartar algumas das iniciativas ExO e se concentrar nas duas opções mais promissoras.

ExO Sprint
SEMANA 9 · Reunir
334
Fase de Execução (Fluxo Central)

TAREFA 2
Estender suas Iniciativas ExO Central com marcos principais e um orçamento

DESCRIÇÃO

Preveja a evolução de suas Iniciativas ExO Central e defina marcos principais para os próximos 12 a 18 meses. Também é uma boa ideia estimar seu orçamento e associar marcos principais com o investimento necessário para alcançá-los.

Se possível, tente calcular o retorno do investimento (ROI) de sua iniciativa ExO. Mas leve em conta que é bem difícil calcular com precisão o ROI de projetos inovadores; portanto, sempre que apresentar esses números, não deixe de enfatizar que são preliminares.

DICA

Os marcos principais podem incluir:

- Achar a área da empresa certa para implementar a iniciativa.
- Achar a equipe certa para executar a iniciativa. 
- Realizar mais experimentos para avaliar as hipóteses. 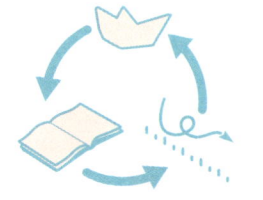
- Construir um MVP e suas revisões. 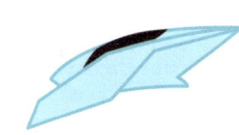
- Assegurar primeiros adeptos, financiamento interno e receitas externas.  
- Buscar relacionamentos de parceria, quando forem aplicáveis. 

DICA

Para estimar receitas, crie um conjunto de parâmetros de negócios que levem em conta os indicadores de inovação que você definiu e testou semana passada.

TAREFA 2 Estender suas Iniciativas ExO Central com marcos principais e um orçamento

DICA

Quando se trata de estimar custos, seja realista sobre os recursos e ajuda externa de que você precisará para alcançar seus marcos. Os marcos deveriam se alinhar aos montantes de recursos fáceis de aprovar.

DICA

Se sua Iniciativa ExO Central depende fortemente de uma tecnologia emergente, seus marcos podem refletir os passos temporários que prepararão sua organização para adotar a tecnologia quando esta amadurecer.

DICA

Crie uma sequência de marcos controláveis. Por exemplo, um marco poderia testar o conceito com um segmento de mercado pequeno. Poderia também testar um componente individual da iniciativa.

TAREFA 3 — Desenvolver uma apresentação final para as Iniciativas ExO Central

DESCRIÇÃO

Para se preparar para as apresentações finais da próxima semana, você precisará desenvolver uma plataforma para cada uma de suas Iniciativas ExO Central.

Para esta rodada, em vez de usar o formato do "pitch de elevador" curto, você produzirá apresentações mais longas e abrangentes para cada uma das iniciativas ExO. Siga o esboço nos modelos encontrados adiante nesta seção.

FERRAMENTAS

Use o modelo de apresentação desta seção.

RECURSO

Um livro útil é *Apresentação Zen: Ideias simples de como criar e executar apresentações vencedoras*, de Garr Reynolds.

DICA

Sempre que possível, use figuras em vez de texto para seus slides. Você quer que as pessoas ouçam o que você tem a dizer, em vez de se distraírem lendo seus slides.

TAREFA 3 — Desenvolver uma apresentação final para as Iniciativas ExO Central

DICA

Crie uma história que defenda de forma convincente cada iniciativa, começando pelo espaço do problema e incluindo uma definição clara da proposição de valor da iniciativa. O conceito é fácil de entender? Seu valor é óbvio?

DICA

Não se preocupe se você acabar abortando uma ou mais de suas iniciativas. Embora você devesse apresentar ao menos duas Iniciativas ExO Central na Sessão de Lançamento, pode sempre ressuscitar qualquer das iniciativas em que estava trabalhando antes da Sessão de Disrupção. Certifique-se de desenvolver quaisquer acréscimos novos tanto quanto possível, seguindo o processo definido nas semanas anteriores.

DICA

Não esqueça que você terá apenas 15 minutos para apresentar cada iniciativa.

DICA

Comece a treinar o mais cedo possível!

APRESENTAÇÃO

Cada apresentação deveria incluir os seguintes slides/seções:

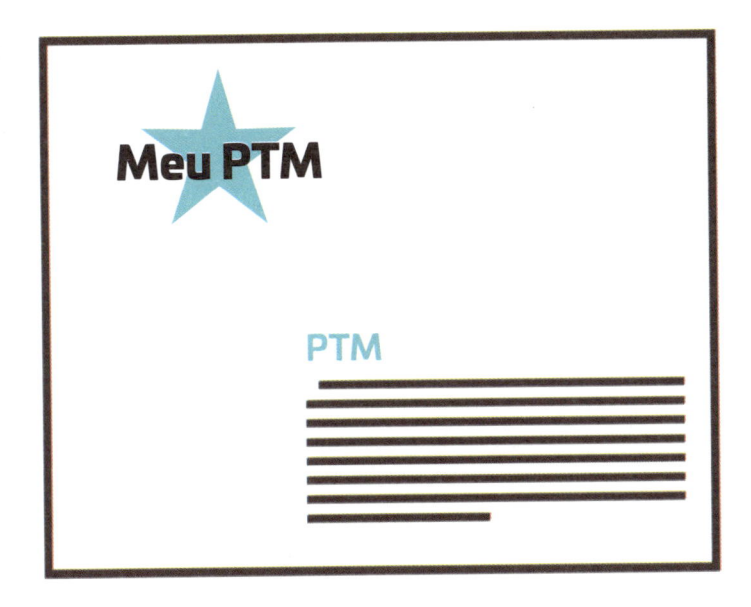

PTM

A fim de enquadrar a Iniciativa ExO Central, é imperativo começar cada apresentação com um PTM.

Em geral, use apenas um slide para apresentar o PTM.

Disrupção/Reação

Também é importante explicar a disrupção externa, que é o principal propulsor da Iniciativa ExO Central. Se a disrupção vem de uma Iniciativa ExO na Borda, não se esqueça de mencionar isso.

Uma vez esclarecida a disrupção externa, apresente a reação interna que lhe permitirá evitar a ameaça vinda da disrupção externa ou alavancar as oportunidades que a ameaça pode gerar.

APRESENTAÇÃO

Contação de histórias

Estudo de caso

Ao comunicar ideias novas, é bom usar técnicas de contação de histórias.

Uma opção é inventar uma história e ilustrá-la com fotos e diagramas que expliquem o problema e como sua solução o resolve.

Recomendamos usar estudos de casos, se você estiver apresentando seis ou menos iniciativas. Conte com cinco minutos para apresentar cada iniciativa.

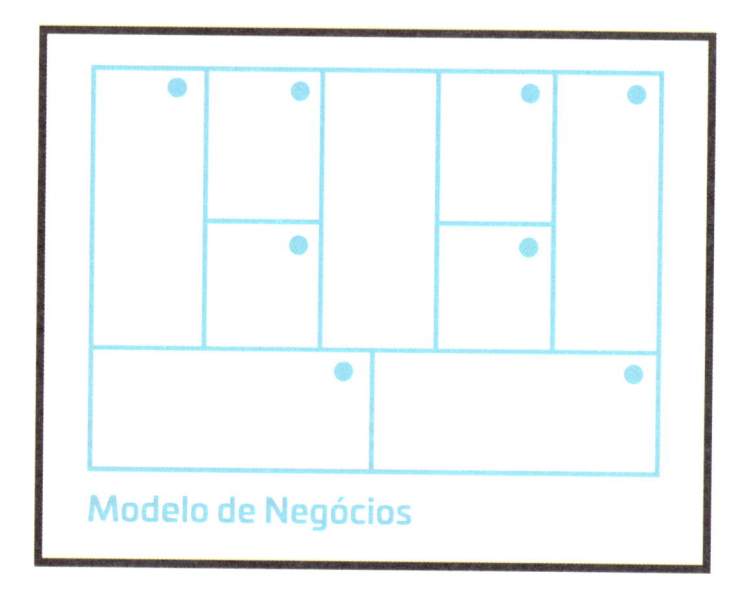

Modelo de Negócios

Modelo de Negócios

É uma boa ideia mostrar como sua Iniciativa ExO Central se enquadra dentro do modelo de negócios atual de sua organização.

Ilustre como está melhorando e adaptando seu modelo de negócios à disrupção externa do setor (em vez de mudá-lo).

APRESENTAÇÃO

Atributos ExO

Como você está adaptando a organização à disrupção externa do setor e conectando-a com a abundância externa, é importante ilustrar como você planeja alcançar essa abundância (usando os atributos SCALE) e como vai geri-la (usando os atributos IDEAS).

Apresente o ExO Canvas e explique como os atributos ExO se aplicam à Iniciativa ExO Central.

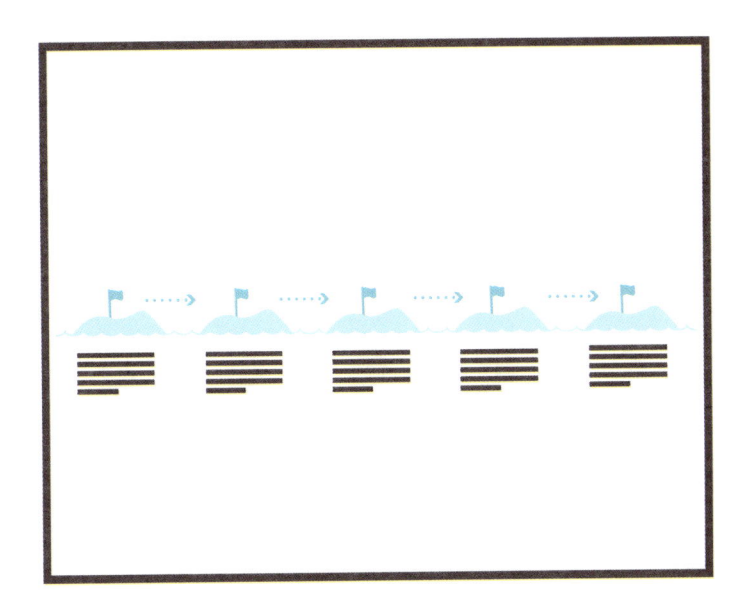

Marcos principais

Defina marcos importantes para os próximos meses.

Você também precisará descrever marcos de longo prazo, aplicando o pensamento exponencial e sintetizando como você planeja atingir seu PTM.

APRESENTAÇÃO

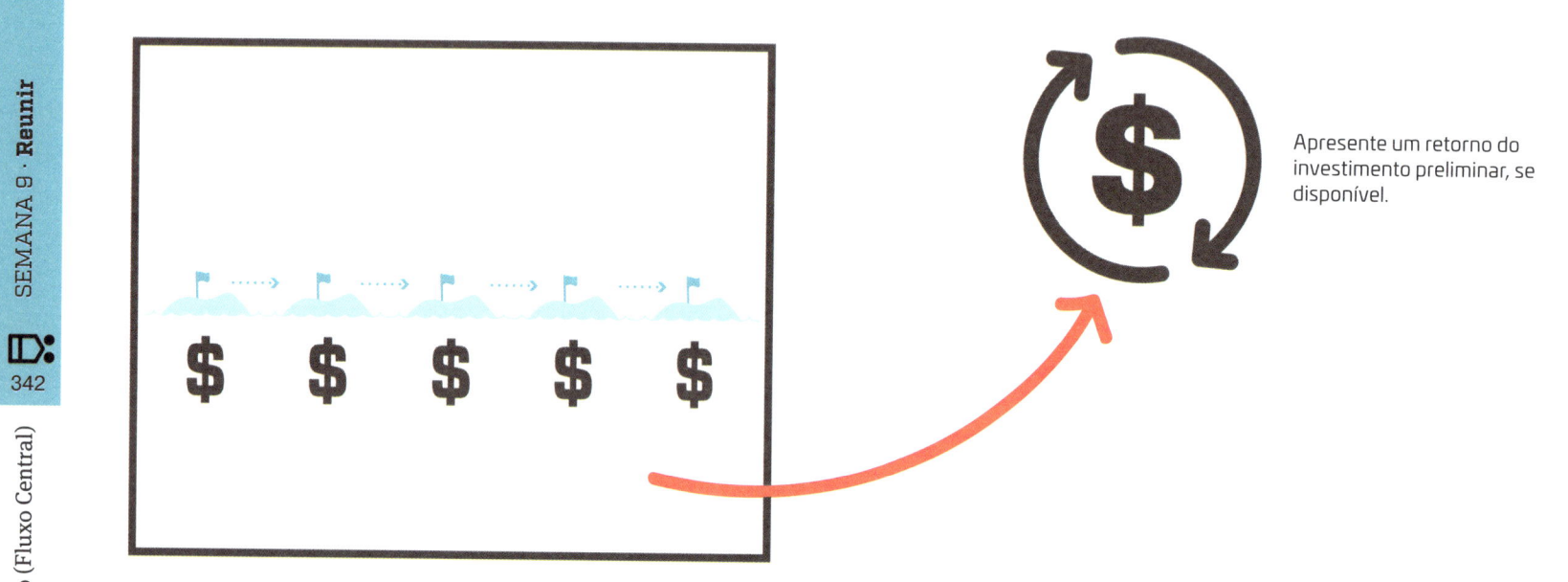

Apresente um retorno do investimento preliminar, se disponível.

Orçamento

Estime o orçamento necessário para atingir marcos de curto prazo.

Sugestões para a semana...

O fluxo perfeito para esta semana:

Passe o primeiro dia refinando as iniciativas ExO com base no feedback recebido na semana anterior.

Dedique o quarto dia a praticar a apresentação. Ensaie sua apresentação diversas vezes para ficar à vontade com a comunicação e o tempo. Certifique-se de saber exatamente quais membros da equipe estarão apresentando.

| Dom | Seg | Ter | Qua | Qui | Sex | Sáb |

Use os dois próximos dias para desenvolver o plano de marcos, orçamento e apresentação.

No quinto dia, faça a apresentação ao seu Coach ExO para obter feedback e dicas de última hora antes do grande dia.

Seja criativo no formato de sua apresentação. Por exemplo, equipes podem querer aumentar a apresentação padrão delas com som e vídeo.

Inclua dados reais dos experimentos executados nas apresentações. Um ótimo desempenho é uma vantagem, mas no final é apenas algo bonito. Existe sempre mais valor em fornecer dados e informações de clientes reais (por exemplo, testemunhos) para ilustrar o que você aprendeu.

S9 — ExO Sprint — SEMANA 9 · Reunir — Fase de Execução (Fluxo Central)

ExO Sprint

SEMANA 10 · Lançar

344

Fase de Execução (Fluxo Central)

SEMANA 10
Lançar

POR QUE ESTA SEMANA?

O grande dia chegou!

Nesta semana você vai apresentar suas Iniciativas ExO Central à equipe de liderança da empresa e consultores selecionados, que tomarão então a decisão final sobre quais iniciativas financiar e continuar desenvolvendo.

O processo de seleção não é o final — muito pelo contrário. O desenvolvimento de suas iniciativas marca o princípio do processo de transformação de sua organização!

TAREFA 1 Preparar o cenário e logística

DESCRIÇÃO

Crie o ambiente certo e prepare a logística para as apresentações.

As apresentações podem ser realizadas pessoalmente ou online. Muito depende de onde as pessoas estão localizadas e do tamanho de seu orçamento. Se você apresentar pessoalmente, pense na possibilidade de decorar o espaço para criar uma atmosfera única. Se você realizar as apresentações online, teste o sistema de videoconferência antes.

DICA

Siga uma agenda estabelecida para a apresentação (incluímos um esboço abaixo), que deveria durar entre 60 e 90 minutos, dependendo do número de Iniciativas ExO Central apresentadas. Destine 15 minutos para cada apresentação, seguida por uma sessão de P&R de 10 minutos. Programe um breve intervalo antes do próximo evento.

DICA

A gestão do tempo é fundamental para uma apresentação eficaz. Comunique sua agenda com antecedência, inclusive a ordem das apresentações.

TAREFA 2 Apresentações e discussão

DESCRIÇÃO

As equipes apresentarão suas ideias à equipe de liderança e outros envolvidos relevantes. Em contraste com as apresentações da Sessão de Disrupção, desta vez a equipe receberá feedback e responderá a perguntas.

O formato da apresentação final é mais longo do que para a Sessão de Disrupção, que contou com a técnica do "pitch de elevador".

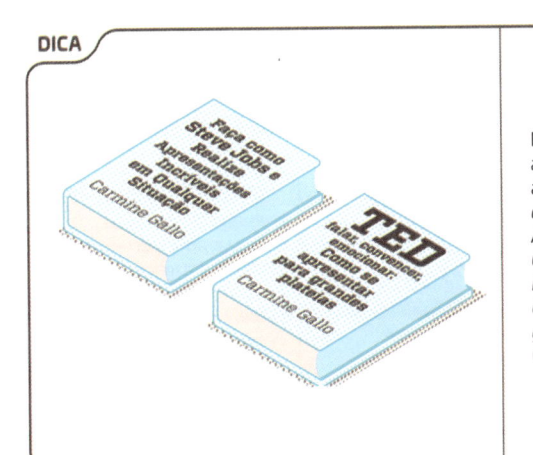

DICA

Dois livros podem ajudá-lo a melhorar suas apresentações: *Faça como Steve Jobs e Realize Apresentações Incríveis em Qualquer Situação* e *TED — Falar, Convencer, Emocionar: Como se apresentar para grandes plateias*, ambos de Carmine Gallo.

DICA

Recomendamos uma sessão de perguntas e respostas de 10 minutos por iniciativa.

TAREFA 3 Avaliação final

DESCRIÇÃO

Encerradas as apresentações, a equipe de liderança e os consultores selecionados se reunirão para tomar uma decisão sobre quais Iniciativas ExO Central irão à frente e quais recursos serão alocados para cada uma.

As iniciativas precisam ser avaliadas do ponto de vista de como as Iniciativas ExO Central tornarão a organização mais adaptável à disrupção externa do setor, evitando ameaças e/ou alavancando oportunidades. Além disso, a equipe de liderança precisa também ter cuidado para não assumir o papel do sistema imunológico corporativo.

FERRAMENTAS

Os modelos desta seção ajudarão a equipe de liderança a avaliar quais iniciativas financiar.

DICA

Para ajudar a prevenir uma reação do sistema imunológico por parte dos membros da equipe de liderança que não estão participando do ExO Sprint, de novo recomendamos que Disruptores ExO sejam incluídos nas avaliações da apresentação final, como ocorreu na Sessão de Disrupção anterior, realizada na Semana 5. Sua independência em relação à organização (e sua liderança) promove um feedback honesto e imparcial.

DICA

Lembre que o pensamento tradicional, da velha escola, pode não se aplicar aqui, portanto, evite informações e recomendações oriundas dessa mentalidade. Isso pode se mostrar desafiador se você faz parte do setor!

TAREFA 3 Avaliação final

DICA

Não esqueça que essas iniciativas ainda estão em um estágio inicial, e muita coisa pode mudar nos próximos meses. Por enquanto, é importante manter uma perspectiva de alto nível — enfocando o propósito e meta das Iniciativas ExO Central — em vez de se concentrar nos detalhes.

DICA

A equipe de liderança não precisa financiar plenamente as iniciativas escolhidas. Pode seguir uma abordagem enxuta, alocando apenas recursos suficientes para se alcançar o próximo marco principal.

DICA

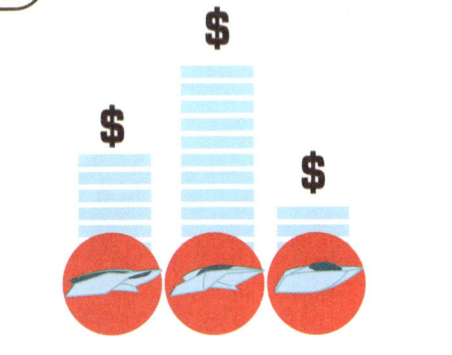

Costuma ser uma boa ideia calcular o montante total de dinheiro que você quer gastar na fase imediatamente após o ExO Sprint. Divida a soma entre as diferentes iniciativas de acordo com suas expectativas para cada uma.

DICA

Escolha as equipes que supervisionarão a continuação do desenvolvimento das Iniciativas ExO Central. As equipes deveriam incluir alguns dos participantes do ExO Sprint que desenvolveram as iniciativas.

TAREFA 4 Anúncios

DESCRIÇÃO

Informar aos participantes do ExO Sprint quais iniciativas ExO foram escolhidas para serem financiadas e continuarem sendo desenvolvidas é fundamental para manter o impulso.

DICA

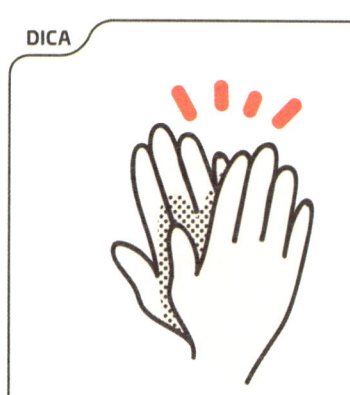

É importante manter todos os participantes do ExO Sprint envolvidos, quer suas iniciativas sejam ou não selecionadas. Não deixe de comunicar seu reconhecimento de um trabalho bem-feito. Todos terão concluído uma quantidade incrível de trabalho em um curto período de tempo.

DICA

Uma forma de manter todos envolvidos, fazendo com que compartilhem o resultado, é oferecer a todos os participantes do ExO Sprint (incluindo membros de equipes ExO na Borda, se aplicável) uma participação nos lucros futuros gerados das Iniciativas ExO Central.

AGENDA DAS APRESENTAÇÕES

Modelo da agenda das apresentações do último dia

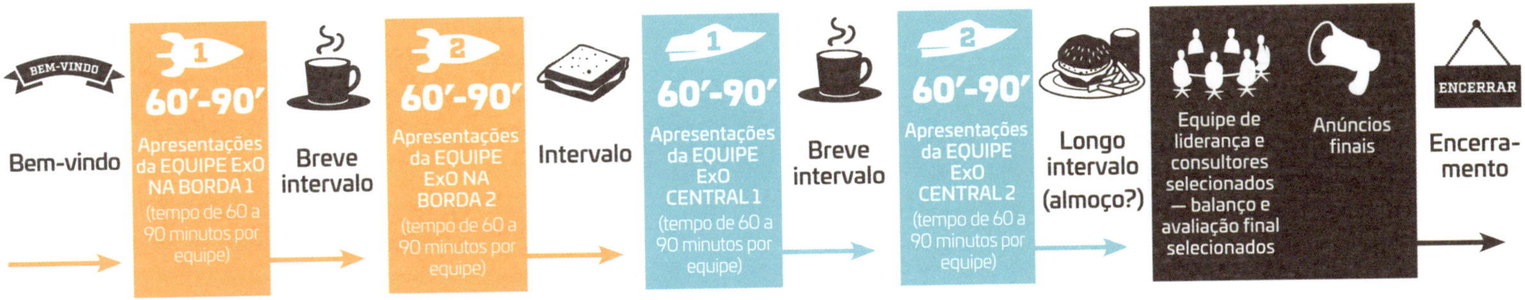

BEM-VINDO → **60'-90'** Apresentações da EQUIPE ExO NA BORDA 1 (tempo de 60 a 90 minutos por equipe) → Breve intervalo → **60'-90'** Apresentações da EQUIPE ExO NA BORDA 2 (tempo de 60 a 90 minutos por equipe) → Intervalo → **60'-90'** Apresentações da EQUIPE ExO CENTRAL 1 (tempo de 60 a 90 minutos por equipe) → Breve intervalo → **60'-90'** Apresentações da EQUIPE ExO CENTRAL 2 (tempo de 60 a 90 minutos por equipe) → Longo intervalo (almoço?) → Equipe de liderança e consultores selecionados — balanço e avaliação final selecionados → Anúncios finais → ENCERRAR Encerramento

MODELO para entrega

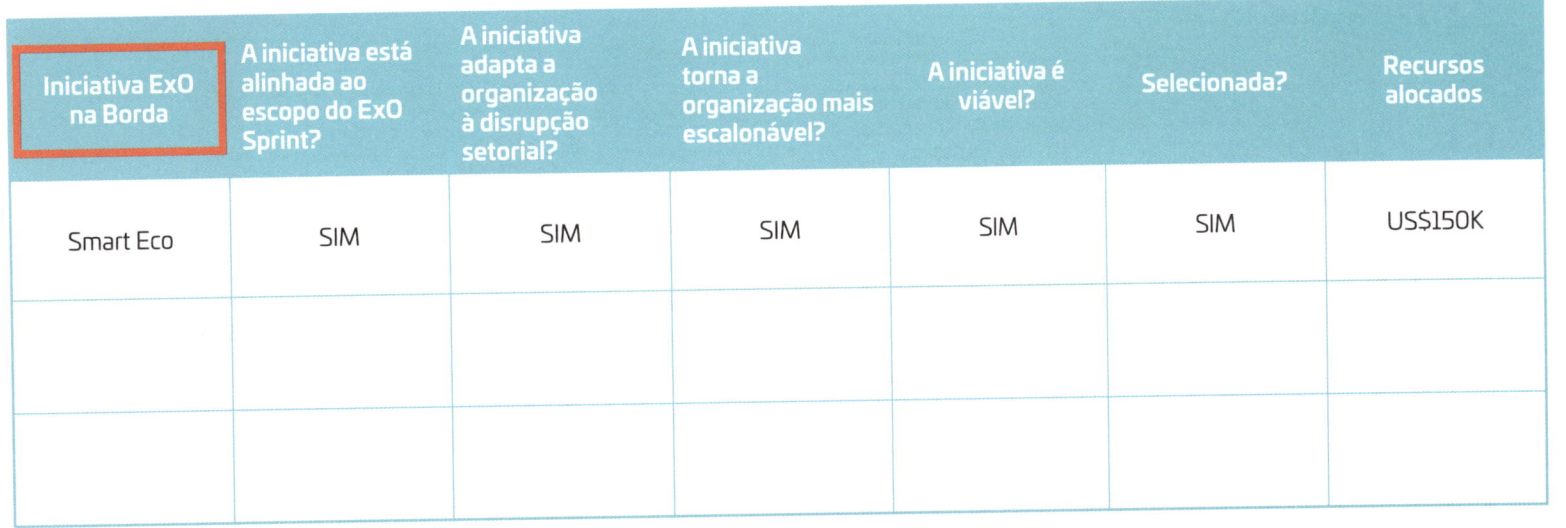

Iniciativa ExO na Borda	A iniciativa está alinhada ao escopo do ExO Sprint?	A iniciativa adapta a organização à disrupção setorial?	A iniciativa torna a organização mais escalonável?	A iniciativa é viável?	Selecionada?	Recursos alocados
Smart Eco	SIM	SIM	SIM	SIM	SIM	US$150K

Sugestões para a semana...
DICAS FINAIS

Pratique o máximo possível e continue trabalhando para melhorar sua apresentação.

Quando chegar o momento de compartilhar suas iniciativas ExO com todos, relaxe e curta o momento!

S10

SEMANA 10 · Lançar — ExO Sprint

Fase de Execução (Fluxo Central)

É importante fazer um anúncio sobre as iniciativas selecionadas e os recursos alocados a cada uma, e quem as continuará desenvolvendo.

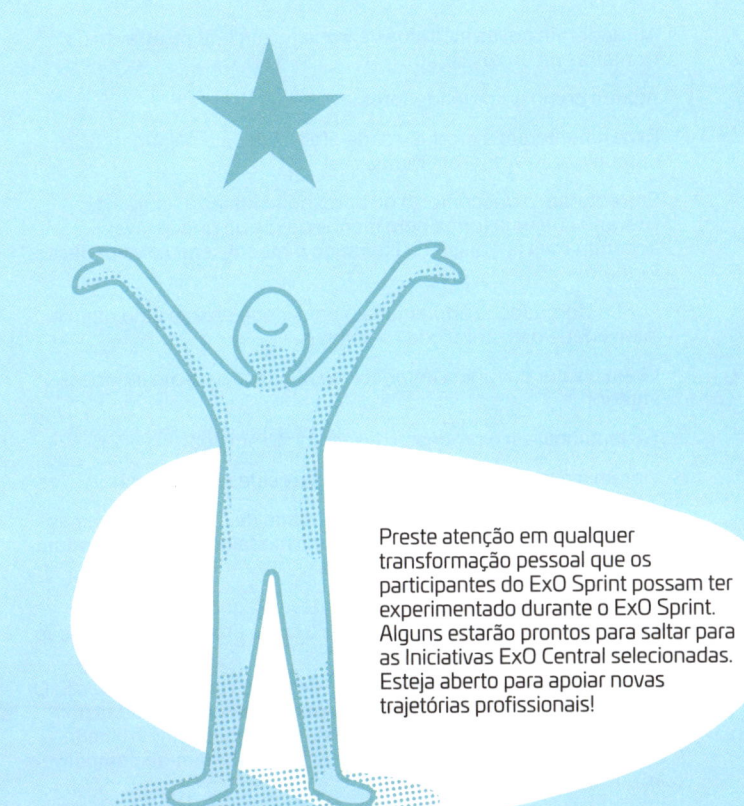

Preste atenção em qualquer transformação pessoal que os participantes do ExO Sprint possam ter experimentado durante o ExO Sprint. Alguns estarão prontos para saltar para as Iniciativas ExO Central selecionadas. Esteja aberto para apoiar novas trajetórias profissionais!

Fase de Acompanhamento

Parabéns! Você agora completou um ExO Sprint!

Além de criar uma organização — ou conjunto de organizações — destinada(s) a se tornar(em) exponencial(ais), sua equipe passou por um processo de transformação pessoal. Como resultado, seus membros:

- Aprenderam novos métodos de trabalho em equipe através das fronteiras da organização.
- Agiram como empreendedores.
- Experimentaram a produtividade oferecida pela colaboração e comunicação virtual em tempo real.
- Enfrentaram o desconforto de apresentar ideias à equipe de liderança de uma forma bem menos polida do que estavam acostumados (a equipe de liderança também sentiu o valor desse formato).
- Foram "forçados" a adotar uma mentalidade enxuta pelo ritmo e intensidade das atribuições semanais.
- Viram o valor da rápida iteração de ideias baseada no feedback anterior.
- Testemunharam o processo de disrupção em ação.
- Vieram a entender que o aprendizado reside no "fracasso".
- Ganharam experiência em uma variedade de modelos e práticas de inovação empresarial — inclusive o modelo ExO — que podem agora levar para seu trabalho diário.

Todos os participantes do ExO Sprint devem agora possuir uma mentalidade exponencial que assegure que o processo de inovação continue avançando pela organização.

O fato de que sua equipe concebeu e desenvolveu as iniciativas ExO ajuda a manter o DNA da empresa, já que todas foram criadas por funcionários com DNA (organizacional, ao menos) compartilhado. Com isso, todas as iniciativas ExO resultantes tornam-se compatíveis com sua equipe e organização.

Dependendo da meta que fixou no princípio, você terá um dos seguintes resultados:

Se você é uma organização líder que visa reinventar um setor e transformar sua organização para uma disrupção externa do setor, o resultado do ExO Sprint foi um conjunto de Iniciativas ExO na Borda e um conjunto de Iniciativas ExO Central. Enquanto as Iniciativas ExO na Borda deveriam resultar em organizações de próxima geração estruturadas para liderar seu setor (e talvez até outros), as Iniciativas ExO Central ajudarão sua organização a se adaptar à disrupção externa do setor — inclusive a disrupção representada pelas novas Iniciativas ExO na Borda.

Se você é uma organização estabelecida querendo se adaptar à disrupção externa do setor, o resultado do ExO Sprint foi um conjunto de Iniciativas ExO Central. Ao implementar com êxito essas iniciativas, sua organização tem a capacidade de permanecer relevante em um mundo em rápida mudança por muitos anos à frente.

Se você é um empreendedor ou criador de empresas querendo desenvolver uma ou mais Organizações Exponenciais a fim de transformar um setor específico, o resultado do ExO Sprint foi uma ou mais Iniciativas ExO na Borda. Desenvolver essas Iniciativas oferece a oportunidade de alcançar suas metas e tornar-se a próxima grande novidade em seu setor.

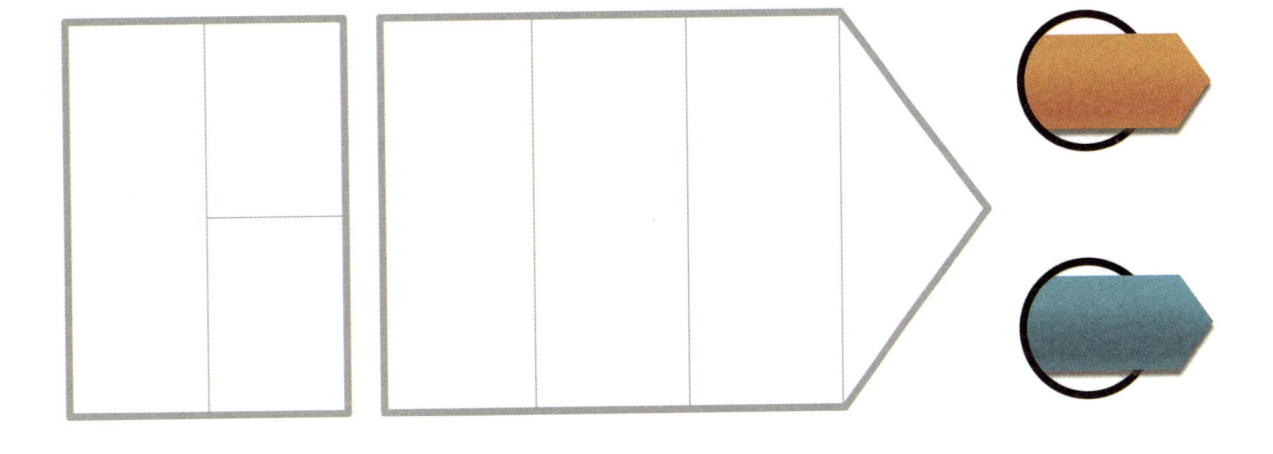

ExO Sprint

355

Fase de Acompanhamento

O diagrama de círculo fornece um modelo que pode ser usado para posicionar um conjunto de iniciativas ExO resultantes, a fim de sintetizar o resultado do ExO Sprint.

Se você realizou o Fluxo ExO na Borda, o resultado é uma ou mais organizações destinada(s) a liderar o setor.

Se você realizou o ExO Sprint inteiro, o resultado é mais que um conjunto de iniciativas ExO independentes. Representa um ecossistema novo, no qual sua organização não só se adaptou à disrupção do setor, mas também às iniciativas ExO criadas.

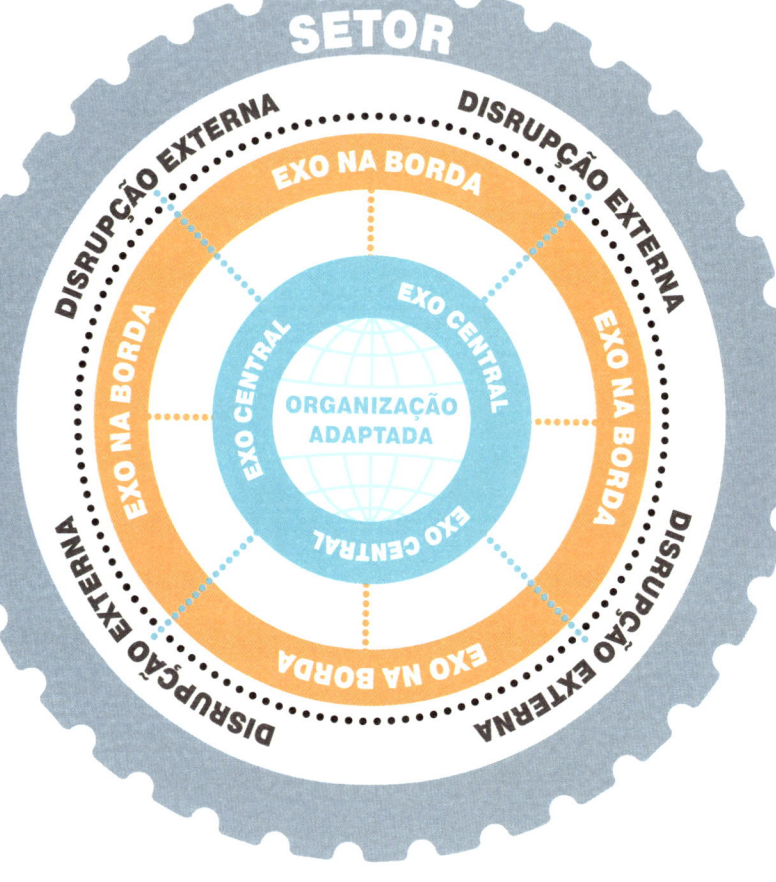

Se você realizou o Fluxo ExO Central, o resultado é uma organização adaptada à disrupção externa do setor — pronta para se conectar com outros ecossistemas que possam ser criados dentro do seu setor.

Como você pode ver, o resultado do ExO Sprint representa não apenas a transformação de uma organização existente, mas uma que pode também contribuir para a transformação de um setor inteiro!

A próxima seção oferece conselhos práticos para continuar desenvolvendo suas iniciativas ExO e levá-las ao próximo nível.

- • • • • Ecossistema
- • • • • Organização principal adaptada ao seu próprio ecossistema
- • • • • Organização principal adaptada à disrupção externa do setor

RESULTADO DE SEU ExO SPRINT

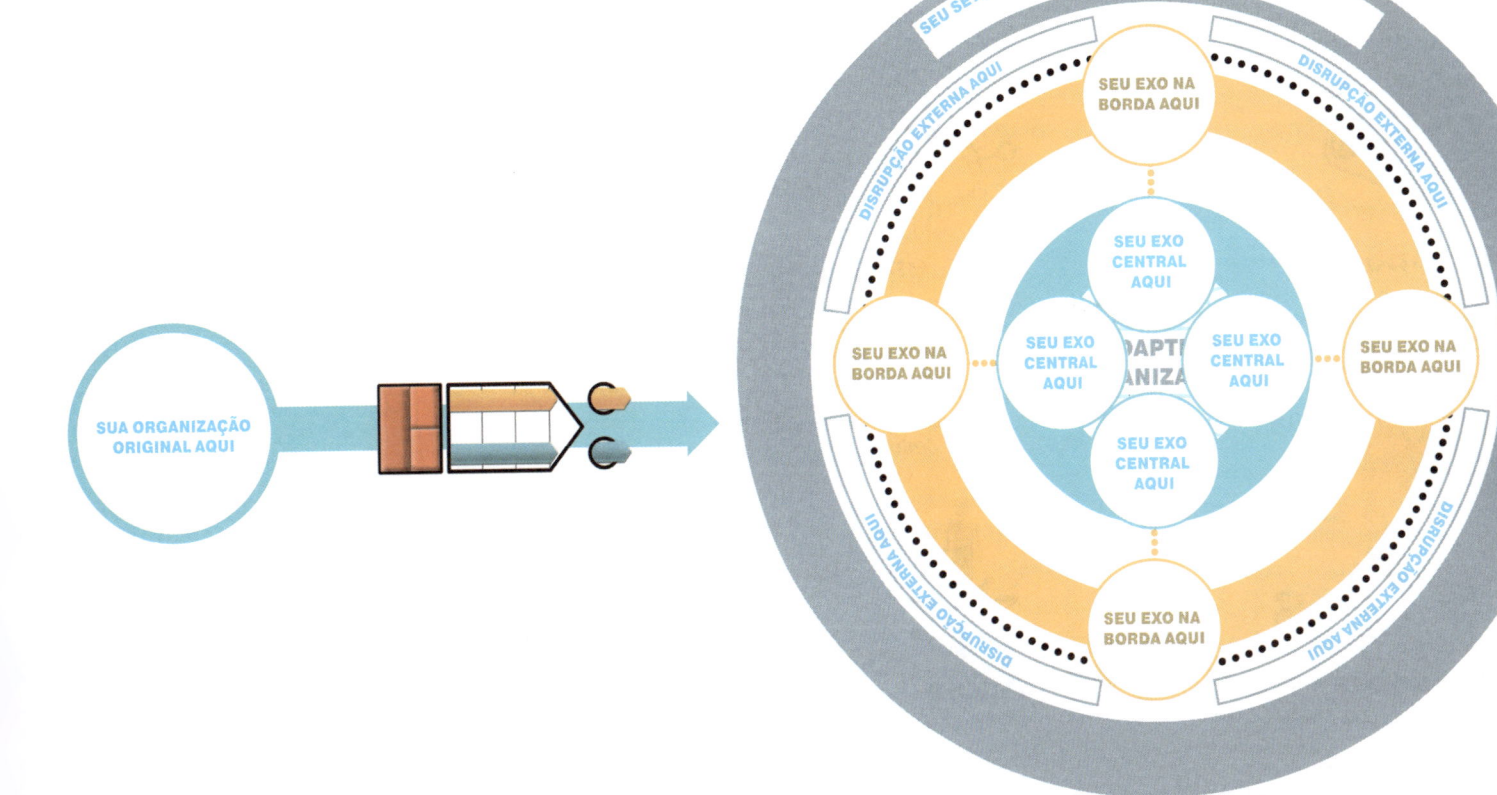

Desenhe o resultado de seu próprio ExO Sprint

IMPLEMENTAÇÃO DE INICIATIVAS ExO NA BORDA

Para desenvolver com sucesso Iniciativas ExO na Borda, leve em conta o seguinte:

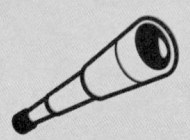

Escopo

Concentre-se no MVP e itere até alcançar a adequação produto/mercado. Você saberá que chegou lá quando uma porcentagem significativa de seus clientes ficar satisfeita. Depois, volte sua atenção ao crescimento e aumento do marketing e vendas.

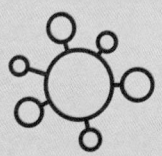

Ambiente

Você precisa achar o ambiente ou elementos (ecossistema inovador) certos para levar a Iniciativa ExO na Borda ao próximo passo. Criadores e incubadores de empresas ajudam com isso. Você também precisa de acesso a colaboradores-chave — empreendedores, investidores e parceiros.

Equipe

Escolha um CEO e reúna uma equipe. É uma boa ideia contratar seu CEO de um ecossistema inovador externo, já que a maioria das pessoas trabalhando dentro de uma organização estabelecida está concentrada em metodologias baseadas na execução, em vez de naquelas baseadas na pesquisa. Lembre-se também de alocar participação acionária à equipe fundadora.

Recursos

Aloque recursos à Iniciativa ExO na Borda vinculados a marcos principais. Atualize a alocação desses recursos após alcançar os marcos e aplicar aprendizados importantes. Buscar financiamento externo para uma segunda rodada de investimentos também é uma boa ideia, já que, além de fornecer dinheiro, investidores externos podem validar sua ExO.

Apoio

Certifique-se de que sua iniciativa ExO tenha o pleno apoio da equipe de liderança da empresa antes de começar. Cada equipe ExO precisa ser livre para funcionar sem interferência, com o CEO de qualquer organização nova tomando todas as decisões. Isso é essencial para impedir que o sistema imunológico corporativo ataque a nova empresa.

Retorno do Investimento (ROI)

Não atribua um ROI a ExOs em estágio inicial, que são essencialmente startups. Na verdade, você não conseguirá atribuir um ROI até achar o modelo de negócios certo e atingir uma adequação produto/mercado clara.

IMPLEMENTAÇÃO DE INICIATIVAS ExO CENTRAL

Para desenvolver com sucesso Iniciativas ExO Central, leve em conta o seguinte:

Escopo
Seu primeiro passo é implementar um projeto-piloto dentro de uma área ou unidade de negócios específica da organização. Depois, escalone-o, aplicando aprendizados básicos do piloto.

Ambiente
Amplie as Iniciativas ExO Central dentro da organização. Comece com sua "caixa de areia" designada (o projeto-piloto) e gradualmente a amplie pela organização.

Equipe
Designe um líder — alguém que participou do ExO Sprint — para supervisionar a equipe incumbida de implementar as iniciativas. (Os membros da equipe não precisam necessariamente ter participado do ExO Sprint.)

Recursos
Aloque recursos para a Iniciativa ExO Central vinculados a marcos principais. Atualize a alocação desses recursos após alcançar os marcos e aplicar o que você aprendeu.

Apoio
Certifique-se de que a iniciativa ExO tenha o pleno apoio da equipe de liderança da empresa antes de começar.

Retorno do Investimento (ROI)
Atribua e rastreie o ROI, mas mantenha suas expectativas flexíveis. Lembre que projetos inovadores incluem muitas hipóteses, assim, é difícil definir um ROI realista — ao menos até depois que você realizou a fase-piloto.

TRANSFORMAÇÃO EXPONENCIAL!

Realizar um ExO Sprint fornece resultados exponenciais, transformando sua organização de modo que seja capaz de acompanhar a disrupção externa do setor e alavancar tecnologias exponenciais.

Mas você pode ir ainda além! Eis algumas coisas que você pode fazer para criar uma Organização Exponencial e exponencialmente *transformá-la* para o impacto global.

Aplicar tecnologia:

O único meio de escalonar algo é aplicando tecnologia de alguma forma. Usar uma ferramenta online como OpenExO, por exemplo, permite que você conecte um grande número de participantes online pelo ExO Sprint. Permite e encoraja o feedback constante entre potencialmente centenas de Observadores do ExO Sprint, incluindo os líderes e a gerência de nível médio da organização. Oferece também um meio de atualizar e instruir os Observadores do ExO Sprint via vídeos semanais.

Repetir!

Quer você tenha realizado ou não seu ExO Sprint com ajuda externa (o apoio de Coaches ExO e outros papéis ligados à ExO), tendo completado este primeiro, você está agora em excelente posição para realizar outros ExO Sprints por conta própria.

Todos os participantes do ExO Sprint possuem agora experiência sólida com o modelo ExO e outras metodologias de inovação relacionadas (Desenvolvimento de Clientes, Design Thinking, Startup Enxuta). Você também possui uma equipe de pessoas com os conhecimentos e mentalidade necessários para realizar ou facilitar ExO Sprints futuros. Ainda é uma boa ideia apelar para Coaches ExO externos conforme necessário, mas as chances são de que você precise de bem menos tempo deles.

As empresas periodicamente realizam ExO Sprints não apenas para definir iniciativas novas, mas também para fomentar a evolução, atualizar conjuntos de habilidades e aprofundar os conhecimentos dos funcionários da cultura da empresa e seu compromisso em evoluir.

Tendo incorporado o processo ExO dentro de seu DNA, sua própria equipe estará mais apta para gerir e liderar ExO Sprints futuros.

Programe seu próximo ExO Sprint agora!

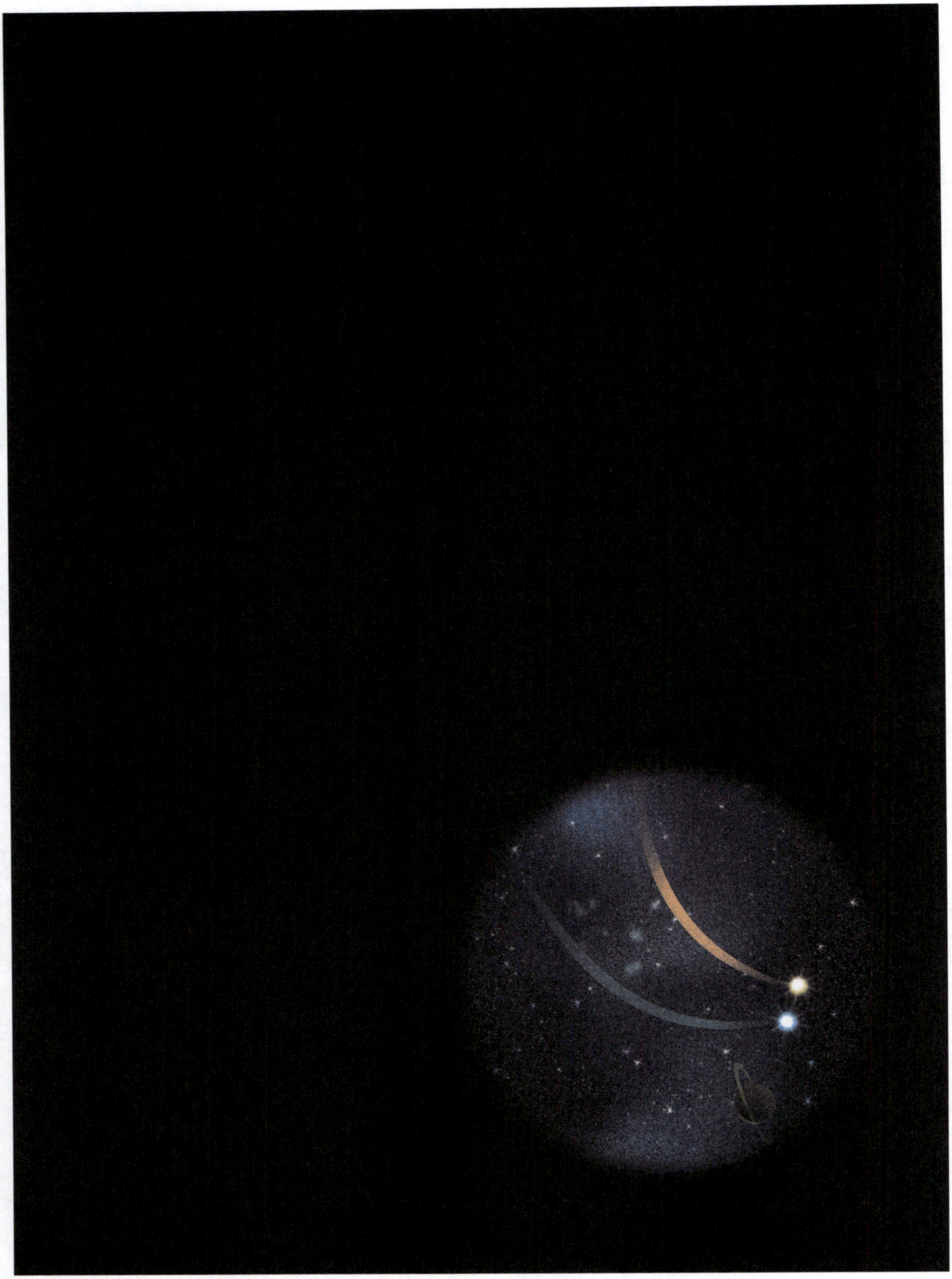

Estudos de Casos de ExO Sprint

INTERprotección

- Cidade do México
- 10 semanas
- 36 participantes

INTERprotección é um grupo mexicano de empresas especializado em corretagem de seguros, resseguros e segurança da maior qualidade. Como uma corretora de seguros, a INTERprotección negocia os melhores prazos e condições possíveis com as seguradoras, fornecendo soluções adequadas aos clientes. Com mais de 5 mil clientes institucionais na América Latina, a empresa possui presença global e é amplamente reconhecida.

Antes de realizar o ExO Sprint, a INTERprotección tinha plena consciência da disrupção setorial acontecendo não apenas nos seguros, mas também em outros setores. Como resultado daquela percepção, optou por se tornar um disruptor, em vez de sofrer a disrupção. A empresa também percebeu que tecnologias e modelos de negócios novos permitiriam alcançar crescimento exponencial além de seu mercado, lançando, por exemplo, novos modelos de negócios disruptivos para consumidor (B2C).

Preparação

A meta do ExO Sprint foi transformar a organização, o setor e os setores relacionados, de modo que todas as iniciativas ExO se concentraram no setor segurador e adjacentes.

O ExO Sprint da INTERprotección foi um dos primeiros executados, portanto, a abordagem em termos de número e tipo de equipes ExO diferiu da que recomendamos hoje. Na verdade, o ExO Sprint apresentado neste livro é o resultado de lições aprendidas — e melhorias feitas — após executarmos diversos ExO Sprints com primeiros adeptos, tais como a INTERprotección.

Execução

O ExO Sprint da INTERprotección começou em março de 2016 e estendeu-se por 11 semanas (uma semana para a Sessão de Despertar e Sessão de Alinhamento no início, mais 10 semanas para as atribuições semanais do ExO Sprint).

O projeto foi liderado pelo CEO da INTERprotección Paqui Casanueva, que também participou ativamente do ExO Sprint. Sua participação foi um poderoso motivador à sua equipe e ajudou a provocar uma mudança de mentalidade.

Seis equipes foram criadas: duas concentradas no negócio principal (ExO Central); duas concentradas em criar empresas novas (ExO na Borda), ganhando inspiração de tecnologias novas; e duas concentradas em criar empresas novas (ExO na Borda), ganhando inspiração de modelos de negócios novos em outros setores. Cada uma das equipes teve um Coach ExO, com Francisco Palao agindo como Coach Principal, supervisionando e apoiando todos os Coaches ExO na metodologia.

O desafio principal foi gerenciar seis equipes ExO, número que se mostrou excessivo. Um problema específico foi que a agenda para a Sessão de Disrupção ExO e, mais tarde, para a Sessão de Lançamento foi apertada. Houve pouco tempo para cada equipe apresentar suas iniciativas ExO. Mesmo assim, as equipes ExO

COACHES ExO

COACH PRINCIPAL
Francisco Palao

COACHES

Kent Langley

Joel Dietz

Lars Lin Villebæk

Daniel Marcos

Diego Soroa

Rene de Paula

conseguiram obter um ótimo resultado. A INTERprotección foi uma verdadeira primeira adepta da metodologia ExO Sprint, e os aprendizados ali contribuíram muito para a melhoria do processo para projetos futuros.

Acompanhamento

O impacto do ExO Sprint foi enorme em vários níveis. Algumas das Iniciativas ExO na Borda geraram milhares de dólares em receitas, poucos dias depois de lançadas no mercado. O laboratório de inovações recém-criado está desenvolvendo as Iniciativas ExO na Borda e investindo em projetos externos. Finalmente, a mentalidade da empresa foi transformada, e a maioria dos participantes do ExO Sprint foi promovida ou recebeu novas responsabilidades como resultado do crescimento profissional intensivo experimentado durante o ExO Sprint.

Resultados

O ExO Sprint resultou em seis iniciativas ExO (duas iniciativas ExO Central e quatro iniciativas ExO na Borda), bem como em um laboratório de inovações projetado no decorrer do ExO Sprint. Todas as iniciativas apresentadas foram selecionadas para posterior desenvolvimento e receberam um total de US$2,5 milhões em financiamento. No todo, a INTERprotección aprendeu como transformar a organização mantendo a inovação gradual dentro de casa e alocando a inovação disruptiva fora da organização principal. A empresa também aprendeu que é importante não apenas gerar um monte de iniciativas ExO (conteúdo), mas também projetar um laboratório de inovações (um contentor) ou então achar um criador de empresas externo para continuar desenvolvendo as iniciativas ExO, uma vez concluído o ExO Sprint.

A INTERprotección também descobriu qual será o aspecto do setor segurador como resultado da disrupção atualmente em andamento e lançou iniciativas ExO que permitirão manter (e solidificar) sua posição de liderança. Em suma, a INTERprotección adotou uma abordagem de "aprender fazendo" da transformação.

Finalmente, o ExO Sprint resultou em uma mudança mental na organização, transformando aqueles com uma mentalidade de reação do sistema imunológico em inovadores com mentalidade de ExO.

PATROCINADOR DO PROJETO
Francisco Casanueva
CEO da INTERprotección

Estávamos no momento perfeito para sofrer a disrupção, mas não achávamos uma saída. O ExO Sprint foi a resposta. Foi nosso melhor investimento para avançarmos. Transformou por completo nossa cultura, derrubando fronteiras e abrindo todo um mundo de inovação. Toda nossa mentalidade mudou. Induziu-nos a dar o melhor de nós. Nossos concorrentes estão espantados com o que aconteceu.

هيئة كهرباء ومياه دبي
Administração de Eletricidade & Água de Dubai

DEWA

- Dubai
- 10 semanas
- 20 participantes

A Administração de Eletricidade & Água de Dubai (DEWA) tem sido a empresa de serviços públicos do Emirado de Dubai desde 1992, gerindo as necessidades de eletricidade, água e rede de refrigeração. Atualmente, emprega 12 mil pessoas em sete linhas de negócios atendendo consumidores B2B e B2C (cobrindo mercados comerciais, residenciais e industriais). Com receitas anuais de aproximadamente US$6 bilhões e lucro de US$1,8 bilhão, é considerada um modelo na Região do Golfo. Os Emirados Árabes Unidos, representados pela DEWA, ficaram em primeiro lugar em facilidade de obter eletricidade, segundo o Doing Business Report do Banco Mundial de 2018.

Preparação

Em 2016, conscientes das futuras profundas transformações do setor em escala global e local, a DEWA decidiu redefinir sua estratégia de inovação para permanecer relevante e, ainda mais, assumir uma posição de liderança no futuro, criando e aproveitando novas oportunidades. Com essa finalidade, tomou o modelo ExO referência e foi um passo à frente para envolver a ExO Works no apoio à transformação.

A meta primária foi mudar o modelo de funcionamento de uma empresa de serviços públicos convencional para uma digitalizada e voltada para a inovação. O escopo envolvia todo e qualquer aspecto do negócio, incluindo energia, fornecimento de água, eletricidade, finanças, serviços e governo.

A DEWA vinha sendo encorajada pelo governo de Dubai a tentar abordagens novas a fim de estimular a inovação, e uma metodologia como ExO Sprint era o canal perfeito. Todas as divisões foram envolvidas, na intenção de transformar o setor e a organização.

Execução

Embarcamos nessa jornada fenomenal o mais cedo possível: o ExO Sprint começou em Dubai em 5 de dezembro de 2016 e se estendeu até 12 de março de 2017.

EQUIPE

COACH PRINCIPAL
Michelle Lapierre

COACHES ExO CENTRAL 
Augusto Fazioli 
Emilie Sydney-Smith

COACHES ExO NA BORDA  
Lars Lin Villebæk 
Michal Monit

Queríamos agilizar o processo pré-Sprint e começar antes do envolvimento da equipe de liderança completa e seleção final das equipes participantes. Aprendemos que essa preparação é crucial para o sucesso do Sprint. Quando fizermos outro esforço desse tipo, também escolheremos outra época do ano, em que o tempo da maioria dos funcionários que precisam ser envolvidos no ExO Sprint seja menos disputado.

Resultados

O ExO Sprint foi uma oportunidade única para nossas diferentes divisões colaborarem estreitamente em um propósito em comum e experimentarem a riqueza que isso traz. Também ajudou a revelar talentos inexplorados dentro da organização e oportunidades de experimentação.

As equipes desenvolveram sete iniciativas que, juntas, representaram um novo ecossistema de negócios para a empresa. Os projetos foram desenvolvidos baseados em modelos de negócios transformadores combinados com tecnologias exponenciais, como blockchain, inteligência artificial, água extraída do ar e armazenamento de energia. Obtivemos resultados incríveis em vários níveis:

- **Estratégico:** A DEWA foi a primeira organização na região a aprender a metodologia ExO. Tornamo-nos um primeiro adepto e recebemos um impulso na direção certa da inovação.
- **Cultural:** O ExO Sprint introduziu a colaboração eficaz, ajudou a superar barreiras culturais e ofereceu uma abordagem nova para o desenvolvimento de ideias e soluções.
- **Pessoal:** O ExO Sprint familiarizou nossos funcionários com novos recursos (internos e externos), e os participantes ganharam uma compreensão nova de onde e como poderiam implementar tecnologias emergentes.

- **Ideias:** Algumas das iniciativas do ExO Sprint foram assumidas por nosso departamento de P&D, inclusive a iniciativa de converter ar em água. Outras foram apresentadas ao programa 10X de Dubai de inovação disruptiva, lançado pelo Governo de Dubai.

Acompanhamento

A DEWA continua trabalhando com conceitos semelhantes aos desenvolvidos durante o ExO Sprint, através dos investimentos realizados em startups como parte do programa de Aceleradores do Governo de Dubai e seu amplo Programa de Pesquisa e Desenvolvimento.

Nossos funcionários ganharam uma consciência maior dos recursos e tecnologias inovadores, e a cultura tornou-se colaborativa — claro indício de uma mudança na mentalidade. Uma meta para a organização foi testar uma abordagem completamente nova para criar valor, junto com uma velocidade nova na tomada de decisões. No final, não apenas alcançamos isso, mas também experimentamos benefícios significativos, como maior colaboração das equipes e a instituição da experimentação e exploração ágil de tecnologias e tendências novas em todas as facetas de nosso trabalho.

PATROCINADOR DO PROJETO
Marwan Bin Haider
Vice-Presidente de Inovação e o Futuro da DEWA

"A metodologia ExO oferece um caminho para converter ótimas ideias em oportunidades de negócios viáveis."

Stanley Black & Decker

📍 América do Norte e Europa ⏳ 10 semanas
👥 30 participantes

A Stanley Black & Decker é a maior empresa de ferramentas e seu armazenamento do mundo, a segunda maior empresa de segurança eletrônica e uma líder em fixação projetada. A Stanley Black & Decker está sediada na cidade de New Britain, na Grande Hartford, Connecticut.

A empresa tem receitas anuais superiores a US$12 bilhões e cerca de 58 mil funcionários ao redor do mundo. Suas marcas são vendidas em mais de 175 países em todos os grandes mercados do mundo. A Stanley Black & Decker atrai uma ampla demografia de clientes devido à sua ampla oferta de produtos B2C e B2B, e as receitas totais cresceram em média 20% nos últimos 10 anos.

COACHES ExO

COACH PRINCIPAL
Luciana Ledesma

COACHES ExO CENTRAL
Laurent Boinot
Ralf Bamert

COACHES ExO NA BORDA
KristinaMaria Troiano Gutierrez
Eduardo Labarca

Preparação

Nos últimos anos, a Stanley Black & Decker iniciou esforços para dobrar as receitas na próxima meia década através do crescimento orgânico e aquisições. Para alcançar esse crescimento, a empresa precisa estar aberta a novos modelos de negócios, adotar tecnologias novas e buscar novos negócios com altas oportunidades de crescimento. Com o ExO Sprint, vimos uma oportunidade única de experimentar como conceber, testar e, o mais importante, lançar iniciativas com potencial exponencial.

Queríamos gerar uma transformação profunda de nossa organização rapidamente. Optamos por realizar quatro ExO Sprints, cada um em uma unidade de negócios diferente, para obter um impacto por toda a empresa. Ao mesmo tempo, selecionamos projetos internos existentes para acelerar com Parceiros de Incubação ExO e criamos uma unidade de incubação interna, nossa Unidade de Aprendizado Exponencial (ELU), para coordenar o trabalho de gerar novas empresas exponenciais. Nosso primeiro ExO Sprint concentrou-se em nossa unidade de negócios de Segurança, que faz parte de um setor que está vendo uma rápida comoditização dos serviços. Nossos objetivos foram abordar as disrupções externas e criar novos negócios de rápido crescimento.

Execução

O ExO Sprint para o negócio de Segurança ocorreu em nossos escritórios norte-americanos e europeus no decorrer de 10 semanas, da Sessão de Despertar, em 24 de agosto de 2017, às apresentações finais, em 12 de dezembro de 2017.

Foi um desafio desaprender algumas de nossas práticas organizacionais — como costumamos fazer as coisas — a fim de aprender alternativas novas. Isso ficou evidente quando as equipes tiveram de validar suas hipóteses. Houve uma tendência natural a querer envolver terceiros nisso, em vez de "sair do prédio" e fazermos nós mesmos. O Sprint foi valioso em dar vida a formas mais ágeis de trabalhar.

Um dos maiores desafios para os participantes foi estarem disponíveis para dedicar o tempo necessário ao ExO Sprint. Aprender a enfrentar as responsabilidades empresariais do dia a dia enquanto criavam novo valor estrutural para a organização foi um caminho acidentado, mas nós o reconhecemos como um exercício crucial requerido por qualquer organização que queira permanecer relevante nesta era da disrupção.

A tensão implícita entre atingir os números trimestrais e singrar por águas inexploradas com o ExO Sprint foi superada com forte apoio de nossa liderança, que demonstrou coragem em sua disposição de tentar abordagens novas e deu apoio incondicional aos participantes no decorrer do processo.

Resultados

Resultados excepcionais foram obtidos no decorrer do ExO Sprint. Muitas das equipes vieram para a apresentação final com demos. Sete das oito iniciativas apresentadas na sessão final foram financiadas no ato e aprovadas para os passos seguintes.

O ExO Sprint criou a oportunidade de explorar mercados novos, solucionar alguns de nossos desafios existentes e descobrir tecnologias e aplicações novas. Além disso, catalisou uma profunda mudança de mentalidade não apenas nos participantes, mas também em funcionários externos, que foram atraídos pelo processo e se surpreenderam com os resultados.

Ao longo do caminho, aprendemos que:

- Temos fortes talentos internos. Sem a oportunidade de dedicar tempo a criar valor estrutural para a empresa de uma forma coordenada mediante um processo ágil, esse talento teria permanecido inexplorado ou fora do alcance.
- O processo de criação pode inicialmente parecer esmagador, mas, ao se ganhar confiança pela persistência e prática, torna-se uma experiência empoderadora.
- As oportunidades de criar valor são onipresentes.

O processo e os resultados do ExO Sprint confirmaram à liderança a necessidade de transformação e de um novo meio de agarrar oportunidades e obter crescimento.

Acompanhamento

O impacto das iniciativas ExO é tremendo: novas empresas estão sendo lançadas, as Iniciativas ExO Central estão tornando nossa empresa 10x mais eficiente em algumas áreas, e aquisições de startups estão sendo exploradas com a expectativa de acelerar o desenvolvimento de algumas das Iniciativas ExO na Borda.

Do ExO Sprint, obtivemos o benefício de sermos capazes de identificar, estruturar e rapidamente validar oportunidades exponenciais de crescimento e adaptabilidade. Instilamos uma profunda mudança de mentalidade, de um modelo operacional de velocidade única concentrado em cumprir as metas trimestrais para um modelo operacional de dupla velocidade concentrado, simultaneamente, em cumprir as metas trimestrais enquanto cria valor alavancando a abundância de um mundo hiperconectado e acionado por tecnologia.

Estamos agora a caminho de nossos dois próximos ExO Sprints para outras divisões da empresa.

PATROCINADOR DO PROJETO

Jaime Ramirez
Vice-Presidente Sênior e Presidente de Mercados Emergentes Globais da Stanley Black & Decker

"Estamos usando o ExO Sprint para transformar toda nossa organização."

Impressão de Grande Formato da HP

- Barcelona, Espanha
- 10 semanas
- 28 participantes

O ExO Sprint para o Negócio de Impressão de Design de Grande Formato da HP realizou-se em Barcelona, Espanha, no decorrer de 10 semanas. A Sessão de Despertar foi realizada em 7 de setembro de 2017, e as apresentações finais ocorreram em 14 de dezembro de 2017.

O Negócio de Impressão de Design de Grande Formato da HP é o líder incontestável no setor de Grande Formato (GF), bem à frente de nosso concorrente mais próximo. A HP tem sido líder em Design de GF por mais de 25 anos! Servimos a um amplo universo de clientes: design técnico (arquitetos, projetistas, construção, serviços públicos, engenheiros); produção (bureaus de pré-impressão, centros de cópias, CRDs); produção gráfica dentro e fora da empresa; e artes gráficas e fotografia profissional. A HP está constantemente inovando para se reinventar e criando novos negócios, como 3D e Latex.

Preparação

Nosso ExO Sprint durou 10 semanas, com um intervalo de uma semana antes da Semana 1 e uma pausa de duas semanas antes de sua conclusão. A meta foi aproveitar o sucesso do negócio de Design de GF, de uma forma que ninguém esperasse, adotando uma metodologia nova para a inovação que aproveite o poder das tecnologias exponenciais, forneça vetores novos de descoberta e crescimento, e acelere nossa capacidade de estar sempre inovando.

O escopo do trabalho foi definido para enfocar o segmento de Design de Grande Formato com dois objetivos principais: transformar o setor de impressão em GF e tornar a organização existente mais flexível e adaptativa. Reconhecemos que muitos setores poderiam ser transformados aplicando as competências centrais da divisão de Design de GF, como o farmacêutico, o de cosméticos, o de impressão, comunicações e construção.

A HP decidiu começar pela Impressão de Design de Grande Formato porque nosso Patrocinador do Projeto era reconhecido como um visionário dentro da empresa no que tange à inovação e aplicação de metodologias novas.

Execução

Fizemos quatro customizações do ExO Sprint padrão:

1. Equipes na borda foram abertas à possibilidade de abalar outros setores, aproveitando as competências centrais existentes da empresa atual.
2. Criamos uma equipe "não contaminada" (ou seja, participantes com menos de seis meses na empresa) e menos de 40 anos.
3. Trouxemos Consultores ExO externos à sessão de encerramento.
4. Realizamos um ciclo de feedback extra durante a Semana 9, permitindo às equipes realmente adotarem o atributo Experimentação como uma mudança fundamental da forma como costumavam trabalhar.

Como seria de esperar, os desafios durante nosso ExO Sprint estiveram ligados principalmente a acostumar os participantes à mudança em suas formas usuais de trabalhar, cumprir a agenda de entregas semanais e trazer perspectivas externas novas.

Descobrimos que as habilidades interpessoais do coaching (empatia, encorajamento, reenquadramento etc.) foram valiosas em apoiar os participantes por suas novas experiências. Nós também enfrentamos uma carência de capacidade, que atacamos trazendo participantes adicionais às equipes.

COACHES ExO

COACH PRINCIPAL
Corina Almagro

CONSULTOR DO ExO SPRINT
Francisco Palao

COACHES ExO CENTRAL

Soledad Llorente

Tony Manley

COACHES ExO NA BORDA

Diego Soroa

Michal Monit

Resultados

No encerramento do ExO Sprint, oito iniciativas foram apresentadas, junto com próximos passos específicos:

Iniciativa 1
- 3 engenheiros a serem designados dentro de um mês.
- 1 Gerente de Produtos a ser designado dentro de um mês.
- Patrocinador Técnico nomeado.

Iniciativa 2
- US$50 mil alocados para prosseguir.
- Patrocinador Técnico nomeado.

Iniciativa 3
- US$20 mil alocados para prosseguir.
- 1 expert no assunto, a ser designado em até um mês.
- Papel de 50% Gerente de Produtos e 50% Experiência dos Clientes a ser designado em até um mês.
- Patrocinador Técnico nomeado.

Iniciativa 4
- US$50 mil alocados para prosseguir.
- Equipe escalada, com 25% de envolvimento.

Iniciativa 5
- Achar criador de empresas/empreendedor externo; desafio de ser lançada em até um mês.
- Decisão esperada em até um trimestre.

Iniciativa 6
- Recurso para novos produtos na linha existente.
- 30% de papel de Experiência dos Clientes e 30% de P&D.

Iniciativa 7
- Fusão com produto existente.

Iniciativa 8
- Apresentar a uma divisão de negócios diferente em até um mês.

Acompanhamento

Os resultados foram extraordinários. Na frente organizacional, as seguintes transformações ocorreram:

- Mudança cultural para tornar-se mais ágil na execução. Trocamos a ideia de perfeição pela de ir RÁPIDO.
- Mudança cultural rumo a informações dos clientes. Iniciamos uma cultura da experimentação (desenvolvimento de clientes, prototipagem rápida).
- Abrimos nosso negócio para fora. Por exemplo, Consultores ExO externos foram envolvidos para fazer checagens periódicas (uma ou duas vezes por mês) do progresso dos projetos.
- Incorporação da palavra "disrupção" nas conversas estratégicas em que antes era tabu.
- Desenvolvemos um conhecimento profundo de tecnologias disruptivas e atributos ExO.
- Criamos oportunidades e ideias novas para explorar. Ideias de ExO foram integradas aos nossos processos de inovação existentes.

Outras unidades de negócios seguiram agora nossa liderança e estão realizando ExO Sprints autoprovisionados, apoiadas por alguns dos participantes de nosso ExO Sprint, que estão atuando como facilitadores internos.

PATROCINADORA DO PROJETO

Guayente Sanmartin

Gerente Geral do Negócio de Impressão de Grande Formato da HP Inc.

"A coisa mais importante que vejo é uma mudança na cultura."

# Cuerva

Grupo Cuerva

📍 Granada, Espanha   ⏳ 10 semanas
👥 24 participantes

Nosso ExO Sprint ocorreu em Granada, Espanha, no decorrer de 10 semanas, começando em outubro de 2017.

O Grupo Cuerva tem atuado no setor de eletricidade por mais de 75 anos e supervisiona a geração, distribuição e venda de energia elétrica. Está também envolvido na criação e manutenção de instalações de eletricidade.

Além disso, a empresa possui um "Laboratório na Borda" de inovação disruptiva chamado Virando Mesas. Foi lançado, alguns anos atrás, com uma visão de incubar negócios de próxima geração para o setor da energia.

O Grupo Cuerva emprega aproximadamente 80 pessoas, e cerca de 30% da empresa – representando todas as áreas da organização – estiveram envolvidos no ExO Sprint.

Preparação

O setor energético vem sendo exposto a muitas mudanças, que, em última análise, vão transformá-lo por completo — tanto que estamos pressupondo que a eletricidade será gratuita daqui a uma década! Dada essa mudança tectônica no setor, nossa meta principal foi transformar nossa empresa em uma organização centrada na inovação. Nosso objetivo era transformar não apenas o setor, mas a empresa também. Para isso, o Fluxo na Borda foi projetado para atuar em qualquer setor, fosse ou não um mercado adjacente.

Execução

O projeto foi liderado por nosso CEO Ignacio Cuerva, que nos forneceu uma versão preliminar deste livro, que usamos como um guia com grande sucesso.

Nosso ExO Sprint foi estruturado em quatro equipes, duas Centrais e duas na Borda, cada uma composta de cinco pessoas. Paqui Rubio foi a Coach ExO para ambas as equipes Centrais, bem como membro de uma das equipes na Borda. Alfredo Rivela (CEO da Virando Mesas) atuou como Coach ExO das duas equipes na Borda, e Francisco Palao, coautor deste livro, atuou como Coach Principal, em apoio a ambos os Coaches ExO sempre que tinham quaisquer dúvidas sobre a metodologia.

COACHES ExO

COACH PRINCIPAL
Francisco Palao

COACH ExO NA BORDA
Alfredo Rivela

COACH ExO CENTRAL
Paqui Rubio

Resultados

Dez iniciativas foram apresentadas na Sessão de Lançamento: cinco das equipes ExO Central e cinco das equipes Exo na Borda. Oito iniciativas foram selecionadas pela equipe de liderança da Cuerva e receberam financiamento para seus próximos estágios. As Iniciativas ExO Central estão sendo coordenadas internamente pelo Departamento de Inovação, e Virando Mesas, o laboratório de inovação do Grupo Cuerva, vem desenvolvendo as Iniciativas ExO na Borda.

Embora seja cedo para relatar os resultados das iniciativas recentemente lançadas, está claro que a mentalidade da organização como um todo mudou por completo, e que aqueles que participaram do ExO Sprint se sentem fortalecidos para tentar coisas novas, em sua meta de serem pioneiros na transformação do setor.

Acompanhamento

Duas de nossas Iniciativas ExO na Borda são mais passíveis de resultar em duas empresas novas, enquanto as outras duas vão fazer parte do ecossistema do Laboratório de Inovação Disruptiva anteriormente lançado pela Virando Mesas em seu papel de parceiro na implementação.

Nossas Iniciativas ExO Central concentram-se predominantemente na transformação digital e incluem o projeto de papéis novos (por exemplo, um cientista de dados) e tornar a empresa mais adaptável à disrupção da energia limpa.

O maior desafio do ExO Sprint foi o nível de dedicação requerido e garantir que a gerência executiva estivesse ciente o tempo todo de que os funcionários precisavam dedicar mais de 50% do seu tempo ao projeto. Entretanto, o forte apoio do CEO da empresa e um alto nível de paixão entre os participantes do ExO Sprint tornaram o projeto inteiro uma grande experiência para todos, especialmente dados os resultados excepcionais.

Em particular, os participantes do ExO Sprint valorizam sua nova mentalidade em torno da experimentação e exposição prematura aos clientes, e estão atualmente aplicando essa nova forma de pensar e agir às suas tarefas diárias.

Com um terço de nossos funcionários engajados no projeto, o ExO Sprint foi um compromisso maciço, que resultou em uma tremenda mudança em termos da cultura de nossa empresa e na definição do que é possível. Muitos de nossos funcionários passaram a adotar uma mentalidade transformadora, e nosso novo "normal" envolve criar e testar hipóteses novas diariamente.

PATROCINADOR DO PROJETO
Ignacio Cuerva
CEO do Grupo Cuerva

"Nossa empresa agora sabe o que fazer a fim de transformar a organização para a próxima disrupção do setor, e temos uma equipe de pessoas prontas e ávidas por fazê-lo."

Anexos

Workshop ExO

O Workshop ExO é um evento de um dia que visa ajudar os participantes a entenderem o modelo ExO e adquirirem experiência usando-o. Pode ser realizado para uma organização ou como um evento com participantes de diferentes empresas. As empresas, em seguida, têm a opção de realizar o ExO Sprint completo para obter a transformação real.

O que você obterá com um Workshop ExO

- Inspirar os participantes com o poder das tecnologias exponenciais e transformação organizacional.
- Criar consciência dentro da organização da necessidade de transformação.
- Aprender sobre o modelo ExO e seus atributos.
- Entender como o processo ExO Sprint consegue transformar uma organização.
- Reconhecer a diferença entre inovação e disrupção, e como alcançar ambas.

O que você não obterá com um Workshop ExO

- Mudanças comportamentais. O ExO Sprint transcorre por um período de 10 semanas e resulta em uma mentalidade nova. Você não verá as mesmas mudanças de comportamento com um Workshop ExO, mas ele empolgará os participantes e fornecerá uma compreensão de por que a abordagem ExO funciona.
- Iniciativas ExO prontas para serem implementadas. Embora um Workshop ExO costume resultar em ótimas ideias, não preparará a organização para implementá-las. (Ainda que a organização tentasse, falharia, criando frustração e descontentamento.) Na verdade, as ideias sequer são o ingrediente mais importante do processo de transformação. Mais importante, ao menos inicialmente, é entender como bloquear a reação do sistema imunológico corporativo — que entra em ação ao primeiro sinal de mudança —, e preparar a organização para o processo interno de transformação caso a liderança da empresa decida dar o próximo passo e realizar um ExO Sprint.

Quem deveria comparecer

- **Equipe de liderança**: Como a meta principal do Workshop ExO é criar consciência dentro de uma organização da necessidade de transformação e de como o modelo ExO pode ajudar, é imperativo para a equipe de liderança estar na sala. O CEO e outros membros da equipe executiva (incluindo o CIO, CTO e até CFO) servem como primeira linha de defesa contra o sistema imunológico corporativo.

- **Gerência de nível médio**: Talvez você também queira convidar funcionários da gerência de nível médio para aprenderem sobre o modelo ExO (especialmente se o Workshop ExO for realizado para uma única empresa). Sua presença, porém, não é obrigatória como é para um ExO Sprint (já que os gerentes de nível médio são aqueles que executam as iniciativas ExO que surgem de um ExO Sprint).

Conteúdo

O workshop de um dia — ou mesmo aquele de meio dia, embora costumemos recomendar a versão mais longa — explora o modelo de Organização Exponencial, dando aos participantes a oportunidade de experimentar os conceitos-chave do modelo ExO.

Sessão de tecnologias exponenciais

À semelhança da Sessão de Despertar do ExO Sprint, a primeira fase do Workshop ExO apresenta tecnologias exponenciais de ponta e suas implicações para todos os setores.

Exemplo de estudo de caso

Para fornecer contexto aos participantes, examinamos um estudo de caso para todos os exercícios, explorando o modelo de negócios da empresa e outras informações relevantes.

Exercício de tecnologias exponenciais

Os participantes fazem brainstorming sobre quais tecnologias poderiam impactar o setor do estudo de caso. Cada equipe apresenta ao menos três tecnologias que poderiam ameaçar o setor em discussão, levando em consideração os diferentes riscos e oportunidades que cada uma apresenta ao estudo de caso específico.

Sessão de Organizações Exponenciais

Apresentação do modelo ExO, que possibilitará à sua organização acompanhar a disrupção setorial e tirar proveito da abundância gerada pelas tecnologias exponenciais.

Exercício sobre Organizações Exponenciais

Os participantes pensam em como aplicar os atributos ExO ao estudo de caso para ajudar a empresa a se conectar com a abundância e geri-la.

Sessão de implementação de ExO

Define como implementar o modelo ExO usando o ExO Sprint de 10 semanas e descreve a diferença entre as Iniciativas ExO Central e Iniciativas ExO na Borda.

Exercício de ExO Central/na Borda

Os participantes analisam diferentes Iniciativas ExO Central e Iniciativas ExO na Borda para o estudo de caso.

Balanço e próximos passos

Após uma síntese do workshop, os participantes identificam suas principais conclusões e definem os próximos passos.

> O Workshop ExO oferece um ambiente perfeito para levar a consciência da transformação exponencial ao próximo nível.

Preparação

- Escolha os participantes de um Workshop ExO cuidadosamente. É uma boa ideia ter o CEO e o máximo de membros da equipe de liderança possível participando (de uma empresa ou todas elas, dependendo da constituição do workshop), já que serão aqueles que darão continuidade com um ExO Sprint após o workshop e, assim, impulsionarão a transformação. Incluir a gerência de nível médio de toda a organização também é aconselhável.
- Os participantes são agrupados em equipes. O número de equipes afeta a dinâmica do workshop, já que todas as equipes apresentarão seus resultados após cada exercício. Recomendamos quatro a seis equipes, cada uma composta de quatro a oito pessoas. (O número total de participantes deveria variar de 16 a 48 pessoas.)
- Para criar um ambiente acolhedor e inspirador, procure um local espaçoso com luz natural e até plantas vivas. Você também precisará de um palanque para os apresentadores e uma grande mesa redonda por equipe.

Execução

- **Pessoal:** O Workshop ExO é dirigido por um Treinador ExO, conhecedor do modelo ExO e experiente em promover workshops. Se você gostaria de ter suporte adicional para suas equipes ao realizarem os exercícios, designar outra pessoa para supervisionar o processo também é uma opção.
- **Fluxo:** O Workshop ExO realiza sessões dedicadas a conceitos--chave, seguidas de exercícios práticos que permitem aos participantes colocarem em ação tais conceitos. As sessões incluem tempo suficiente para todas as equipes apresentarem seus resultados, para o Treinador ExO fornecer feedback e para o período de perguntas e respostas.

Acompanhamento

Um Workshop ExO explica aos participantes como o modelo ExO ajuda suas organizações a terem sucesso no processo de transformação. Realizar um ExO Sprint é um próximo passo natural que ajudará os participantes a lidarem com o sistema imunológico corporativo e desenvolverem recursos internos para o êxito da transformação.

Boas práticas

- Escolha uma empresa diferente da sua como estudo de caso para o Workshop ExO. Usar a própria organização como estudo de caso leva os participantes a acreditarem que as iniciativas ExO que apresentarem durante os exercícios estarão prontas para ser implementadas. (Não estarão.)
- Procure um modelo de negócios de empresa para consumidor (B2C) ao escolher um estudo de caso. Empresas voltadas para consumidores são bem conhecidas e, assim, mais fáceis de entender quando se trata de aplicar o modelo ExO. Também é uma boa ideia selecionar uma empresa com que todos possam se identificar facilmente, como uma varejista, empresa de aviação, empresa de automóveis ou banco.
- Incentive a experimentação e o aprendizado. O Workshop ExO permite aos participantes experimentarem o modelo ExO, que oferece uma abordagem de aprender fazendo. Como tal, os participantes deveriam entender que a meta dos exercícios do workshop não é produzir um resultado refinado, e sim praticar elementos-chave do modelo ExO.

Dicas para Papéis de ExO Sprint

A experiência é sempre o melhor mestre, motivo pelo qual entrevistamos centenas de pessoas que passaram pela experiência do ExO Sprint para reunir os seguintes conselhos. Como você sabe agora, o ExO Sprint é uma metodologia poderosa que transforma organizações. Eis algumas dicas que ajudarão a levar a transformação de sua empresa ao próximo nível!

Patrocinador do ExO Sprint

- O Patrocinador do ExO Sprint deveria ocupar o cargo mais alto possível: CEO, gerente geral ou, no mínimo, vice-presidente da linha de negócios em que o ExO Sprint será realizado.

- O Patrocinador do ExO Sprint deveria estar empolgado com o ExO Sprint e convencido de seu valor. Deveria também estar preparado para alocar tempo suficiente a fim de acompanhar seu progresso, inclusive dedicando tempo de qualidade a ouvir e apoiar cada grupo.

- Defina metas e expectativas com o Coach Principal ExO e comunique essas metas e expectativas aos participantes do ExO Sprint.

- Lembre que o ExO Sprint pode frustrar e assoberbar seus participantes, especialmente durante a primeira metade. É normal. Eles estarão trabalhando de uma forma diferente e precisarão de tempo para se adaptar.

- Dedique tempo a achar os participantes certos do ExO Sprint e assegure que consigam alocar tempo suficiente à iniciativa.

- Crie uma equipe constituída de pessoas mais jovens com experiência limitada na empresa e no setor. Elas levarão uma perspectiva nova ao processo de concepção e desenvolvimento das iniciativas ExO.

- Participe diretamente do ExO Sprint. CEOs que fizeram isso descrevem um incrível aprendizado e experiência de desenvolvimento de equipes. A participação também permitirá que você maximize o resultado do ExO Sprint.

- Comunique aos participantes do ExO Sprint que não existem perdedores nem vencedores, e que o mais importante é seguir o processo e dar o melhor de si. Essa compreensão os ajudará a evitar frustração se, por exemplo, suas iniciativas forem eliminadas após a Sessão de Disrupção.

- Escolha a equipe certa para realizar o ExO Sprint. Escolha Palestrantes ExO e Treinadores ExO excepcionais que sejam capazes de surpreender os participantes com as possibilidades inerentes a um ExO Sprint. Selecione Coaches ExO com treinamento específico na metodologia ExO Sprint.

- Assegure de antemão que o orçamento alocado à Sessão de Lançamento do ExO Sprint seja suficiente para respaldar as iniciativas ExO selecionadas. Gerencie as iniciativas diretamente por uns poucos meses após o término do ExO Sprint para conservar o impulso e obter o benefício máximo.

Participante do ExO Sprint

- Esteja consciente de que um monte de coisas está acontecendo fora da empresa, muitas delas relacionadas ao seu negócio. Explore esses acontecimentos e tire proveito deles!

- Mantenha a mente aberta desde o princípio. Não importa se as primeiras ideias ou experimentos se revelarem completamente loucos. Ao final do processo, você terá algo grande.

- Não se apegue a nenhuma ideia específica e esteja aberto a modificá-la. Lembre que as melhores ideias vêm da iteração. Tire o ego de cena!

- Sinta-se confortável com o desconfortável. Confie no processo. Parte desse processo é aprender como usar novas metodologias de gestão e inovação, assim, a dúvida sobre como fazer as coisas é normal (especialmente na primeira metade do ExO Sprint). Aprender é parte importante do caminho de seu ExO Sprint.

- Dedique tempo, já que você só obterá do ExO Sprint o que dedicar a ele. Reserve ao menos duas horas por dia para se reunir com sua equipe e trabalhar individualmente nas atribuições. Defina marcos diários, e prioridades e tarefas semanais.

- Tire proveito da oportunidade de trabalhar com pessoas de outros departamentos que agregam experiências diferentes. Desenvolver esses contatos e aprender com eles só terá efeitos positivos em seu desenvolvimento pessoal e profissional.

- Busque aqueles capazes de ajudar mesmo com contribuições pequenas (modelos, protótipos, pesquisas etc.). Tal ajuda pode fazer uma diferença no sucesso de seus projetos.

- Discuta com praticantes de ExO e especialistas em tecnologias exponenciais sobre suas iniciativas ExO e analise cuidadosamente as ideias deles.

- O ExO Sprint é o espaço perfeito para pensar grande e ter um impacto dentro de sua organização e além. Portanto, seja ousado!

- O processo ExO Sprint transformará não apenas sua organização, mas também você como participante. Prepare-se para pensar exponencialmente em cada aspecto de sua vida. Desfrute!

Coach Principal ExO

- Entenda as metas e expectativas para o projeto do Patrocinador do ExO Sprint e tente ultrapassá-las.
- Interaja com o(s) Patrocinador(es) antes do ExO Sprint para uma seleção ideal dos membros e composição das equipes.
- Tenha uma reunião semanal com o(s) Patrocinador(es) do ExO Sprint para se certificar de que está(ão) satisfeito(s) com o andamento do ExO Sprint e aborde quaisquer problemas que possam afetar seu sucesso.
- Comunique-se semanalmente com todos os Coaches ExO para se informar do progresso do ExO Sprint, faça o balanço da semana anterior e alinhe todos para a próxima semana.
- Compareça a todas as reuniões semanais da equipe para examinar as atribuições de fim de semana.
- Respeite o espaço dos Coaches ExO. Evite agir como coach quando se trata de orientar as equipes. Em vez disso, apoie os coaches quando precisarem.
- Garanta que os participantes estejam envolvidos e empolgados com o ExO Sprint e que tenham o apoio necessário do(s) Patrocinador(es) do ExO Sprint.
- Apoie os participantes do ExO Sprint e os Coaches ExO emocionalmente e ajude-os a liberar a tensão, encorajando uma atmosfera de diversão e contentamento em torno do processo de aprendizado.
- Identifique quaisquer problemas de sistema imunológico o mais rápido possível e interaja com o(s) Patrocinador(es) do ExO Sprint para neutralizá-los.
- Assegure a existência de ferramentas de software em apoio ao ExO Sprint.

Coach ExO

- Assegure-se de que sua equipe não esteja desenvolvendo iniciativas ExO que claramente não são do interesse da empresa. Oriente-a conforme necessário, seguindo o escopo comunicado pelo Coach Principal ExO.
- Evite orientar sua equipe do ponto de vista do conteúdo (por exemplo, sugerindo ou avaliando ideias). Em vez disso, oriente-a do ponto de vista dos processos, motivando os membros a completarem as atribuições e realizarem experimentos apropriados para avaliar ideias.
- Ligue os pontos. Cada semana amplia a anterior. Certifique-se de que sua equipe esteja ampliando o que veio antes e incorporando materiais já criados.
- Mantenha sua equipe em uma mentalidade de pensamento exponencial.
- Motive sua equipe a experimentar, fazendo com que funcione no "modo pesquisa". Desencoraje-a de funcionar no "modo execução".
- Verifique semanalmente o que ela aprendeu, tanto de um ponto de vista das iniciativas ExO como do ponto de vista pessoal.
- Nunca entregue nada em nome de sua equipe. Sua função é orientá-la, não fazer as tarefas para ela.
- Peça feedback à sua equipe para que você possa melhorar a forma de aconselhá-la e orientá-la.
- Esteja sempre disponível! Nunca desapareça para sua equipe. Mais que a quantidade real de tempo que você passa com ela, trata-se de estar disponível sempre que ela precisar de você.
- Leve em conta o lado humano. Lembre-se de que está lidando com pessoas e emoções, portanto, mantenha-se acima de quaisquer dinâmicas internas para ajudar sua equipe a solucionar quaisquer conflitos porventura surgidos.

Disruptor ExO

- Aprenda sobre a empresa e suas metas para o ExO Sprint antes da Sessão de Disrupção, o que lhe possibilitará fornecer melhor o feedback com base no contexto.
- Instrua-se sobre outras startups e disrupções no setor antes de comparecer à Sessão de Disrupção. Tal pesquisa aumentará sua capacidade de oferecer informações úteis.
- Anote todo feedback para cada iniciativa ExO apresentada por cada equipe e compartilhe os pontos principais verbalmente após as apresentações. Você também pode enviar uma avaliação mais completa após a Sessão de Disrupção e/ou Sessão de Lançamento.
- Comece com feedback positivo sobre as coisas boas que as equipes fizeram para forjarem suas iniciativas. Prossiga com feedback honesto e direto sobre o que podem fazer para melhorar.
- Forneça feedback e orientação direcionados aos processos, seguindo o modelo ExO — por exemplo, ajude--as a identificar quais iniciativas são Centrais e quais são na Borda, bem como as implicações dessas designações.
- Forneça feedback e informações voltados ao conteúdo, com base em seus conhecimentos e experiência como especialista em um campo específico. E lembre: se você fornecer informações voltadas para o conteúdo, deve deixar claro que se trata de uma opinião pessoal, outra hipótese a ser testada.
- Encoraje as equipes a pensarem usando uma mentalidade exponencial.
- Para Iniciativas ExO na Borda, avalie se são "propriamente" na Borda e se podem ser consideradas disruptivas e escalonáveis.
- Para Iniciativas ExO Central, avalie se são "propriamente" Centrais e se melhoram o modelo de negócios atual (sem mudá-lo) e adaptam a organização à disrupção externa do setor.
- Aconselhe as equipes sobre os próximos passos (por exemplo, realizar um experimento específico, construir um protótipo) e o que você espera de seus projetos no final do processo do ExO Sprint.

Leituras Recomendadas

Abundância: O futuro é melhor do que você imagina, de Peter Diamandis e Steven Kotler. (Alta Books)

A Estratégia do Oceano Azul: Como criar novos mercados e tornar a concorrência irrelevante, de Renée Mauborgne e W. Chan Kim. (Sextante)

Bold: Oportunidades Exponenciais, de Peter Diamandis e Steven Kotler. (Alta Books)

Business Model Generation: Inovação em Modelos de Negócios, de Alex Osterwalder e Yves Pigneur. (Alta Books)

Crossing the Chasm: Marketing and selling high-tech products to mainstream customers, de Geoffrey A. Moore. (Harper Business)

Organizações Exponenciais: Por que elas são 10 vezes melhores, mais rápidas e mais baratas que a sua (e o que fazer a respeito), de Salim Ismail, Michael Malone e Yuri van Geest. (Alta Books)

Do Sonho à Realização em 4 Passos, de Steve Blank. (Editora Évora)

MVP: 21 tips for getting a minimum viable product, early learning and return on investment with scrum, de Paul Vii.

Faça como Steve Jobs e Realize Apresentações Incríveis em Qualquer Situação, de Carmine Gallo. (Lua de Papel)

Apresentação Zen: Ideias simples de como criar e executar apresentações vencedoras, de Garr Reynolds. (Alta Books)

Reinventando as Organizações: Um guia para criar organizações inspiradas no próximo estágio da consciência humana, de Frederic Laloux. (Editora Voo)

Sprint: O método usado no Google para testar e aplicar novas ideias em apenas cinco dias, de Jake Knapp. (Intrínseca)

TED — Falar, Convencer, Emocionar: Como se apresentar para grandes plateias, de Carmine Gallo. (Saraiva)

A Quarta Revolução Industrial, de Klaus Schwab. (Edipro)

A Startup Enxuta: Como os empreendedores atuais utilizam a inovação contínua para criar empresas extremamente bem-sucedidas, de Eric Ries. (Leya)

The Mom Test: How to talk to customers and learn if your business is a good idea when everyone is lying to you, de Rob Fitzpatrick

A Segunda Era das Máquinas: Trabalho, progresso e prosperidade em uma época de tecnologias brilhantes, de Erik Brynjolfsso e Andrew Mcafee. (Alta Books)

The Service Startup: Inovação e empreendedorismo através do design thinking, de Tenny Pinheiro. (Alta Books)

Startup: Manual do Empreendedor: O guia passo a passo para construir uma grande empresa, de Steve Blank e Bob Dorf. (Alta Books)

Value Proposition Design: Como construir propostas de valor inovadoras, de Alexander Osterwalder, Yves Pigneur, Trish Papadakos, Alan Smith e Gregory Bernarda. (Alta Books)

ROTAPLAN
GRÁFICA E EDITORA LTDA
Rua Álvaro Seixas, 165
Engenho Novo - Rio de Janeiro
Tels.: (21) 2201-2089 / 8898
E-mail: rotaplanrio@gmail.com